智慧警务与国家安全风险治理重点实验室2023年年度项目
“数字驱动国家安全能力现代化的机理及实践路径研究治理”(ZHKFZD2303)

重庆市哲学社会科学重点实验室国家安全风险智慧治理实验室建设项目
“基于大数据智能技术的恐怖主义防控研究”的阶段性成果

数智赋能
恐怖主义防控研究

倪春乐 著

当代中国出版社
Contemporary China Publishing House

图书在版编目(CIP)数据

数智赋能恐怖主义防控研究 / 倪春乐著. -- 北京 :
当代中国出版社, 2024.3
ISBN 978-7-5154-1331-0

Ⅰ. ①数… Ⅱ. ①倪… Ⅲ. ①数字技术—应用—反恐怖活动—研究—世界 Ⅳ. ①D815.5

中国国家版本馆 CIP 数据核字(2024)第 052684 号

出 版 人 王 茵
责任编辑 邓颖君 沈秋彤
责任校对 贾云华 康 莹
印刷监制 刘艳平
装帧设计 郝志燕
出版发行 当代中国出版社
地 址 北京市地安门西大街旌勇里 8 号
网 址 http://www.ddzg.net
邮政编码 100009
编 辑 部 (010)66572744
市 场 部 (010)66572281 66572157
印 刷 中国电影出版社印刷厂
开 本 710 毫米×1000 毫米 1/16
印 张 20.25 印张 1 插页 278 千字
版 次 2024 年 3 月第 1 版
印 次 2024 年 3 月第 1 次印刷
定 价 88.00 元

前　言

反恐怖主义是当前及未来全球安全领域的重大议题。在大数据时代,恐怖主义势力的组织架构、行动范式、行动表现都出现了新的趋势和特点,其借助数智技术在行为方式上的调整增加了防控难度。在这种背景下,如何利用大数据等技术,研究数智赋能恐怖主义防控显得极为重要。

数智技术也赋能了反恐工作,为恐怖主义的防控提供重要抓手。比如,数智技术赋能下的视频监控技术助力恐怖主义行为的监控、分析和预测;城市环境中,大数据与智能技术的结合使警力资源的合理分配、防控恐怖爆炸的立体化机制构建成为可能;数智技术在暴恐分子的出入境管控以及边境地区恐怖主义的防控策略方面提供技术支撑;网络智能技术有利于对涉恐资金的跨境流动监管以及查控提供数智技术支持;对网络恐怖主义采取有针对性的防控策略;等等。握牢这些反恐抓手,不仅需要宏观视角的制度设计,而且需要微观视角的技术路线和具体举措。

在恐怖主义迭代演变及数智技术加速升级的时代背景下,如何运用数智技术对恐怖主义进行防控，是本书的主要研究目的。

在内容上，本书第一部分对恐怖主义的整体应对提出了制度与技术融合的基本方针。立足反恐实际，面对恐怖组织大量使用新兴技术制造暴力恐怖事件以及传播极端暴恐思想的严峻形势，巧用、善用新的数据化思维和数据智能技术作为辅助，构建整体制度框架，织密制度防控网，筑牢技术防控墙，打造立体防控体系，是有效对抗恐怖主义的关键手段。本书第二部分对数智技术辅助恐怖主义防控的总体路径进行了细致规划。笔者认为，应充分利用智能视频监控技术对恐怖活动进行监控，充分运用我国已具备的视频监控基建条件，使用机器逻辑对所获取的视频图像进行自动分析并应具体要求提供智能化处理方案，为恐怖主义活动提供事前预警，以有效避免恐怖袭击的发生。城市，尤其是特大城市在防控恐怖主义方面既有优势也有弱点，基于此，笔者认为数智技术应为城市恐怖主义防控创造条件和契机。数智技术的应用既为警力这一反恐行动核心资源在城市这一复杂场景下的合理分配提供了技术条件支持，也为应对地铁等城市密集场所的恐怖爆炸活动提供了构建一体防控策略的基础。针对当前恐怖主义的地缘性和跨境流动双重特点，出入境管控成为境内外反恐双向合力的必要举措，数智技术在这一领域的运用依旧具有辅助的作用。本书立足实证，探究数智技术对于构建出入境管控体系所能提供的支持。资金是恐怖活动和恐怖组织的生命线，涉恐资金查控是防控、打击恐怖主义的关键。但在恐怖组织利用网络衍生虚拟渠道和新形态“货币”开展资金相关等活动时，查控难度增加。本书总结了近年来涉恐资金查控的相关实践，以问题为导向，提出了在数智技术下资金查控的完善方向和具体措施。针对互联网内含的虚拟、跨域和联动的特点，以及其为网络恐怖主义赋予许多变体可能的现实趋势，本书分析了网络环境下恐怖主义的新形态、新方式和新特点，梳理防控的制度缺陷和技术应用缺漏，从制度与技术融合的视角提出应对网络恐怖主义的一体化对策。

在本书的写作中，笔者坚持全球视野和中国问题相结合，坚持理论革新和问题导向相结合,坚持学科交叉与问题聚焦相结合思路,始终锚定如何将数智技术更好地服务于打击恐怖主义这一主线和目标。希望通过本书,不断推动数智技术创新赋能对恐怖主义防控和打击,以此助力全球反恐事业的伟大胜利。

总体而言,本书仍存在诸多不足之处。在研究资料方面,囿于公开数据的有限性及研究期间疫情的影响,资料数据的获取和使用具有一定的局限性。同时,本书的研究具有交叉性,鉴于作者在不同学科知识本身的掌握上以及相关知识的融会上仍有能力之欠缺,因此错漏偏颇之处在所难免,万望各位读者批评指正。

展望未来,恐怖主义的转型演化将是必然的,数智技术的发展及其给反恐事业的赋能仍有诸多值得探索的未解之题。数智技术赋能恐怖主义防控将是一个常研常新的话题,希望本书能为推动该领域研究的深化带来助益。

倪春乐

2024 年 3 月于山城重庆

目录

第一章　大数据背景下的恐怖主义及反恐态势

恐怖主义是影响全球安全与稳定的重大问题,具有跨国(境)联动的特点。近年来,“基地”组织和“伊斯兰国”两大国际恐怖组织尽管遭受重创,但仍具一定实力,且在新的时代背景下转变了行动策略。国际恐怖主义借助网络、无人机、智能深度伪装技术、虚拟货币等,在很大程度上调整了其行为方式。“三股势力”及中国周边国家的恐怖主义势力受其影响也有新变化。在此背景下,中国近年来面临的恐怖主义威胁也出现了新特点,需进一步结合中国的反恐现状及安全需求,在中观、微观层面明确我国面临的恐怖主义转型的具体方式、路径等,梳理我国近年来暴恐活动发生的总体态势,指出我国反恐整体布局的局限性及相关反恐措施的不足所在,进而整体把握当前国际恐怖主义的转型态势和表现。以此为基础,需立足国内实际,从反恐的制度技术一体化布局、国际合作、情报技术及体制建设和情报人员培养、网络技术反恐、人技结合的全民反恐体系的构建等方面完善反恐措施,以切实提高反恐实效,维护国家的稳定和安全。

一、全球恐怖活动基本态势

(一)全球范围内主要恐怖主义势力重组变化的基本状况

"伊斯兰国"残余势力仍旧活跃,"基地"组织谋求东山再起。受全球反恐投入和力度不断增大,以及局部地区地缘政治社会安全环境变化的影响,作为全球两大主要恐怖主义势力的"伊斯兰国"和"基地"组织正在经历全球力量重新布局的过程。客观上,这也形成了二者在我国周边集聚的效应。可以说,后"伊斯兰国"时代的国际恐怖主义形势更趋复杂。国际范围内的恐怖主义势力仍然很强,"伊斯兰国"和"基地"组织作为国际恐怖主义两大重点力量的格局并未改变。

据"美国战略与国际问题研究中心"2018 年发布的研究报告,当前全球活跃的恐怖组织至少有 67 个,人数高达 23 万人,创 40 年新高。[1]"伊斯兰国"和"基地"组织在国际社会打击下仍在转变生存和发展策略,仍构成对国际安全的重大挑战。

遭到近年的重创后,"伊斯兰国"已由实体蜕变为虚实结合的暴恐组织,在这种转型过程中,其活动的灵活性不断加强,其组织的自我恢复也极为迅速。2018 年,"伊斯兰国"在伊拉克和叙利亚遭受重创,但其不断调整活动策略,在一定程度上放弃了原有的以"国家"实体为基础的策略,转而回归到恐怖组织本源的更为隐蔽、分散、灵活的活动方式,从而使其能在较大程度上保存人员、装备、资金、技术等力量基础。目前,"伊斯兰国"仍是全球最大的恐怖主义威胁源。联合国负责反恐事务的副秘书长弗拉基米尔·沃龙科夫在 2018 年 8 月的一次会议上指出,尽管极端组织"伊斯兰国"在伊拉克、叙利亚以及菲律宾南部遭受重大挫败,但仍对国际安全构成重大威胁。他指出,"伊斯兰国"已不再谋求夺取和控制领土,而是分散成实施恐怖活动的小团伙。与"伊斯兰国"的斗争远没

---

〔1〕 李伟:《2018 年,国际恐怖与反恐力量变得不平衡》,载《世界知识》2019 年第 1 期。

有结束,国际社会亟须采取统一行动。[1]“伊斯兰国”目前在伊拉克、叙利亚仍有大量成员和效忠者,并呈现“东山再起”之势,其资金来源、人员补充、后勤保障、基本组织领导架构等恢复迅速,新的网络宣传渠道及运行战略也迅速投入使用。同时,其往域外渗透的规模和速度加剧,其触角已遍及亚非欧美四大洲,在全球多地建立起多个分支机构,逐步形成多中心、网络化的暴恐新架构。

目前,“伊斯兰国”在袭扰策略、域外扩张态势和“虚拟哈里发”建设上呈现新的趋势。首先,随着“伊斯兰国”控制的地盘和大量人员的损失,它开始放弃原有的规模化军事对垒战法,转而回归恐怖组织传统擅长的隐蔽战、游击战,借助爆炸、暗杀、破坏等手段对具有象征意义的目标发动虽小型但更为密集的袭击。这对受到袭击的国家政府及民众心理仍造成巨大压力,“伊斯兰国”引发的社会恐慌情绪再起。其次,“伊斯兰国”在伊拉克、叙利亚中心力量遭受重创后,顺势采取了去中心化的扩张发展策略。一方面加强了与原有各地松散分支及“效忠”力量之间的勾连,强化了双向流动和策应能力,同时花费更多精力往阿富汗、利比亚、东南亚、北非等地区拓展势力。此外,网络成为“伊斯兰国”更加倚重的工具和“武器”,建立“虚拟哈里发”成为其新的战略目标。“伊斯兰国”近年来加大了网络建设和应用力度,在网络管理机构设置、网站建设、电子宣传物开发、利用网络渠道进行线上宣传招募筹资,甚至在利用网络工具开展恐怖袭击等方面,都较之以往有过之而无不及。网络工具和网络武器成为其在新形势下继续进行新形态恐怖袭击的战略支撑。

在这一背景下,“伊斯兰国”持续叫嚣要报复“反击”。2018 年 4 月 19 日,“伊斯兰国”发布海报威胁美国,海报中部分建筑正在燃烧,左右两边各站有一名持枪的暴恐分子。特朗普双手被绑低头跪在地上,后方有一名暴恐分子用枪对准他的头部。海报上还写着“灾难即将在你的土

---

〔1〕《联合国官员说伊斯兰国仍对国家安全构成严重威胁》,载新华网,http://www.xinhuanet.com/world/2018-02/09/c_1122390296.htm。

地降临,直到满地都是烧焦的头骨”。当年 5 月,“伊斯兰国”再次发布标题为《耐心点:美国》的海报,扬言要斩首时任美国总统特朗普。海报上,时任美国总统特朗普身穿象征“伊斯兰国”人质的橘黄色连体衣,双膝跪地,两手被反绑在身后。一个戴着黑色面罩的刽子手一只手揪着特朗普的头发,另一只手举起尖刀准备“处决”他。海报的背景是硝烟弥漫的纽约市。“伊斯兰国”在海报上警告美国:“战争还没有结束,你们也还没有胜利。你只需等待。我们的剑没有断,我们的臂膀也没有疲惫,我们的激情尚未褪去,我们永远不会疲惫或懦弱。”“我们比战争初期强大得多。每过一天,我们都会因真主的恩典变得强大,但你们会变得更加懦弱,我们会稳步前进,而你们会在特朗普失败的计划中痛苦挣扎。”

2018 年 8 月 22 日,“伊斯兰国”的网站上发布了一段时长 55 分钟的巴格达迪讲话录音。这距离上一次巴格达迪对外发声已有近一年时间。巴格达迪指责美国对穆斯林的攻击,说“美国正处于历史上最糟糕的时期”,他煽动对西方的支持者实施更多的“独狼”式袭击。虽然“伊斯兰国”节节败退,版图缩小,但其在伊拉克和叙利亚境内仍有大约数万名武装分子。

“伊斯兰国”对美国实施无人机威胁明显提升。2018 年 12 月,“伊斯兰国”威胁对纽约等美欧大城市发动无人袭击。无人机具有“小、快、灵”的特点,且易于获取,操作简单。对于购物中心、体育场、重大节庆活动及国际会议采取的防护措施集中于建筑物周边防护以及入口控制,恐怖分子利用小型无人机可轻易越过障碍,从内部发动攻击。与传统手段相比,无人机大幅度提高了恐怖袭击的突然性、机动性、隐蔽性和精确性。诸如无人机等新技术和新设备的应用,既能大大提高恐怖分子发动恐怖袭击的能力,也能极大减少其人员伤亡。无人机的出现可能改变恐怖分子的恐怖袭击策略和战术,这将大大提升防控难度。从近年来情况看,无人机在恐怖袭击中的使用数量增多,且其多功能用途也不断得以展示,这无疑是值得重点关注的动向之一。

此外,“伊斯兰国”还预谋对美国发动核生化恐怖袭击。2018 年美国发布了《打击大规模杀伤性武器恐怖主义国家战略》。该报告认为,确保恐怖分子无法获取大规模杀伤性武器及其相关物质与技能是未来反恐的重大挑战和任务。恐怖组织发动核生化袭击的意愿与能力正在不断上升。一方面,他们长期谋求利用小型核生化武器发动恐怖袭击,比如,"伊斯兰国"近年来在伊拉克、叙利亚战场多次使用硫芥子气、氯气等化学物质发动袭击。另一方面,有证据表明,"伊斯兰国"曾从其控制区的医院和科研机构中搜集放射源,并试图从黑市购买核与放射性材料。这充分说明,"伊斯兰国"制造和使用核和生化武器的可能性极大。从国际环境看,多个国家在秘密实施生化武器计划,其中部分国家是暴恐活动重灾区,一旦政局不稳,可能导致危险物质流入恐怖组织之手,且这些国家和地区的技术人员也可能受到恐怖组织胁迫而为其提供帮助或协助。此外,新技术与工艺使得制造相关物质更加简便且容易,甚至恐怖分子个体都能完成。

与此同时,在全球反恐重心聚焦"伊斯兰国"之际,作为传统老牌国际恐怖势力的"基地"组织乘机在全球进行力量扩张,逐步在南亚、中东、非洲形成网络化的国际恐怖主义势力架构。鉴于"基地"组织具有更加丰富成熟的应对国际社会合力反恐的长期经验,且其采取与"伊斯兰国"相对不同的生存和发展策略,其力量积聚的能力不容小觑,对各国的长期威胁可能比"伊斯兰国"更甚。据美国的多家智库评估,目前,"基地"组织在全球有超过 20 个分支或同盟组织,有成员约 4 万人。[1]

"基地"组织利用"伊斯兰国"颓败的局面进行全球扩张的态势明显。在阿富汗,尽管美国反恐 20 年,但近年来当地恐怖组织数量持续增加。《纽约时报》表示,目前阿富汗活跃着 20 多个恐怖组织,其中包括"基地"组织、"东突运"(东突厥斯坦伊斯兰运动)等,阿富汗已然是全球恐怖组织最密集地区。同时,"基地"组织加速复兴,本·拉登之子哈姆扎有望成为新一代恐怖组织头目,继而诱发暴恐磁吸效应。时任美国中

〔1〕 李伟:《2018 年,国际恐怖与反恐力量变得不平衡》,载《世界知识》2019 年第 1 期。

央司令部约瑟夫·沃特尔曾指出,“恐怖分子正以阿富汗为大本营策划袭击美国本土”。

在战略目标上,“基地”组织仍将美国列为头号目标。“基地”组织头目扎瓦希里还呼吁所有穆斯林团结起来,在全球各地向美国发动圣战。在这份长达30分钟的录音讲话中,扎瓦希里将美国描绘成穆斯林的天敌。扎瓦希里向穆斯林发出14项指示去打击美国,包括穆斯林要团结一致、“圣战”分子需密切合作等。

（二）2019—2020年全球恐怖主义的新态势——基于GTD数据的分析

如前所述,在全球围剿之下,尽管“伊斯兰国”遭遇困境,但它和“基地”组织仍为国际恐怖主义的“领头羊”,并且依托分散于全世界的网络不断积蓄力量,伺机卷土重来。突如其来的新冠疫情对世界造成了全方位的深刻影响,恐怖主义和反恐怖斗争在世纪疫情的背景下仍然延续着激烈的博弈。“全球恐怖主义数据库”(Global Terrorism Database,GTD)是当今世界关于恐怖主义最为权威、全面的数据统计,对全球范围内的恐怖主义事件所作的分项统计分析极为细致,可以说是研究全球恐怖主义,尤其是从宏观层面研究把握恐怖主义的重要素材来源。基于GTD数据对2019—2020年全球恐怖主义态势进行梳理总结,也有助于我们较为全面地把握其趋势和规律。[1]

从总体情况看,2019年全球共发生恐怖主义袭击8537起,2020年共发生8439起,总量变化不甚明显。为了更加精准地分析全球恐怖主义态势和趋势,我们将立足于GTD数据进行分项统计研究,主要从国别、地区、结果、是否自杀式袭击、目标类型、攻击类型和武器类型等角度进行观察。[2]

---

〔1〕 GTD即“全球恐怖主义数据库”(Globle Terrorism Data),是由美国马里兰大学通过监测和收集全球恐怖主义事件建立的数据库,该数据库被认为是较为权威和全面的全球恐怖主义研究素材。本部分的分析将建立在该数据库2019—2020年的数据基础上,一方面是由于前文已对2018年及其之前的数据作过分析,另一方面是由于“全球恐怖主义数据库”发布时间上的延后性,在笔者写作该部分时,尚未能收集到2021年的数据。

〔2〕 如无特别说明,下文所列数据均指2019年和2020年的GTD数据。

1. 国别分布情况

2019 年全球恐怖袭击遍布 105 个国家和地区,2020 年有 101 个国家和地区发生了恐怖袭击事件。从国别数量分布情况看,2019 年恐怖袭击数量前五位的依次是阿富汗(1806 起)、也门(795 起)、印度(648 起)、伊拉克(644 起)、尼日利亚(507 起)(详见图 1 – 1);2020 年前五位的是阿富汗(2604 起)、伊拉克(764 起)、尼日利亚(478 起)、也门(474 起)、印度(450 起)(详见图 1 – 2)。

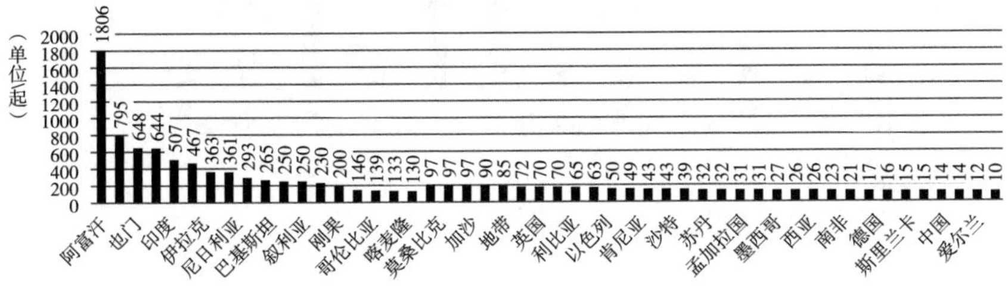

图 1 – 1　2019 年全球恐怖袭击部分国别数量分布

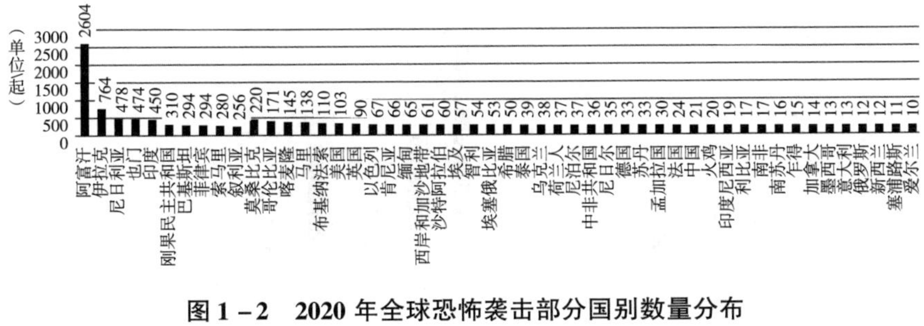

图 1 – 2　2020 年全球恐怖袭击部分国别数量分布

2. 地区分布情况

恐怖主义的地区分布能给我们从地缘角度提供恐怖主义热点提示,在某种程度上能让人直观地感知恐怖主义势力在全球版图的力量布局。从具体情况看,2019 年恐怖主义最为严重的 5 个地区分别为南亚地区(3039 起)、中东和北非地区(2175 起)、撒哈拉以南非洲地区(1944 起)、东南亚地区(715 起)、南美洲地区(276 起);2020 年恐怖主义最为严重的 5 个地区分别为南亚地区(3418 起)、撒哈拉以南非洲地区(1997 起)、中东和北非地区(1802 起)、东南亚地区(419 起)、西欧地区(284 起)。

从这一趋势看,作为我国周边的南亚地区和东南亚地区的反恐形势依然严峻复杂,必将给中国反恐“防回流”造成巨大压力。

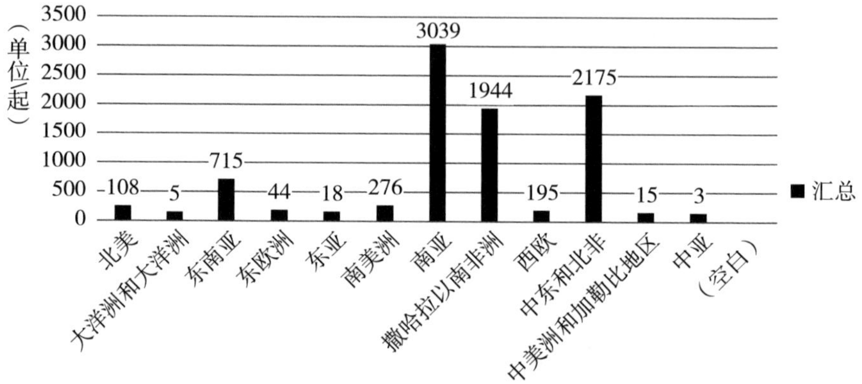

图 1-3　2019 年全球恐怖袭击地区分布情况

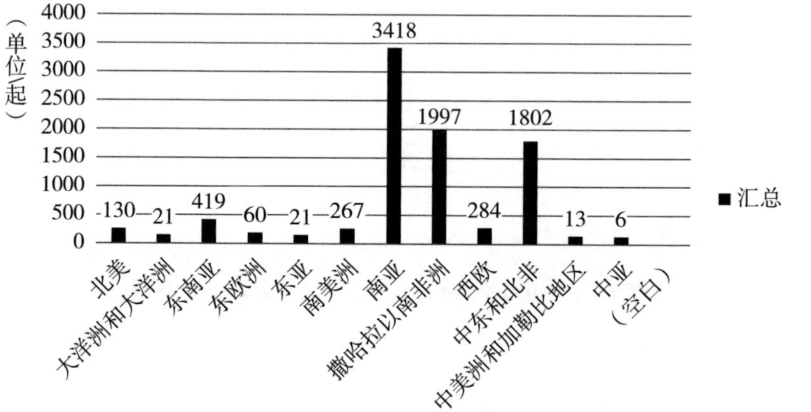

图 1-4　2020 年全球恐怖袭击地区分布情况

3. 恐怖袭击的有效防控率

各国在恐怖主义治理方面都明确了打防结合、以防为主和综合施策的总方针,但防控恐怖袭击的能力水平在总体上仍有待提升。从 2019 年和 2020 年全球恐怖袭击的情况来看,恐怖分子的袭击成功率极高,在预谋和准备阶段被发现和制止的比例仍偏低。比如 2019 年，在 8537 起恐怖袭击中，有 7330 起造成伤亡和破坏，占比 85.9%；2020 年的 8438 起恐怖袭击中，有 7151 起造成伤亡和破坏，占比 84.7%。

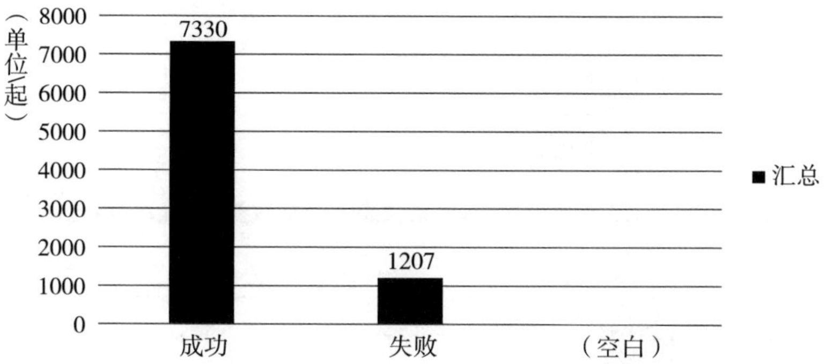

图 1-5　2019 年全球恐怖袭击事件成功/失败结果统计

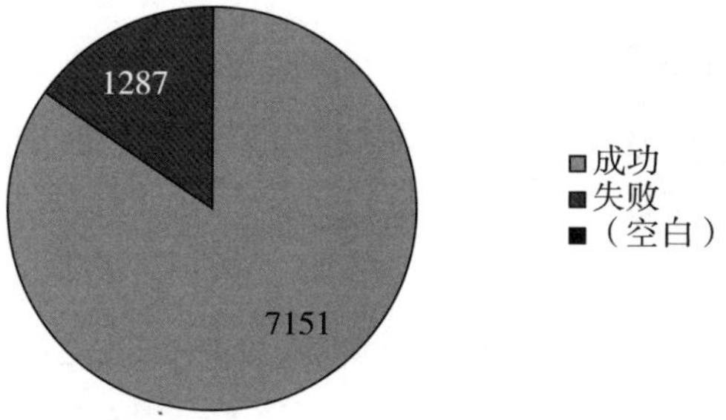

图 1-6　2020 年全球恐怖袭击事件成功/失败结果统计（单位：起）

4. 自杀式袭击情况

就极端暴力和恐怖主义意识形态的影响和控制力而言，自杀式袭击是一个比较典型的观测点。为此，以是否为自杀式恐怖袭击及其在整体恐怖袭击中的占比作为统计口径，具有一定的分析和研判价值。在具体数据上，2019 年共发生自杀式恐怖袭击 257 起，占比 3% 左右；2020 年共发生自杀式恐怖袭击 167 起，占比约 2%。从中可以看出，不论是绝对数量，还是相对比值，自杀式恐怖袭击呈现一定的降幅。

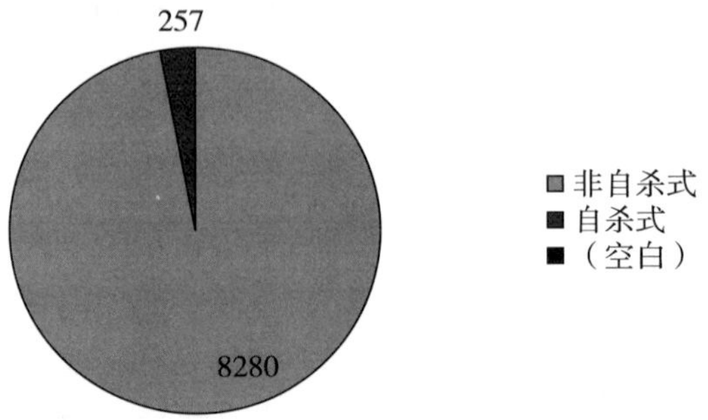

图 1－7　2019 年自杀式/非自杀式恐怖袭击数量统计(单位:起)

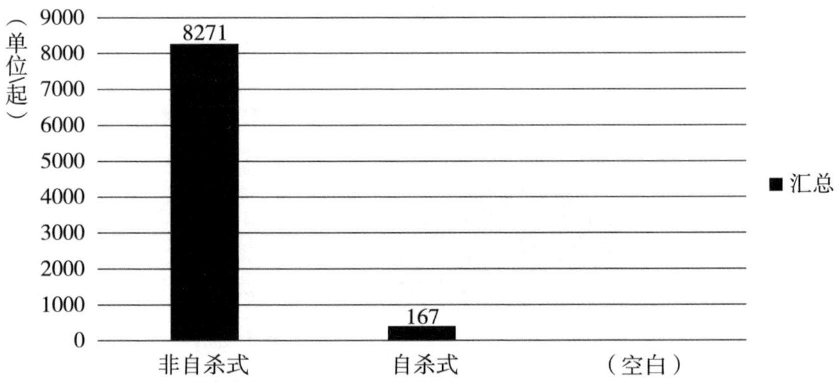

图 1－8　2020 年自杀式/非自杀式恐怖袭击数量统计

5. 主要攻击类型

恐怖分子攻击类型可以大体反映其实施恐怖袭击的能力,特别是能从中分析研判其可能获取实施恐怖袭击的工具及其原材料的方式和渠道。从具体数据看,在 2019 年发生的恐怖袭击中,轰炸/爆炸、武装突击、劫持人质(绑架)、暗杀及对设施/基础设施攻击是排名靠前的攻击类型;在 2020 年的恐怖袭击中,主要的攻击类型没有发生实质性变化。从这一数据中我们可以发现,在总体上,传统方式和手段仍占据主导地位,尽管网络攻击、核恐怖主义、无人机攻击等具有高科技含量的恐怖袭击手法也偶有出现,但占比极低。造成这一状况的主要原因在于,传统恐怖袭击类型所需工具和材料的成本低、获得工具和材料的渠道多元的特点，使其成为小型恐怖组织或“独狼”式恐怖分子的首选。而相反，高科技的恐怖袭击对恐怖组织和恐怖分子的实力和能力要求高，尽管其有隐蔽性和不易追溯等方面的优势，但从成本收益角度看，仍无法成为恐怖分子的普遍做法。

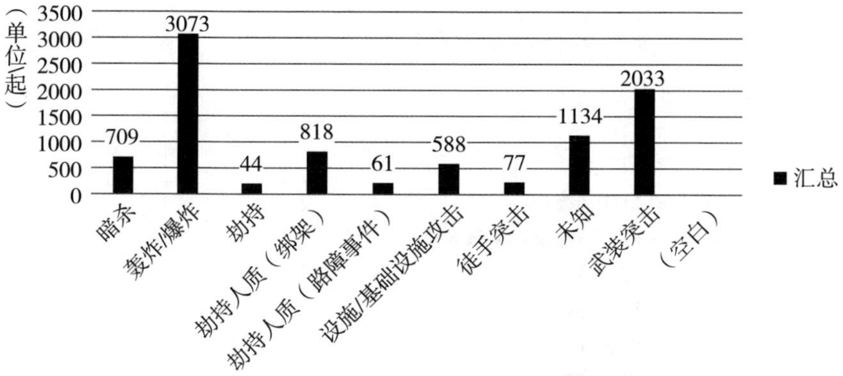

图 1-9　2019 年恐怖袭击主要攻击类型统计

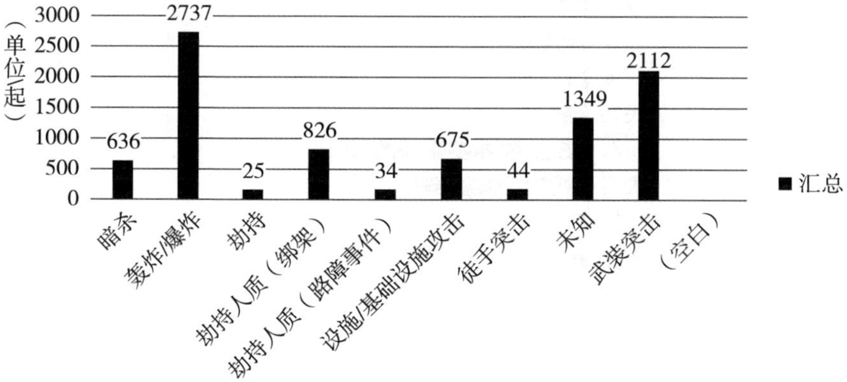

图 1-10　2020 年恐怖袭击主要攻击类型统计

6. 恐怖袭击目标类型

从一般规律看，恐怖分子制造恐怖袭击在目标选择上至少有两重考量，一是杀伤和破坏力，二是影响力和恐惧感的传播力，当然在个案中也反映了恐怖组织或恐怖分子的喜好。从现实情况看，按照 GTD 的统计和归类标准,在2019年发生的恐怖袭击中,袭击目标的前五位分别为私人公民和财产、军队、警察、政府(一般)及商业;2020年的恐怖袭击前五位的目标类型与2019年一致。

从这一目标类型分布中不难发现,针对毫无防控能力的平民实施恐怖袭击仍然是恐怖组织和恐怖分子的首选方式。这也从侧面告诉我们,防控恐怖主义需要更多着眼民间和民用目标,强化全方位、立体化的防控力量布局和建设。

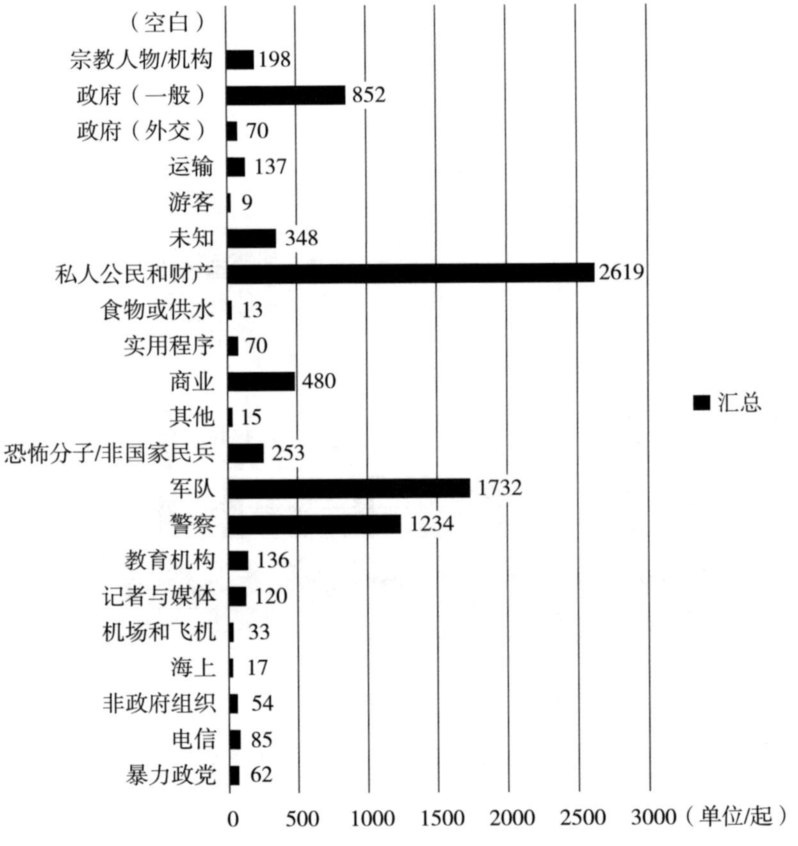

图1－11 2019年恐怖袭击目标类型分布统计情况

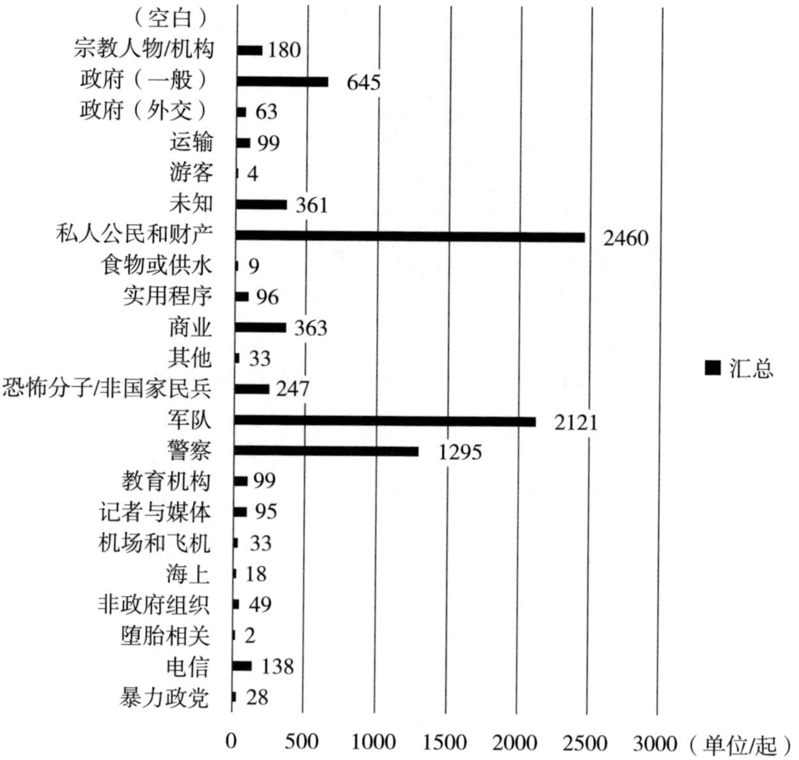

图 1-12　2020 年恐怖袭击目标类型分布统计情况

7. 武器类型

武器是恐怖袭击的必要工具。武器类型不仅能反映恐怖袭击的危害程度,也能借此分析恐怖组织和恐怖分子的能力和实力,同时,从武器进攻的角度也能为防控恐怖袭击提供一个视角和思路。从 2019 年的恐怖袭击情况看,以炸药为主的爆炸占据武器类型的第一位,在 3401 起袭击中被使用,占比近 40%;枪支在 2743 起袭击中被使用,占比 32%;在 2020 年恐怖袭击武器类型中以炸药等为主的爆炸装置的使用率也居高,同时各种类型的枪支(制式或自制)也是恐怖分子常用的武器之一。

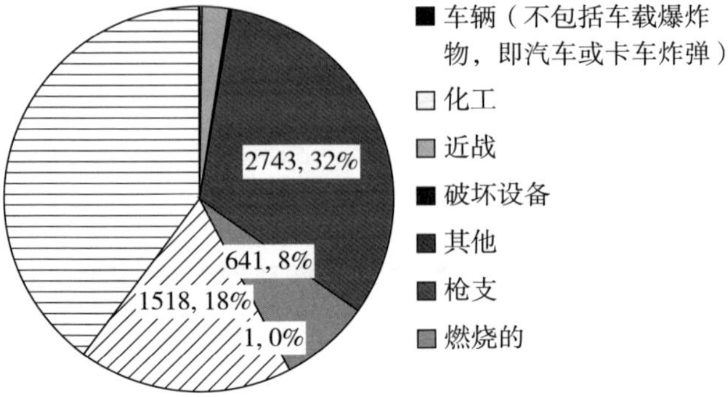

图 1－13　2019 年恐怖袭击中的武器类型分布

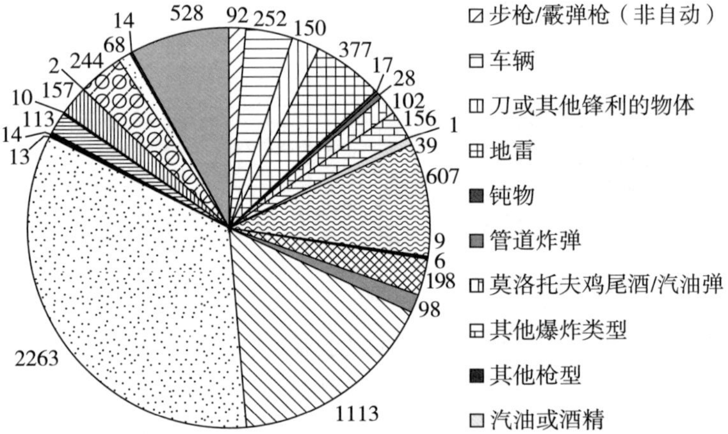

图 1－14　2020 年恐怖袭击中的武器类型分布(单位:起)

二、中国周边地区的恐怖主义形势

(一)南亚反恐形势恶化

其一,“伊斯兰国呼罗珊分支”逆势发展。“伊斯兰国呼罗珊分支”以阿巴部落区为基础,倚重边境两侧山地向外渗透,现已扩展至阿巴腹地,甚至在两国全境都有眼线。在阿富汗,“伊斯兰国呼罗珊分支”于2015—2017 年急扩控制范围,不仅在东部楠格哈尔、库纳尔和帕克蒂亚等地占山为王,还向法拉、朱兹詹和法利亚布等西部、北部省份扩张,并延伸到南部赫尔曼德省,甚至恐袭首都喀布尔。2017 年以来,“伊斯兰国呼罗珊分支”在阿富汗绑架一所宗教学校的学生,连续制造暴力事件,造成大量人员伤亡,掀起新一轮恐怖袭击浪潮,再次引起国际社会的高度关注。[1] 自 2018 年以来,因遭打击,“伊斯兰国呼罗珊分支”从阿富汗东部和北部撤退,现重兵集结在楠格哈尔省、朱兹詹省和喀布尔市三地。据不完全统计,自成立以来,“伊斯兰国呼罗珊分支”在阿富汗实施了多达数百次恐怖主义袭击,造成近 5000 人死伤。

其二,“基地”组织在阿富汗仍然较为活跃。依靠多年在阿富汗打下的根基,“基地”组织在阿富汗潜滋暗长,势力遍布阿富汗多个地区。据美国估计,“基地”组织核心成员阿富汗仍有数百人。这个数字不包括“基地”组织的附属组织,如“基地”组织的印度次大陆分支等。“基地”组织主要成员分布在库纳尔、努里斯坦、巴达赫尚、楠格哈尔、赫尔曼德、坎大哈、乌鲁兹干和扎布尔等省。

在巴基斯坦,国内恐怖活动威胁未得到根本改观。近年来,尤其是 2014 年白沙瓦陆军公立学校惨剧发生以来,巴基斯坦大力反恐,取得不少进展。然而,巴基斯坦恐怖势力实力依然较强,对其国内安全的威胁极大。

其一,新兴宗教团体的恐怖隐患增加。自 2017 年以来,巴基斯坦见证了新型宗教团体的兴起,特别是代表新一轮极端主义浪潮团体的兴起。有的组成政党,多次发起抗议活动,并随意煽动暴力活动。这些都可能导致巴基斯坦境内各宗教团体之间的进一步冲突和暴力化,暴徒的暴力、对宗教少数的“私刑正义”以及企图“定点清除”知名领导人可能会在将来一段时间内愈发突出。

其二,境内恐怖组织加速重组演化。巴基斯坦境内恐怖势力众多,盘根错节,各恐怖势力常根据形势实行联合或者分道扬镳,故不断出现新的恐怖网络和团体。其中,“巴基斯坦塔利班”的重组尤应引起重视。

---

〔1〕 畅红:《“伊斯兰国”在阿富汗的渗透及其前景》,载《现代国际关系》2017 年第 4 期。

2018 年 6 月,美军对阿富汗东部实施的一次无人机空袭行动杀死了被美国悬赏 500 万美元的“巴基斯坦塔利班”头目法兹卢拉。[1] 与此同时,巴基斯坦国防部发言人拉德马尼(Mohammad Radmanish)向美国有线电视新闻网(CNN)证实,法兹卢拉在 13 日的一次美军空袭行动中死亡。巴基斯坦《论坛快报》(*Express Tribune*)引述没有透露姓名的消息人士的话表示,无人机发动攻击,法兹卢拉和“巴基斯坦塔利班”运动的另外几名指挥官死亡。法兹卢拉曾多次以美国和巴基斯坦为目标发动恐怖攻击,包括 2014 年 12 月对巴基斯坦白沙瓦(Peshawar)陆军公立学校发动恐怖攻击,造成 151 人死亡,其中包括 130 多名儿童。美国指称法兹卢拉 2012 年曾试图暗杀诺贝尔和平奖得主马拉拉(Malala Yousafzai)。法兹卢拉死后,“巴基斯坦塔利班运动”的舒拉委员会任命瓦利·马哈苏德(Mufti Noor Wali Mehsud)担任该组织的新领导人。瓦利来自南瓦济里斯坦,在被任命为“巴基斯坦塔利班运动”新领导人之前,他负责“巴基斯坦塔利班”运动在卡拉奇的行动和该组织的宣传工作。瓦利作为一名宗教学者和“圣战”主义作家以支持巴基斯坦针对卫生工作者的暴力行为而闻名。瓦利的上台,标志着“巴基斯坦塔利班”核心重回传统的马哈苏德部落,影响深远。

其三,“伊斯兰国呼罗珊分支”在巴基斯坦较为活跃。“伊斯兰国呼罗珊分支”成立初期,有不少当地恐怖势力加盟或投靠该组织。2018 年,当地恐怖势力对该组织的效忠有所减少。这主要是因为当地的恐怖组织,特别是“巴基斯坦塔利班”,公开声明反对“伊斯兰国呼罗珊分支”在巴基斯坦立足。尽管如此,支持和同情“伊斯兰国呼罗珊分支”的小股恐怖势力仍不断出现。此外,“伊斯兰国呼罗珊分支”在巴基斯坦的俾路支和信德省大搞恐怖袭击。该组织针对知名人士、宗教集会和公众抗议发动了大规模袭击,造成伤亡。2018 年 7 月,俾路支斯坦的默斯东地区发

---

〔1〕 参见《美无人机炸死巴基斯坦塔利班头目　曾杀害 132 名学生》,载新浪网,http://mil. news. sina. com. cn/world/2018 - 06 - 16/doc-ihcyszsa2354346. shtml。

生自杀式爆炸,造成128人死亡、180人受伤。[1] 这是巴基斯坦历史上死亡人数第三多的恐怖袭击,仅次于2007年导致前总理贝娜齐尔·布托(Benazir Bhutto)死亡的卡萨斯(Karsaz)爆炸案和2014年的陆军学校爆炸案。

其四,"基地"组织印度次大陆分支在巴基斯坦不断加大宣传力度。2018年8月,"基地"组织印度次大陆发言人乌萨马·马哈穆德发表了一份题为《巴基斯坦是我们的地区》的声明,指出在巴基斯坦成立分支的目的是要在全国执行伊斯兰教法。值得注意的是,在这份声明中,马哈穆德没有讨论"基地"组织印度次大陆分支的行动,也没有威胁要实施进一步攻击行动。"基地"组织的宣传确实取得了一些成效。比如,此前一个名叫"安萨拉－沙利亚"的支持"基地"组织的团伙在卡拉奇出现。该组织麾下拥有包括从叙利亚返回的曾为"努斯拉阵线"战斗的外国恐怖分子。而有报告显示该组织参与了卡拉奇和俾路支的5起恐怖袭击,这从侧面反映了"基地"组织通过宣传渠道拉拢壮大势力的可能性。

其五,俾路支分离势力活动增强。近年来,俾路支分离势力的活动幅度和烈度增强。自2018年以来,印度仍然面临不小的反恐压力,主要是"基地"组织和"伊斯兰国"等国际恐怖势力威胁以及印度教极端恐怖主义势力。

其一,"伊斯兰国"和"基地"组织不断利用属于中国领土、现在存在争端的克什米尔问题做文章,他们通过社交媒体平台,积极招募那些深感被边缘和被疏远的克什米尔年轻人。

其二,"伊斯兰国"与"基地"组织的威胁依然持续。2018年,印度国家调查局(NIA)在新德里和北方邦镇压了一个由10名成员组成的支持"伊斯兰国"的小组——"伊斯兰运动"(Harkat-ul-Harbe-Islam)。该小组计划在印度2019年选举之前袭击首都地区的政治人物、安全设施和公

[1] 参见中华网,https://news. china. com/internationalgd/10000166/20180714/32683586. html,2019年12月20日访问。

共场所。此外,据印度国内消息称,在喀拉拉邦月失踪的10人被证实已经加入了在阿富汗的“伊斯兰国呼罗珊分支”。根据印度警方的说法,他们是来自迪拜的移民,在那里接受了“伊斯兰国”的意识形态而激进化。他们以迪拜和德黑兰为中转站,从喀拉拉邦前往阿富汗。值得注意的是,尽管“伊斯兰国”已经提高了在印度的作战能力和外联能力,但它对印度仍然只构成中低水平的威胁。2018年,包括首领达伍德在内的10名伊斯兰国成员在克什米尔被消灭。2019年,“伊斯兰国”的支持者以印度地方选举为契机,不断加大活动力度和频度,以获得公众的关注。未来,“伊斯兰国”仍可能通过从包括印度在内的旧网络中招募成员或与其他激进组织结盟。

近年来,在孟加拉国政府的镇压下,本土的恐怖组织开始小股分批次搬迁到印度西孟加拉邦,以寻求得到喘息之机,并逐渐恢复活力策划实施恐怖袭击。移居印度的恐怖分子也改名。该组织的宣传人员和所谓的“理论家”们试图利用罗兴亚问题大肆宣传,企图在印度的佛教地区煽动恐怖主义。

此外,“基地”组织核心及其南亚分支——“印度次大陆基地”组织也一直在暗中发展。该组织在印度暗中招募不少了人员。此外,“基地”组织在当地的分支在争端地区克什米尔的人数也在稳步增长,未来可能成为新的地区安全隐患。

其三,印度教极端主义威胁加大。据统计,2018年印度发生的因民族、种族、宗教等仇恨因素而引起的犯罪是10年来之最。在93起此类袭击中,共导致30人死亡、305人受伤。社交媒体和虚假新闻的传播进一步促进了这一进程,这些虚假新闻刺激了各种仇恨言论、阴谋论和谣言的产生,导致信仰不同宗教的人们相互仇恨的情绪迅速蔓延。在印度教的观念中,穆斯林和基督徒被排除在外,因为他们的“圣地”位于印度之外。在印度教的论述中也讨论了“印度教的软弱”的问题,将其归因于外来者的历史进步——穆斯林国王和大英帝国(基督徒)。多年来,这些故事在印度引发骚乱和社会紧张局势。最近,印度教极端分子因怀疑穆斯林吃牛肉而杀害了许多穆斯林，并改变（或正在改变）以穆斯林命名的城市和历史纪念碑的名称。此外，这些印度教极端分子经常指责穆斯林强迫印度教妇女皈依伊斯兰教，这种现象现在被称为“热爱圣战”。印度教极端主义情绪在印度的增长可以部分归因于人们日益认识到印度教身份正受到威胁，尽管事实上印度教徒占印度总人口的约80%。网络团体和新闻媒体也在热烈讨论印度教日益萎缩的身份认同和影响力问题。根据他们的说法，这是西方世俗主义、好战的伊斯兰主义以及印度的资本主义冒险的产物。

（二）中亚恐怖主义形势更趋严峻

一方面，基于地缘条件，中亚籍恐怖分子加速回流。“伊斯兰国”于2018年在伊拉克、叙利亚溃败后，其麾下的中亚籍恐怖分子加速回流，伺机获取新的生存空间，这给中亚诸国在反恐过程中打击境外回流恐怖分子的活动带了极大困难。近年来，中亚国家发生或破获多起由回流恐怖分子制造的暴恐袭击案件。

另一方面，中亚地区的本土极端恐怖组织也不断趋于活跃。中亚的极端宗教组织活跃度高，传统的恐怖组织也在该地招兵买马。近年来有的恐怖组织更是快速兴起。这些组织以社会下层为动员对象，极具迷惑性和吸引力。该组织不仅针对非穆斯林和世俗政权，甚至也将其他穆斯林视为“异己分子”，其思想主张的极端程度可见一斑。

从总体情况看，近年来，中亚诸国经济发展、民众生活及保障问题等遇到一些困难，引起群体性事件的高发和刑事犯罪的激增。而这些社会状况往往容易成为滋生极端主义、恐怖主义的土壤，极可能为潜藏在各国的恐怖主义势力所利用。

总体上看，中亚的恐怖主义和反恐斗争呈现如下特点。

第一，国际恐怖主义势力日益加强与传统的毒品犯罪和有组织犯罪等的交叉融合。

上合组织地区反恐机构执行委员会主任叶夫根尼·瑟索耶夫曾指出，国际恐怖主义组织正在加强与制售毒品组织和有组织犯罪方面的联系,开始通过世界各地区的分支机构向其他运营模式过渡。瑟索耶夫表示:“虽然打击国际恐怖主义取得了很大的成果,但恐怖分子依然是最严重的威胁,他们正在适应不断变化的现实。”[1]瑟索耶夫评估认为,恐怖分子获取财政、物资和技术支持的来源和渠道正在多元化,“恐怖分子通过包括巩固与毒品制售和有组织犯罪方面的联系在内的多种手段,依托地区分支机构的运作正在向网络经营模式过渡”。[2]

第二,“独狼”和“休眠组织”成为对中亚诸国安全的最大威胁。一方面,地区恐怖组织和极端组织利用各种媒介等手段,抓住中亚一些国家面临的某些问题炒作、蛊惑,加速部分潜在恐怖人员的自我极端化,使他们成为“独狼”。比如,“伊斯兰国”重点招募占阿富汗人口结构60%左右的30岁以下的年轻人,招募过程非常复杂,极其隐蔽。而所谓的“休眠组织”正在招募那些与叙利亚、伊拉克战区无关的陌生人。这些人以前从未出现在情报和执法部门的视线中,表面上一直过着守法的生活,而这部分人一旦变成恐怖分子,就难以有效识别和追踪,给反恐工作带来极大难度。

第三,劳动移民成为网络招募的主要对象。独联体反恐怖主义中心主任安德烈·诺维科夫曾指出,与大家想象的不同,恐怖组织招聘人员的地点绝大多数不是在清真寺,而是在建筑工地、市场和宿舍中完成的。面对当时全球新冠疫情下的反恐形势,他又指出,“国际恐怖主义团体的招募者不仅利用本已困难的局面吸收新的圣战士兵,而且还开展宣传呼吁被新冠肺炎病毒感染的恐怖组织成员最大程度地在公共场所、政府机构等地进行新冠病毒传播”。[3] 处于不同文化和语言环境中的劳动移民生活在极大的生活和心理双重压力之下。

---

〔1〕 参见中华网,https://news.china.com/internationalgd/10000166/20180509/32393394.html,2019年12月20日访问。

〔2〕 参见中华网,https://news.china.com/internationalgd/10000166/20180509/32393394.html,2019年12月20日访问。

〔3〕 参见搜狐网,https://www.sohu.com/a/405958185_100243171,2019年12月20日访问。

比如在塔吉克斯坦,恐怖主义和极端主义分子会利用各种渠道和方式向普通民众宣传他们的思想,并开展招募活动。在那里,有的组织一直在宣扬激进的伊斯兰思想,塔吉克斯坦籍的许多被招募者都是在俄罗斯首次招募时被看中的。塔吉克斯坦已出现了新一代宗教极端主义者,他们在意识形态上否认“国家”和民族传统。一些年轻人不再接受具有历史意义的民族节日。官方神职人员缺乏公共权威,这导致在阿拉伯国家和巴基斯坦的宗教中心接受教育的非正式宗教领袖不断在该国涌现,并占据重要的宗教社会地位。这部分人也在客观上日益构成“伊斯兰国”向塔吉克斯坦渗透的社会基础。根据塔吉克斯坦国内情报的显示,“伊斯兰国”成员中有超过 1000 名塔吉克公民,他们是宗教极端思想的狂热支持者,而这部分人中的绝大多数都是在俄罗斯工作的移民。

第四,恐怖组织改变了策略,招募成员出现了新模式。新成员的招募不仅有利于壮大恐怖组织力量,而且是一种宣传自身和扩大影响的方式。随着恐怖组织内部人员结构组成的迭代变化,新生代恐怖分子日益成为主导力量。恐怖主义行为的方式,也大量反映了他们的“新思路”和“新模式”。

恐怖组织招募成员模式出现的新趋势主要体现在如下几方面。一是新兴社交媒体成为恐怖分子招募成员的新宠。当前,恐怖组织的招募活动已大量转移到网络渠道,利用各种多样化的社交软件来实现其目的。WhatsApp、Viber、Skype 等大众或小众社交软件均有被用于恐怖组织成员招募的例子。更有甚者,一些实力雄厚的恐怖组织还自行组织力量参与开发相关软件或 App 等,专用于涉恐信息的网络发布和人员招募。二是一些恐怖组织在招募对象的选择上有了新变化,目标范围更广了。比如“伊斯兰国”不仅招募具有野战训练或经历过战争的步兵,而且近年来对招募具有 IT 技术、语言学、医学和其他专业或行业背景的人才也加大了力度。恐怖组织对人才需求的多元化不仅使其招募方式有了新的变化,在某种程度上,也使得越来越多具有特定专业知识的大学生群体处于被极端化、被招募的危险之中。三是自治恐怖主义兴起。除使用社交网络进行成员招募之外,“伊斯兰国”等组织还推出了一个新的“项目”——在互联网上发布关于培养“自治恐怖组织”的培训课程。课程内容包括制造简易爆炸装置的教科书、说明、视频以及在黑市上获得武器等,这些课程内容极易使一些已经自我极端化的“独狼”恐怖分子掌握实施暴恐袭击的技术方法,增大了他们的现实破坏力。

(三)东南亚已成恐怖主义温床,反恐压力骤增

尽管东南亚各国政府高度重视恐怖主义带来的安全问题,也在持续加大防范和打击恐怖主义的力度,但由于东南亚地区独特的地理环境状况、庞大的穆斯林信众基础以及与国际恐怖主义势力的现实联动,使得该地区成为暴恐活动的重要策源地之一。当前,东南亚地区的恐怖组织在寻求生存和发展上主要呈现如下新特点。

第一,借助地区乱源拓展新的生存土壤潜滋暗长。近年来,东南亚部分地区,如菲律宾南部、泰国南部及缅甸的若开邦等地的民族宗教矛盾日益突出,已成为国际恐怖主义势力渗透并寻求落地发展壮大的重要目标地。例如,菲律宾南部的棉兰老岛和苏禄群岛等地藏匿着大量在2017 年马拉维战斗中被打散的恐怖分子,他们仍然在设法寻求重组并壮大,进而伺机发动恐怖袭击,意图建立恐怖主义的所谓“国家”。由于2017 年当地恐怖组织攻占并控制马拉维市长达 5 个月之久,使得该地区“名噪一时”,对国际和地区的恐怖分子形成一定的吸附效应,一些国际恐怖分子也纷纷前往该地,企图以此为据点壮大力量。

马来西亚警察总长弗兹指出,2018 年在马拉西亚落网的 10 名恐怖分子企图在沙巴地区成立阿布沙耶夫(Abu Sayyaf)组织的分支,并将其作为东南亚“伊斯兰国”成员前往菲律宾南部地区的“中转站”。而菲律宾获得的情报也显示,数量不少的在叙利亚和伊拉克战败的武装分子已经或正试图逃到菲律宾,他们将菲律宾南部的伊利甘和哥打巴托作为策划实施恐怖袭击的重要目标地。菲律宾的棉兰老岛也有多达 100 名的外籍武装分子行动活跃,他们试图重建 2017 年在马拉维市所建的恐怖分子活动基地。

同样,近年来,动荡不安的缅甸若开邦,也面临着被恐怖主义势力渗透的危险。2018 年,缅甸若开邦发生了多起暴力袭击事件,由此导致的难民潮已成为恐怖主义势力渗透的目标。因相关暴力冲突和恐怖袭击所造成的难民可能被“伊斯兰国”等恐怖组织所利用,成为其壮大实力的重要人员补充渠道。此外,泰国南部的安全局势也不容乐观,属于各类犯罪的高发地带,那里不仅是该地区武器走私的重要通道,也是暴恐分子的藏身之地。

总之,国际和地区恐怖主义势力继续以该地区的这几个乱源为切入点,潜滋暗长,以期在东南亚地区建立恐怖组织活动基地。值得特别注意的是,除了“伊斯兰国”、“基地”组织外,有的恐怖组织也暗中在该地区聚集力量进行重组,他们通过多种渠道加大宣传力度、招募新人、筹措资金,试图在适当的时候发动重大袭击。

第二,利用新兴技术扩大影响扩张势力。当今的恐怖组织和恐怖分子越来越善于使用网络社交媒体、加密数字货币、暗网等技术发展人员、转移资金以及策划实施暴恐袭击。比如,利用现代互联网技术和网络社交媒体进行恐怖主义和极端主义思想传播日益取代传统的线下方式,这也使得生活于互联网环境中的青年一代面临更大的受外部因素影响而自我激进化的危险。据马来西亚“东南亚反恐中心”的一项调查显示,马来西亚的大学生当中就有一定比例的人认为恐怖主义是实现目标的有效战略。有受访的学生认为,他们有可能被影响而产生暴力激进思想并可能将其化为实际行动。更有甚者,认为恐怖主义尽管造成无辜群众丧命,但不算是不道德或非法的行为。这些受访的大学生之所以有这种想法,究其原因,很可能是受到“伊斯兰国”等恐怖组织的影响。这些组织近年来通过社交媒体宣扬其极端理念,对许多活跃于 Facebook、Tiwtter 等社交媒体的年轻人造成重大影响,可以说正在不断改变青年一代对“恐怖主义”的认知。

利用网络技术条件对青少年进行激进化和极端化教唆、蛊惑在东南亚各国已有越来越多的实例。新加坡内安局曾逮捕或依法处置 20 名极端分子,而其中 18 人是经网络教唆被激进化的。通过办理相关案件,执法人员发现,基于网络的便利化及恐怖组织在极端暴力思想宣传蛊惑手段方面的多样化和针对性,年轻人可能在极短时间内被洗脑,有的甚至只需三四天时间就可能从思想的激进迅速转变成暴力恐怖袭击行为,他们可能会在毫无预警的情况下随时发动袭击。在恐怖主义活动的隐蔽性和达到恐袭目的方面,科技正发挥越来越重要作用,包括使用数字和社会媒体作为通信、招募和宣传的手段等。更重要的是,网络技术可以超越地理限制而在虚拟空间创造一种归属感和认同感,进而营造一个与传统恐怖主义的活动场域既关联又相对独立的特殊空间和特有方式,这给防范和打击恐怖主义活动带来新的难题。

第三,策划实施重大暴恐案件。为博得国际恐怖主义势力的"青睐"并吸引更多的恐怖分子加入,地区恐怖主义势力还处心积虑地发动暴恐袭击以扩大影响力和吸引力。例如,据马来西亚警察总长弗兹透露,恐怖主义组织曾试图安排恐怖分子担任保安员,以使他们可以随时接触武器并发动恐袭。2018 年,东南亚地区发生了多起恐袭。例如,当年 1 月 22 日,菲军方人员在棉兰老岛南拉瑙省遭遇 10 名恐怖组织武装分子,双方爆发冲突并导致至少 6 名士兵受伤[1];5 月 8 日,印尼雅加达附近的一座关押有恐怖主义分子的监狱发生暴动,导致 5 名狱警被害[2];5 月 13、14 日,印度尼西亚泗水发生连环爆炸,成为 2009 年以来印度尼西亚遭遇的最大恐袭[3];8 月初,一辆货车在菲律宾巴西兰岛的一处军事检查站发生爆炸,造成 10 人死亡[4];8 月 28 日晚,菲律宾棉兰老岛苏丹库

---

〔1〕 参见《菲军再与马巫德武装分子交火　六士兵受伤》,载搜狐网,https://www.sohu.com/a/218186151_402008。

〔2〕 参见一点资讯网,http://www.yidianzixun.com/article/0JKGxbAC,2019 年 12 月 20 日访问。

〔3〕 参见《印尼泗水教堂连环爆炸已致 10 死 41 伤　总统赴现场》,载新浪网,http://news.sina.com.cn/w/2018-05-13/doc-ihapkuvk0384959.shtml。

〔4〕 参见大衆网,https://www.dzwww.com/xinwen/guojixinwen/201807/t20180731_17670740.htm,2019 年 12 月 20 日访问。

达拉省伊苏兰市的一处夜市发生爆炸，造成至少36人受伤3人死亡[1]；等等。其中，印度尼西亚泗水的连环爆炸案最为令人震惊。这起爆炸案不仅在作案方式上有特殊性，表现为多点爆发、连环爆炸，而且在实施恐怖主义爆炸的人员主体上也有独特性，意味着在东南亚地区首次出现"家庭式恐袭"，即实施恐袭者不仅有成年男子，还有来自同一个家庭的妇女和未成年人。显然，恐怖组织和恐怖分子已充分意识到，利用女性，特别是携带儿童的妇女发动恐袭，具有更好的隐蔽性，这也是未来各国防范暴恐袭击，尤其是恐怖主义爆炸案件需要警惕的地方。

此外，一些恐怖分子还从事违法犯罪活动，为暴恐活动提供掩护与支持。最典型的例子是一些恐怖组织开始利用专门力量从事伪造证件的犯罪活动，特别是通过伪造虚假护照等身份证件为恐怖分子跨境活动提供帮助。同样或类似的案件在菲律宾、马来西亚等国也时有发生。

第四，恐怖组织的地区联动性增强。东南亚地区的许多恐怖组织基于它们共同的极端宗教思想纽带或地区目标，加强了跨境流窜和协同作案的力度，这给地区防恐、打恐制造了困难。例如，印度尼西亚有一名恐怖分子，因犯恐怖活动罪被印度尼西亚雅加达地方法院判处10年监禁，印度尼西亚警方在调查此案时发现，印度尼西亚恐怖分子与菲律宾的恐怖分子有着非常紧密的联系。该案中的恐怖分子曾受另一名恐怖分子的指使多次从菲律宾南部某叛乱武装处采购武器，并在印尼各地开展恐怖袭击。又如，某个马来西亚籍恐怖分子、炸弹专家据称曾参与马拉维恐怖爆炸案，他与另一个恐怖组织有密切联系。

三、新形势下国际恐怖主义变化的整体特征

恐怖主义严重影响着国际社会的安全和稳定，特别是在"9·11"事件之后，恐怖主义虽然遭到国际社会的联合打压，但仍是危害国际安全

---

[1] 参见北晚在线网，https://www.takefoto.cn/viewnews-1555601.html，2019年12月20日访问。

的主要非传统安全因素之一,并在国际形势的变化过程中逐渐发展转型,同时伴生不断增强的破坏力和影响力。我国近年来面临的恐怖威胁增加,周边恐怖势力相互勾结,妄图制造大规模的恐怖袭击,我国政府所倡导的“一带一路”建设更是贯穿恐怖主义活动的核心地带,反恐压力陡增。习近平总书记在 2014 年提出总体国家安全观,并在党的二十大报告中重申了要统筹国内和国际安全,加强海外安全保障能力建设。2018 年召开的上海合作组织成员国元首理事会青岛峰会通过了《上合组织成员国打击恐怖主义、分裂主义和极端主义 2019 年至 2021 年合作纲要》,提出要进一步推动各国的反恐合作。践行党的二十大报告精神,维护国内和国际安全,有效落实当前的反恐政策,分析当前国际和国内的恐怖主义形势,寻找促使恐怖主义转型的潜在原因和规律,并制定合理的防控措施势在必行。

当前国际恐怖主义的表现形式在全球反恐高压的背景下已悄无声息地发生着转变。2011 年“阿拉伯之春”发生后,“伊斯兰国”等大批恐怖组织乘机发展,全球范围内的恐怖活动进入新一轮高发期。但从整体范围来看,随着“基地”组织等恐怖组织势力的持续削弱,以及 2017 年极端组织“伊斯兰国”遭受沉重打击,恐怖组织开始转变活动策略,其活动区域开始呈现由中心向外围的弥散性发展,同时呈现组织化的恐怖主义向个体恐怖主义转变、传统恐怖主义向网络恐怖主义转变等新的态势。

(一)恐怖组织活动区域由中心向外围的弥散型发展

恐怖组织活动区域呈现由中心向外围的弥散型发展,跨国界流动特征明显。“基地”组织头目本·拉登被击毙后,随着极端组织“伊斯兰国”遭到沉重打击,以中东、南亚地区为活动中心的恐怖组织开始走向外围扩散、化整为零的“游击战”模式,即从中东等传统的恐怖主义核心地带向世界各地呈弥散性发展,恐怖活动的高发地区由中东、南亚等地区扩散到非洲、欧洲、中亚、东南亚、美国等多个地区。全球约 55% 的恐怖袭击事件集中在伊拉克、叙利亚、尼日利亚、阿富汗、巴基斯坦,但随着恐怖组织的扩散,越来越多的国家正被囊括到遭受恐怖袭击的行列中来,如澳大利亚、德国、法国、英国、比利时、瑞典、芬兰、瑞士、伊朗、新加坡、孟加拉国等。[1] 同时,中东区域内恐怖组织中的外籍人员也接受任务回到籍贯国去组建更多的极端组织分支,以制造更多的恐怖活动。如中亚地区在“9·11”事件以后,政治相对稳定,经济持续发展,该地区恐怖袭击的发生数量一度在持续减少,安全形势也有了较大的缓解和改善。但是近年来,随着极端主义的泛滥以及中东战场的恐怖组织成员回流,导致该地区暴恐活动呈反弹之势。2016 年 11 月摩洛哥战略研究中心发布的《外国武装分子在“伊斯兰国”情况》报告称,在“伊斯兰国”共有 4.7 万名外国武装分子,其中包括中亚国家籍武装分子 3000 人。[2]

大批中亚籍恐怖分子响应“伊斯兰国”等国际恐怖组织的号召,回流至中亚地区发动恐怖袭击,2015—2017 年是中亚恐怖分子的回流“小高峰”,这些恐怖组织武装人员从中东潜入中亚国家,制造了一系列恐怖袭击。据吉尔吉斯斯坦有关部门称,2015 年 7 月 16 日,十余名由吉尔吉斯斯坦籍和哈萨克斯坦籍武装分子组成的“伊斯兰国”回流人员试图袭击俄军驻吉坎特基地,他们还准备在比什凯克的中央广场举办开斋节时实施恐怖袭击。[3] 经过中东战场洗礼的极端组织成员的回流,一边将“伊斯兰国”的极端思想带回本国,推动极端思想的传播,一边不断与当地的极端组织勾结或者建立新的恐怖组织,在本国频繁制造恐怖活动,严重影响着本国局势的稳定。当前恐怖主义如癌细胞一样开始弥漫扩散到全球各个角落,威胁着整个世界的和平与安全。

(二)组织化的恐怖主义向个体恐怖主义转变

随着国际反恐协作的加强,以及各国自身反恐能力的提升,恐怖组织的生存空间受到挤压,“基地”组织、“伊斯兰国”等高度结构化的恐怖

〔1〕 唐志超:《当前国际恐怖主义演变趋势及中国应对策略》,载《中国人民公安大学学报(社会科学版)》2018 年第 1 期。

〔2〕 На войну в Сирию и Ирак отправились 4,2 тысячи джихадистов из Центральной Азии, http://www.fergananews.com/news/27116,2020 年 12 月 3 日访问。

〔3〕 Кыргызстан. Власти утверждают, что обезвреженаименно ячейка ИГИЛ, http://russian.eurasianet.org/node/62311,2020 年 12 月 3 日访问。

组织成为各国严厉打击的对象。同时,恐怖组织想再策划如“9·11”这种大规模、高协调的恐怖袭击的能力已经大不如前,迫使权力高度集中和结构化的恐怖组织向去中心化转变,转而以本土化、个体化的“独狼”形式开展恐怖袭击,组织化的恐怖主义逐渐开始向个体恐怖主义转变。虽然目前国际上尚未对“独狼”式恐怖主义袭击给出一致的定义,但均认为“独狼”式恐怖主义袭击具有独自行动、不属于某个恐怖组织、袭击的策划和实施不受外界直接指挥的三大特征。[1] “独狼”式恐怖恐怖主义袭击表现出来的独自行动,不受外界领导的特征,使其易于效仿,危害性大,对极端分子具有极强的吸引力,并逐渐成为当前恐怖袭击的主要发展趋势。欧美国家是“独狼”式恐怖主义袭击的主要袭击地区,特别是在“9·11”事件后,据以色列知名智库“国际反恐政策研究所”2016年10月统计显示,西方各国发生的“独狼”恐袭案件数量及伤亡为:1990—1999年4起,造成14人伤亡;2000—2009年40起,造成87人伤亡;2010—2013年29起,造成290人伤亡;2014—2016年56起,造成672人伤亡。[2] “独狼”式恐怖主义袭击高发引起了西方国家的高度警惕,促使这些国家积极完善国内的防控体系以期有效预防和打击“独狼”式恐怖主义袭击。但正如上文各国对“独狼”式恐怖主义袭击所达成的共识所述,“独狼”式恐怖分子背景复杂,他们不隶属或受命于某个恐怖组织,实施恐怖活动的原因多样(多因经济、情感、心理等问题),在恐怖组织的极端思想蛊惑和煽动下,选择人群聚集的软目标,自发策划、准备和实施恐怖袭击行动[3]。恐怖分子的主体难以管控性,袭击方式随机性、任意性,袭击对象的不确定性等,使得“独狼”式恐怖主义袭击呈现预防难、治

---

〔1〕 Ramón Spaaij, Understanding Lone Wolf Terrorism: Global Patterns, Motivations and Prevention NY:Springer,2012 p. 16.

〔2〕 Sarah Teich, Trends and Developments in Lone Wolf Terrorism in the Western World October 2016,http://www. Ict. org. il/Link Click. aspx file ticket = qAv1zIPJl GE%3D&tabid = 66, 2020年12月3日访问。

〔3〕 严帅:《“独狼”恐怖主义现象及其治理探析》,载《现代国际关系》2014年第5期。

理难、对受袭目标的保护难等一系列困境[1],如何有效预防和打击"独狼"式恐怖主义袭击成为摆在各国面前的新难题。

(三)传统恐怖主义向网络恐怖主义转变

根据"互联网全球统计数据"网站最新发布的报告显示,截至2017年6月30日,全球网民规模达38.85亿,占全球人口的51.7%,自2000年起至2017年止不到20年间,全球网民规模增长了976.4%。[2] 互联网经过快速发展,其功能愈发完善,已经成为当前人们生活不可或缺的一部分。但事物的兴起与发展必然带有双面性,网络恐怖主义就在互联网发展的过程中应运而生。网络恐怖主义最早由美国加州情报与安全研究所资深研究员巴里·科林于1986年提出,他认为它是"网络与恐怖主义相结合的产物"。[3] 恐怖组织利用互联网的快速发展,借助网络的媒介作用及互联网空间的虚拟性,把活动的场所从现实世界转移到网络空间,抢占网络资源,获得竞争的话语权和主动权。与传统恐怖主义在现实世界通过暴力手段制造社会恐慌不同,网络恐怖主义不仅以网络作为袭击目标,而且充分利用网络传播的快速性及隐蔽性进行极端思想的传播、招募恐怖分子、筹集资金。同时利用网络直播的方式进一步发挥恐怖暴力的"剧场"效应,以此寻求恐怖效果的最大化,如网络上出现的种种"斩首""屠杀"的视频正是恐怖分子此种策略的表现。恐怖组织还通过建立网站,在主流社交媒体开通账户来抢占网络资源。"基地"组织是最早应用互联网的恐怖组织,"伊斯兰国"则是使用互联网最娴熟的恐怖组织,据"社交媒体监督记录组织"称,2014年"伊斯兰国"先后创立了70万个账户从事恐怖活动。2015年美国"布鲁金斯学会"研究报告发现,虽

[1] 裴明、夏保成、刘娇:《独狼式恐怖袭击初探》,载《中国刑警学院学报》2017年第5期。

[2] Internet World Stats World Internet Usage and Population Statistics, http://www.internetworld stats.com/stats.htm,2020年12月3日访问。

[3] 沈逸:《美国国家网络安全战略》,时事出版社2013年版,第11页。

然大量相关社交媒体账户被关闭,但“伊斯兰国”仍拥有 46000 个账户。[1] 以互联网络和信息技术为支撑的网络恐怖主义正在增多并逐渐成为趋势,网络技术不再是恐怖活动人员之间单纯的联络工具,而是逐渐成为他们跨区域调动、整合恐怖活动犯罪资源,在更大范围内实施恐怖活动犯罪、制造恐怖主义威胁的新手段[2]。恐怖主义从现实世界转移到虚拟世界,极大地增加了各国反恐难度,成为当前反恐工作的新挑战。

本部分以 2010—2020 年中国裁判文书网公布的 176 个裁判文书为实证样本,分别从我国网络恐怖主义犯罪的主体年龄、学历、收入、有无前科、分布地域、涉及罪名等方面讨论网络恐怖主义的实践样态,并以此为基础深入分析其产生原因,以期为后文论述奠定基础。

1. 我国网络恐怖主义犯罪的总体情况

如图 1－15 所示,我国网络恐怖主义犯罪的发案数量真正开始展现增长趋势是在 2014 年。由于习近平总书记在 2014 年首次提出了“总体国家安全观”,加上当时我国“严厉打击一切形式的恐怖主义”的反恐政策的有力推动,传统的恐怖主义犯罪已经遭到了严厉的打击,甚至无法在我国大陆地区存活下去。为谋求新生,网络信息时代的产物网络恐怖主义犯罪应运而生,并以较快的速度增长。2015 年年底《反恐怖主义法》的颁布,使得传统的恐怖主义犯罪治理得到进一步系统性地规范,陆续消灭多股恐怖势力,剩下的恐怖残余势力都开始利用网络进行宗教极端主义思想和恐怖主义思想的传播,并以网络为工具进行联络、招募、融资等恐怖活动。2015—2019 年,我国网络恐怖主义犯罪案发数量持续攀升,虽然直到 2020 年只统计到发生了 8 起网络恐怖主义犯罪案件,但实际的发案数量应该远不止此,有些可能正在审理过程中或者裁判文书还没来得及公开,正常情况下至少应当与 2019 年的发案数量持平,甚至应

---

[1] 唐志超:《当前国际恐怖主义演变趋势及中国应对策略》,载《中国人民公安大学学报(社会科学版)》2018 年第 1 期。

[2] 梅传强、张永强:《我国恐怖活动犯罪的现状、特征及防控对策》,载《北京师范大学学报(社会科学版)》2015 年第 6 期。

该更多。其中一部分原因是新冠疫情的影响,最典型的例子就是电信网络诈骗案件的爆炸式突发。由于全国疫情防控政策的下达,很多省份都启动一级响应,所有的出入口统统封禁,这也使得警力资源减少,无法有效对网络恐怖主义分子进行落地抓捕,所以这一段时间可谓是网络犯罪的黄金作案期,以网络作为工具或者目标的网络恐怖主义犯罪自然也有着天然的作案优势。

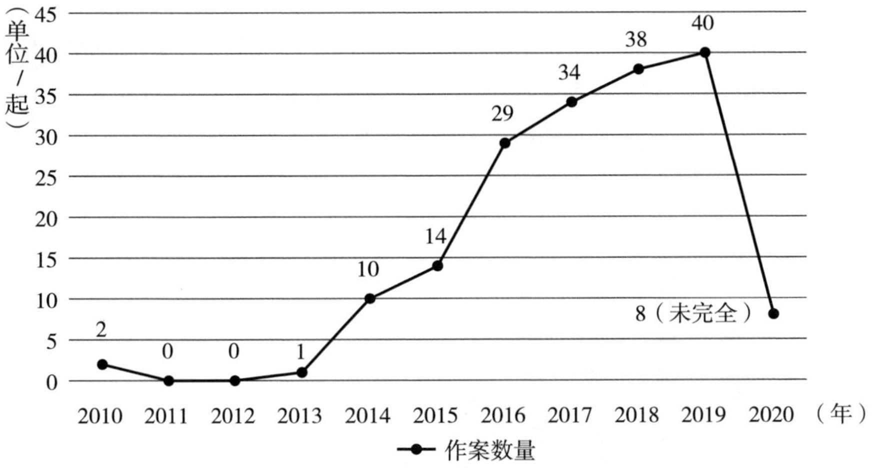

图 1-15 2010—2020 年我国网络恐怖主义犯罪发案数量统计[1]

2. 我国网络恐怖主义犯罪的要素结构式分析

我们以 2010—2020 年中国裁判文书网公布的 186 份裁判文书为实证样本,分别从我国网络恐怖主义犯罪的主体年龄、学历、收入、有无前科、分布地域、涉及罪名等方面讨论网络恐怖主义的实践样态,并以此为基础深入分析其产生的原因。

(1)我国网络恐怖主义犯罪主体的低龄化

联合国安理会反恐委员会执行局代理执行主任陈伟雄在 2015 年的世界互联网大会上指出,许多恐怖主义活动的对象集中在青少年,而且

[1] 本部分数据来自作者查阅的 2010—2020 年中国裁判文书网公布的以“恐怖活动犯罪”为罪名的判例。

越来越多的青少年开始通过网络被招募到叙利亚或者伊拉克,加入“伊斯兰国”等恐怖组织。更有甚者,直接通过各种网络渠道,给一些对宗教认知不清,对宗教知识知之甚少的青少年灌输恐怖主义和极端主义思想,并引导他们在各自所属的地区展开“独狼”化的“本土恐怖袭击”。图 1 – 16 是我国网络恐怖主义犯罪的被告人年龄统计图表,如此图所示,30 岁以下的青少年被告人占绝大多数,50 岁以上的被告人数量微乎其微。由于 15 岁到 30 岁正是建立起社会价值观的时候,而道德滑坡、信仰危机又恰恰是恐怖主义和极端主义产生的根本原因,那些网络恐怖分子利用这一信仰建立的关键时期,通过发送一些暴恐音、视频,对青少年进行洗脑,灌输宗教极端主义思想,从而达到招募成员,壮大组织的目的。

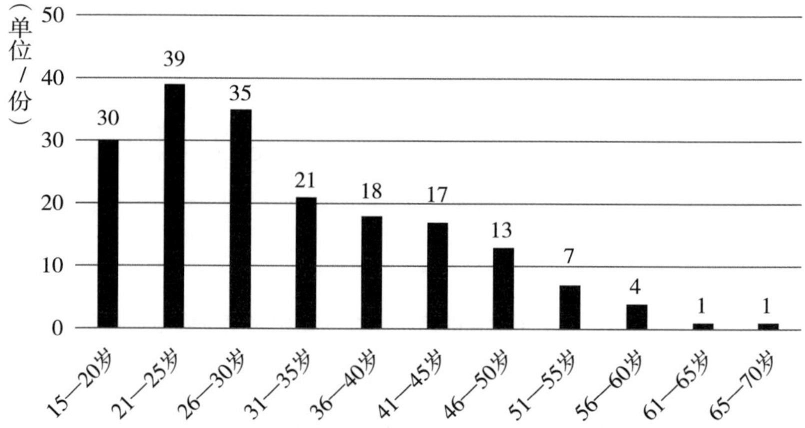

图 1 – 16　我国网络恐怖主义犯罪被告人年龄统计

从 186 份裁判文书的被告人供述,加上证人证言和被告人在各种交社交软件上的聊天记录的相互印证中可以发现,大多数青年被告人都是出于一种猎奇心理,为了追求刺激,去通过“翻墙”或者“VPN 软件”寻找一些血腥、暴力的暴恐音、视频。而那些提供音、视频的网络恐怖分子就是抓住了青少年的这种较为强烈的好奇心,才得以开辟通过网络招募恐怖组织成员这条隐蔽而又高效的捷径。所以我们应加强对青少年的国家安全教育,增强青少年的国家安全意识,真正做到全民反恐,不给恐怖分子一丝机会。

(2)我国网络恐怖主义犯罪被告人的逐年高学历化

恐怖组织成员的新生代与传统的恐怖分子有着明显不同,最大区别就是更加年轻化和高学历化。由于网络恐怖主义活动需要熟练使用一些智能化的工具与手段,以保证恐怖活动的隐匿性和高效性,所以很多网络恐怖分子都具有高智商和高学历,能够熟练运用互联网和计算机技术。图 1－17 中虽然初中学历的网络恐怖主义犯罪被告人占据了最大的一部分,但是位居第二的就是大学学历的人。从表 1－1 来看,从 2014 年开始,在我国网络恐怖主义犯罪的被告人中,高学历的被告人数量总体上呈攀升趋势,说明网络恐怖分子开始注重招募高学历人才。而且那些学历只有初中和小学的被告人,大部分都是居住在穷乡僻壤的农村,经济发展比较慢,工作也不稳定,处在社会的最底层,心理会比较压抑,这就为极端主义和恐怖主义的侵蚀创造了条件。活跃在中亚的某恐怖组织主要就是在边远贫困地区开办地下"讲经"点,以离经叛道的"讲经"形式给那些文化水平较低的人或者青少年洗脑。并且这个组织通过实施这一切措施所取得的效果让他们认为他们取得了一定的成功。

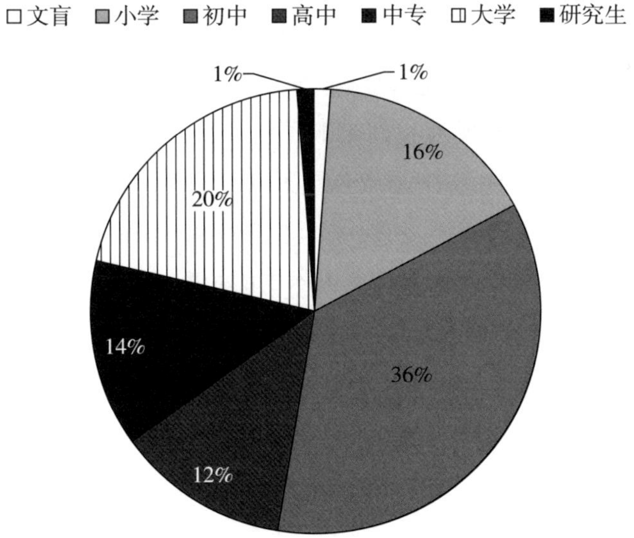

图 1－17　我国网络恐怖主义犯罪被告人文化程度占比

表1－1　我国近十年高学历网络恐怖主义犯罪被告人数量统计

年份	2010	2011	2012	2013	2014	2015	2016	2017	2018	2019	2020
高学历(大学和研究生)人数统计(名)	2	0	0	0	5	5	3	5	6	6	2

(3)低收入群体成为网络恐怖分子的招募对象

挫败感、嫉妒、贫穷、自恋倾向等都为恐怖主义和极端主义的生长提供了理想的温床。而这些心理疾病或者经济条件是身为社会底层的人所容易具备的,他们患这种心理疾病主要是由他们所从事的职业所决定的。如图1－18所示,我国网络恐怖主义犯罪被告人有很大部分人都是无业的,他们整天无所事事,游离在网络红线的边缘,无聊感增强后就开始寻求刺激和新鲜的事物,于是就被这种血腥、暴力的极端主义、恐怖主义音、视频所吸引,然后就大量下载。有些倾向于博人眼球的就会出于一种优越感而开始转发,并逐渐传播开来。农民也有忙农期和闲农期,闲下来的时候就像无业的人一样。单位职员虽然最多,都有各种不同的固定工作,但他们的收入都普遍较低,生活压力较大,挫败感较强,心理难免有些许变形,这些人也成为网络恐怖分子宣扬恐怖主义、极端主义的对象。这里需要警示的是,网络恐怖主义居然已经蔓延到了我国的高等院校,这些学生的出现为我们敲响了警钟,一定要在从小学到大学各个层次的教育院校和机构中都加强国家安全教育,增强学生的国家安全意识,学生是青少年的主体,是我国未来的希望,国家安全的理念必须根种于心底,从而打消恐怖分子从学生入手的企图。

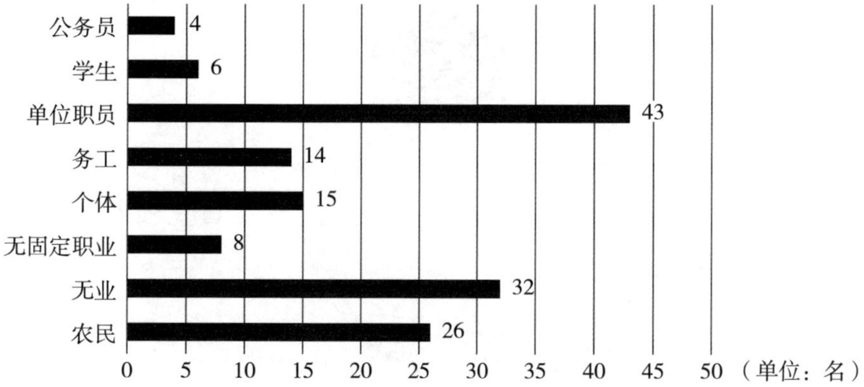

图 1－18 我国网络恐怖主义犯罪被告人职业统计

(4)我国网络恐怖主义犯罪主体多元化

我国网络恐怖主义犯罪的主要犯罪形式就是在网上传播各种暴恐音、视频,这个行为的完成几乎没有任何的技术含量,不用经过培训。经过图 1－17 也可以了解到,甚至有少数的文盲都可以做到。因此犯罪主体呈现多元化的特点,具体体现在年龄、文化程度、职业和有无前科等。图 1－19 为我国网络恐怖主义犯罪被告人有无前科的一个环状统计图,图中的数据表明,在 177 起网络恐怖主义犯罪中,只有 20 起犯罪的被告人有前科记录,剩下近九成的被告人都是没有不良前科记录的。这说明网络恐怖主义犯罪和一般的如侵财类刑事案件不一样,相较于专门寻找那些具有丰富犯罪经验的累犯,网络恐怖分子更注重对广大人民群众宣扬恐怖主义、极端主义思想,企图从意识形态入手,培养一支与他们有着相同极端主义政治信仰的信念坚定的“生力军”。在网络恐怖主义的传播过程中,传播者与受传者不是固定不变的角色,两者可能发生角色的转换或交替。因此,我国网络恐怖主义犯罪主体的多元化特征从这个角度来看,也代表网络恐怖分子目标选择的多元化。所以我们不应只把有前科的人员列为重点人员进行重点管控,而忽视对普通群体的教育和反恐意识的宣传。

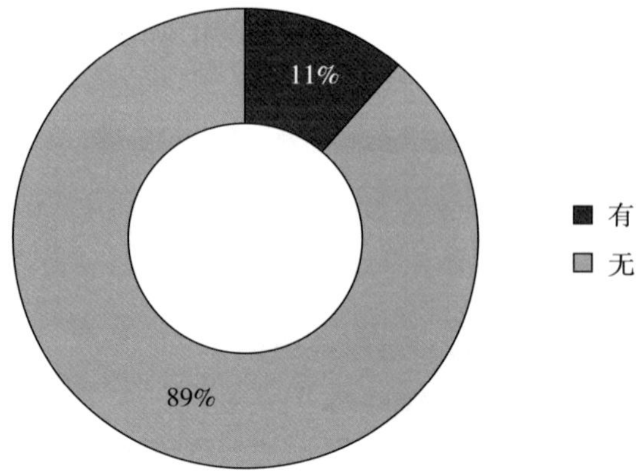

图 1－19　我国网络恐怖主义犯罪被告人有无前科统计

(5)我国网络恐怖主义犯罪遍布全国多个省份

如图 1－20 所示,图中颜色最深的几个省份是网络恐怖主义犯罪案发数量较多的地区,主要有新疆维吾尔自治区、北京、山东、安徽、广东几个地区。恐怖主义在这些地区的多发都是有原因的,例如新疆主要是受“三股势力”的影响,当地的很多居民都深受宗教极端主义和恐怖主义思想的毒害,甚至有人偷越国边境参见恐怖活动培训,偷渡不成,就地“圣战”。北京由于是我国的首都,是我国的政治文化中心,如果网络恐怖分子想要宣传自己的政治意识形态,北京毫无疑问是最重要的宣传阵地。广东省由于是香港特区和澳门特区的总后方,也是网络技术较为成熟发达的地区,而有一部分网络恐怖分子一直想要建立属于自己的政权,贯彻自己认为正确的政治意识和立场,因此自然也是网络恐怖分子的目标之一。至于山东以及安徽之所以是网络恐怖主义犯罪多发的地区,是因为这两个省是人口大省,有利于发挥线上和线下传播模式相结合的优势,提高传播的效率和范围。针对以上这几个网络恐怖主义犯罪案件多发的省份,可以采取网络阵地控制进行重点监控,主要监控网民在网上发表的言论,从而进一步明确重点恐怖主义组织人员,进行落地监控,预防网络恐怖主义的泛滥。

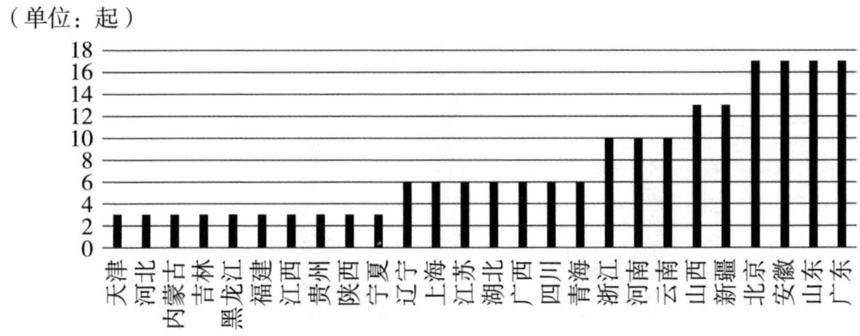

图 1－20　我国网络恐怖主义犯罪发案省份分布图

(6)我国网络恐怖主义犯罪涉及罪名较多

从图 1－20、表 1－2 所统计的我国网络恐怖主义犯罪所涉及的各种罪名的判决数量可以看出,在我国司法实践中,网络恐怖主义犯罪涉及的罪名较广,基本上涵盖了我国《刑法修正案(九)》中所规定的大部分罪名。其中,以宣扬恐怖主义罪和宣扬恐怖主义、极端主义罪最多,犯这些罪的被告人大都是用手机微信或 QQ 传播暴恐音、视频的人,其中有一部分还以盈利为目的,通过贩卖暴恐音、视频和淫秽物品获得了一定数目的赃款。还需要注意的是,新疆法院判决的案件中涉及极端主义的罪名占一半以上,数量较多,说明新疆地区歪曲宗教教义、灌输宗教极端主义的现象较为突出,需进行重点防范和管控。被指控犯后面四个数量最少的罪名的被告人有一半以上看过暴恐音、视频或者一些“圣战”资料等恐怖主义宣传物品,说明被指控犯前面六种罪名的人如果没有得到严加管控就会发展成为犯后四种罪名的犯罪人。同样,如果犯非法持有宣扬恐怖主义、极端主义物品罪的被告人没有受到及时制裁,他们就很可能会将恐怖主义、极端主义色彩浓厚的暴恐音像、音频、视频传播宣扬出去,造成更加恶劣的影响。

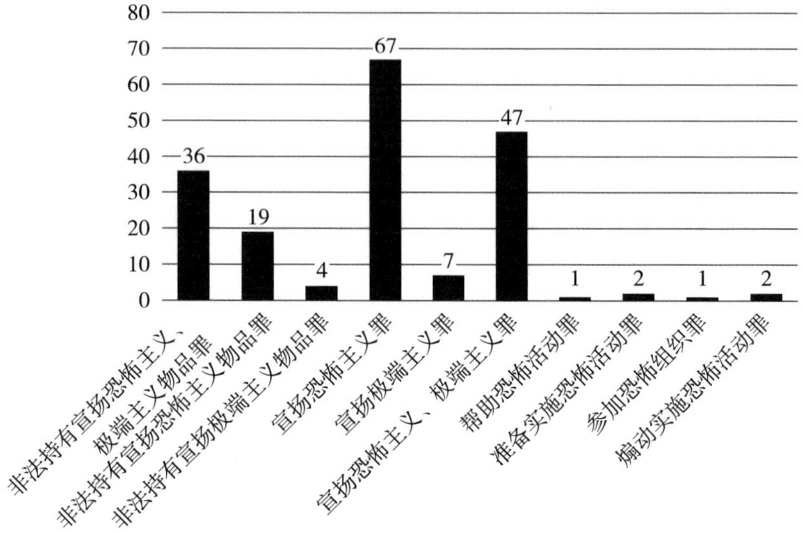

图 1－21　我国网络恐怖主义犯罪判决罪名数量统计

表 1－2　我国网络恐怖主义犯罪判决罪名数量统计

罪名	件数	罪名	件数
宣扬恐怖主义罪	67	非法持有宣扬极端主义物品罪	4
宣扬恐怖主义、极端主义罪	47	煽动实施恐怖活动罪	2
非法持有宣扬恐怖主义、极端主义物品罪	36	准备实施恐怖活动罪	2
非法持有宣扬恐怖主义物品罪	19	参加恐怖组织罪	1
宣扬极端主义罪	7	帮助恐怖活动罪	1

四、国际恐怖主义转型刺激下我国面临的恐怖主义形势

2009 年“7·5”事件以后，我国加大了对境内传统恐怖势力的刑事打击力度，反恐斗争取得了一定实效。然而，当前国际恐怖主义的转型，也催生出新的全球反恐格局：国际恐怖活动区域呈弥散型扩散的特点，我国周边的中亚、南亚、东南亚地区已成为“伊斯兰国”等恐怖组织进行恐怖活动的重要策源地，加上国际恐怖组织在中东战场核心区域的接连

溃败,大批恐怖分子回流至西亚、南亚等地区,我国周边地域的反恐压力陡增,同时也使我国的海外利益保护和“一带一路”建设面临极大的挑战。国际恐怖组织在我国周边地区扩张,建立分支机构,积极资助我国境内的恐怖组织,在我国周边地区建立培训基地对恐怖分子进行培训,同时也将其魔爪伸向我国境内,勾结我国尚存的恐怖组织,在某些边境地区频繁制造恐怖袭击。此外,受国际恐怖主义扁平化趋势的刺激,特别是受当前欧洲大规模“独狼”式恐怖袭击所造成的恶劣影响,我国境内的恐怖袭击也开始呈现“独狼”化的趋势。另外,在网络恐怖主义成为恐怖主义犯罪新形式的背景下,国际恐怖组织通过互联网对我国境内恐怖分子进行恐怖思想传播和恐怖方式培训,使我国境内的恐怖活动趋于国际化,网络恐怖主义成为当前我国面临的现实威胁之一。

(一)国内传统恐怖组织和国际恐怖组织联系加强

我国境内的极端势力、恐怖势力、分裂势力与国际恐怖组织联系加强,希望利用国际恐怖组织的资金和技术来扩展其力量和影响力。传统的“东突”恐怖势力与中亚、南亚的恐怖组织长期存在密切联系,并一直受“基地”组织在训练人员、提供经费、武器弹药、交通工具和通信工具等方面的支持,形成了“以南亚和伊、叙为主要活动基地,以东南亚为主要偷逃通道、以中亚为跳板的跨境暴恐网络”〔1〕。而“东突运”等恐怖势力则与国际恐怖组织勾连,试图借助国际恐怖组织的关注度将我国某地区的问题国际化,借势达到分裂中国的卑劣目的〔2〕。同时随着国际恐怖组织活动区域的扩散及参加“伊斯兰国”等国际恐怖组织的人员回流,中亚地区恐怖组织增多、力量增强,频繁制造恐怖活动,威胁我国边疆地区稳定及海外利益。2016 年 8 月 30 日,中国驻吉尔吉斯斯坦大使馆遭到恐怖袭击,〔3〕这是中亚地区的恐怖组织对中国的挑衅,也是国外恐怖组

---

〔1〕 李伟:《“伊斯兰国”正在开辟域外“战线”》,载《世界知识》2015 年第 5 期。

〔2〕 王奇、田一鸣:《全球恐怖活动的 GTD 数据分析与我国应对之策》,载《犯罪研究》2018 年第 2 期。

〔3〕 《中国驻吉使馆遭恐怖袭击,疑是“东突”所为》,载搜狐网,https://www.sohu.com/a/112901365_473488。

织与我国国内传统的恐怖组织相互勾结的结果。国内的恐怖组织与中亚、南亚地区的国际恐怖组织联系加强，形成了一条“中国—中亚—南亚”的恐怖主义活跃带，他们相互扩展自己的活动区域，严重影响着中国边境的稳定及“一带一路”的建设和安全。上海合作组织的成立，使中国和中亚各国在反恐合作方面达成相关共识，但是随着国家“一带一路”建设的推进与中国海外贸易的增多，中国与中亚、南亚各国在经贸、人员交流方面的合作不断加深，中国与中亚、南亚各国的反恐压力将日趋加大，中国与中亚、南亚各国的关系也将面临着新的考验[1]。

另外，有的恐怖组织出现了融合迹象。这些恐怖组织的本质是“三股势力”在我国卷土重来的新伪装，其活动特点是在严密的组织架构下以“圣战”为名实施暴恐犯罪。有的恐怖组织与其他宗教极端组织不同，它在建立伊始就将自己定义为基于伊斯兰的政党，这明确体现在其创始人的表述中。它组织稳定、结构严密、等级森严、政治目标明确，是赤裸裸的极端暴力恐怖组织的主要代表。中国境内已经发生的有组织暴恐袭击多数由其策划实施。有的恐怖组织内的恐怖分子宣称“为了真主而背井离乡，要抛弃所有财产，迁徙并集中到一个地方发动暴力活动”，进行“圣战”，该组织成员实质上是职业恐怖分子的集合。近年来，我国境内的恐怖主义活动摆脱了原先的地域束缚，出现逐渐向内地和国外迁徙的趋势。这种非典型的恐怖组织结构模式更趋扁平化，既可以在国外恐怖组织的影响下就地进行恐怖活动，也可以和国外的恐怖主义勾结进行演化，组织灵活性也更强，对其防御的难度更高，因此，它的危害性也更大。

（二）恐怖活动以西部为主要区域并伺机向内地蔓延

我国当前的暴恐袭击案件仍然是以西部区域为主，形成了恐怖组织由西部边疆到内地再到全国其他地区的发展趋势。客观上讲，这种发展趋势一方面是由于我国西部地区的反恐措施日益强化，进一步压缩了恐

---

〔1〕 刘青建、方锦程：《恐怖主义的新发展及对中国的影响》，载《国际问题研究》2015 年第 4 期。

怖组织实施犯罪的空间和机会;另一方面源于恐怖组织活动区域的弥散性发展,以及“迁徙圣战”的影响。从 2013 年开始,我国境内的恐怖组织打破原有的区域限制,开始呈现向内地蔓延的趋势,据 2015 年央视《“迁徙圣战”的真面目》节目报道,2015 年侦破的暴恐分子从新疆非法外迁的案件达 132 起,涉及暴恐分子数量达到 866 人[1]。虽然近年恐怖分子在内地进行恐怖袭击得到了控制,但是北京、昆明、广州、温州、沈阳等内地区域发生的暴恐袭击案件或疑似暴恐案件仍值得注意,同时我国恐怖组织与国外恐怖组织的联系加深,其国际化程度升高,实施暴恐袭击的能力更强,暴恐犯罪向全国蔓延的趋势可能是未来的基本方向,恐怖组织仍将伺机再次潜入内地制造暴恐事件。故在反恐的战略思想上,我们要长期保持“新疆主战场,全国一盘棋”的指导思路,逐步强化疆外地区的反恐预警和应急处置能力。

(三)“独狼”式恐怖活动将是未来防控的重点

全球范围内组织化的恐怖主义逐渐向个体化的恐怖主义转型,“独狼”化的恐怖活动已成为当前恐怖活动的主要形式。如 2017 年 10 月 1 日拉斯维加斯枪击案、10 月 31 日曼哈顿小汽车撞人事件、1 月 5 日得克萨斯州枪击案,短短几个月内美国相继发生三起“独狼”式恐怖袭击案件,法国、英国等其他欧洲国家也是“独狼”式恐怖袭击的重灾区。“独狼”已成为欧美各国新的恐怖梦魇。随着恐怖组织结构愈发扁平化、碎片化,当前的暴力恐怖主义活动会更多地效仿“独狼”式恐怖袭击,在恐怖主义、极端思想利用互联网迅速地传播及蛊惑下,我国同样也存在“独狼”滋生的土壤,不排除出现一批“独狼”式恐怖分子的可能,“独狼”式恐怖主义袭击将是我国当前及未来防控的重点难点之一。

(四)网络恐怖主义是我国面临的现实威胁

随着恐怖主义网络化程度增高,网络恐怖主义已发展为当前国际实

---

[1] 参见《〈新闻 1+1〉“迁徙圣战”的真面目》,载央视网,http://news.cntv.cn/VIDE1421678335720303.shtml。

施恐怖主义犯罪的主要方式。与国外相比,当前我国恐怖组织的网络化程度不高,利用网络发动恐怖袭击的能力还达不到"伊斯兰国"等国际恐怖组织的水平。但随着我国未来各行业信息化和网络化程度的加深,以及我国恐怖组织的国际化程度增高,恐怖组织利用互联网进行恐怖袭击的危险将进一步加大。当前我国反恐面临的主要问题是利用互联网传播恐怖思想和进行恐怖犯罪活动,从国内近年来发生的互联网涉恐案件来看,"东突运"等恐怖组织主要通过互联网上传播暴恐音视频、宣扬恐怖主义、极端主义思想,讲授恐怖犯罪方法,拉拢恐怖主义分子,然后通过线下联络进一步策划实施恐怖活动[1]。如于 2014 年 5 月 22 日发生在乌鲁木齐沙依巴克区公园的爆炸案中,据犯罪分子供述,这个团伙经受了长时间的宗教极端主义洗脑,进行不合法的宗教活动并收听、观看暴恐音视频以开展恐怖活动。从我国法院审理的涉恐案件来看,互联网传播极端思想的案例比较突出。笔者在中国裁判文书网以宣扬恐怖主义为关键词进行搜索发现,利用互联网宣扬恐怖主义的案例数量 2016 年为 5 个、2017 年为 40 个、2018 年至本书完稿之日为 9 个[2]。虽然我国相继出台了《刑法修正案(九)》《反恐怖主义法》《网络安全法》对网络恐怖主义进行规制,但当前互联网上恐怖思想的传播仍逐年增多。随着互联网技术的发展,网络恐怖主义将是我国接下来面对的主要恐怖威胁。相对于国外更为健全的互联网反恐机制,由于我国的网络反恐起步较晚、应对网络恐怖主义的经验不足,如何在国内网络恐怖主义尚未发展壮大的情况下进行有效预防,并构建完善的网络恐怖主义防控机制,是我们当前需要认真思考的重要课题。

五、制度与技术融合的恐怖主义整体应对

在国际恐怖主义已经转型的情况下,我国当前面临的恐怖主义也将

---

〔1〕 王志祥、刘婷:《网络恐怖主义犯罪及其法律规制》,载《国家检察官学院学报》2016 年第 5 期。

〔2〕 利用互联网宣传恐怖主义案例可参见裁判文书网,https://wenshu.court.gov.cn/。

呈现新的发展特点，反恐压力巨大，如果仍然依照传统的反恐思路工作，难以有效地预防和打击恐怖主义。反恐工作应该与时俱进，及时分析当前的反恐形势以及未来的发展趋势，针对当前恐怖活动的特点，只有预先制定有效的防控措施，才能防患于未然，也能在暴恐事件发生后进行及时处理，把恐怖主义的威胁降到最低。

（一）在总体国家安全观指导下整体布局

习近平总书记提出要准确把握国家安全形势变化的新趋势和新特点，坚持总体国家安全观。[1] 具体落实在反恐工作领域，就是要准确把握当前的反恐形势，统筹国际和国内安全，兼顾重视国土安全及国民安全。

1. 统筹国际和国内安全

在国际层面，随着恐怖主义的扩散，恐怖主义在我国周边形成了一个“中亚—南亚—东南亚”的包围圈，不断勾结我国境内的恐怖主义分子对我国周边区域进行渗透和干扰。同时随着“一带一路”的建设及我国海外贸易的增多，我国面临的国际恐怖主义威胁将更加严重。这就要求我们必须在总体国家安全观的指导下，加强国际合作，维护国际安全。

一是要在联合国的框架内加强反恐合作，深化国家之间在反恐方面合作的层次和质量。面对当前恐怖主义对全球安全的威胁，中国要积极发挥常任理事国的作用，在涉恐问题上要利用联合国等国际组织积极构建交流平台，增进不同信仰的群体之间的互相理解，缓和矛盾，逐步统一对恐怖主义的认识和打击策略。中国要积极向海外派出维和部队、维和警察，与世界反恐力量进行更深入和广泛的反恐合作。针对目前恐怖主义越来越多地侵犯我国海外利益，中国应积极加强与他国建立反恐方面的司法合作，合作内容不仅包括国际刑事司法协助、联合侦查，而且包括引渡、被判刑人的移管、外国判决的承认和执行、国家之间建立刑事方面

---

〔1〕《习近平：切实维护国家安全和社会安定　为实现奋斗目标营造良好社会环境》，载中国政府网，https://www.gov.cn/xinwen/2014-04/26/content_2667147.htm。

的联络机制、各国刑事司法方面的定期会晤机制、对刑事司法人员的培训及警务合作等多方面的内容。只有开展多方面、宽领域的国际司法合作,才能有效打击恐怖主义、震慑恐怖分子,从而维护国际稳定,保护我国海外利益的安全。

二是要在上海合作组织的框架内完善我国周边区域间的反恐合作平台。上海合作组织自 2001 年成立后,其在打击“三股势力”、维护地区稳定方面积累了丰富的成果和经验。2018 年 6 月,上海合作组织成员国元首理事会青岛峰会召开,习近平主席在会上强调各国要加强互信,筑造和平安全的共同基础,构建命运共同体。于会上通过的《上合组织成员国打击恐怖主义、分裂主义和极端主义 2019 年至 2021 年合作纲要》明确要求进一步推动安全领域务实合作,反恐怖机构在反恐合作中应发挥更大作用。中国作为上海合作组织的创始国之一,要在上海合作组织的框架下,不断深化区域间的反恐合作平台建设,具体化反恐合作措施。在反恐怖总体前提下,各地区之间要积极开展反恐军事演习,以震慑恐怖分子,同时通过淡化恐怖主义的民族和宗教属性,突出其刑事犯罪属性,从而消除外交化、行政化的外交协议,健全区域之间合作的法律基础。在国内方面,既要重视重点区域的反恐工作,也要在全国范围内构建反恐体系。近几年来,传统的以西部边境地区为重点的恐怖分子仍伺机向内地活动并制造恐怖事件,内地因自身反恐经验的欠缺以及对暴恐事件的预防措施不到位,这些地区若发生暴恐事件往往会造成巨大的损失。我国的反恐建设要在总体国家安全观的指导下,以西部边境等重点地区为反恐力量布局的依托,在全国范围内全面展开,内地各省份也应建立相对完善的暴恐事件防范预警机制。重点地区的反恐经验是在反复打击恐怖分子的过程中凝结而成的,国家安全部门要搭建经验交流平台,内地各省、市要定期学习交流重点地区的反恐经验,并结合本地区的城市布局实际,构建恐怖主义事前预防和事后快速处理机制,将暴恐事件的影响降到最低。

2. 重视国土安全及国民安全

恐怖主义的影响是多方面的，恐怖组织一般带有强烈的政治诉求，所以政治安全和国家安全是需首要强调的。但是当前恐怖主义犯罪更多地针对平民，政治诉求不再是他们唯一追求的目标，发泄对社会的不满、制造社会混乱转而成为他们的目的。特别是“独狼”式恐怖主义袭击，主要针对普通民众肆意屠杀，在平民中制造恐怖效应，使普通民众人人自危，以此造成社会恐慌，这使得恐怖分子在一定程度上达到了预期目的。因此，对于普通民众的安全考虑也要在反恐斗争中上升一个层次。总体国家安全观要求既要重视国家安全，也要重视国民安全，坚持以民为本、以人为本，真正夯实国家安全的群众基础。我们要在新时期的反恐工作中加强对普通民众的保护，在发生针对民众的恐怖事件中，要以民众的安危为首要重点。当暴恐事件发生时要及时疏散民众，让民众感受到自己在一个安全的社会状态下，努力将可能造成的社会恐慌降到最低程度，使恐怖主义的实质目的落空。

（二）完善反恐情报系统建设

情报贯穿于反恐工作的始终，是保证反恐取得胜利的关键性因素之一。我国 2016 年实施的《反恐怖主义法》吸取了其他国家在反恐实践中的经验教训，在该法第 43 条中明确规定“国家反恐怖主义工作领导机构建立国家反恐怖主义情报中心，实行跨部门、跨地区情报信息工作机制，统筹反恐怖主义情报信息工作”。虽然我国《反恐怖主义法》明确规定了要建立反恐情报中心，加强部门之间的情报共享，但是在实践中由于情报的流转复杂所导致的情报信息延迟、部门之间权责不明、信息共享平台建设相对缓慢、机构之间难以形成合力、情报分析研判能力水平低下、立体化反恐情报体系难以建立等问题仍然存在。面对当前严峻的反恐形势，需要优化我国的情报传输结构、加强部门间反恐协作、利用大数据等技术，充分发挥情报的预防和打击恐怖主义的作用，从而完善我国的反恐情报系统建设工作。

1. 优化我国的情报传输结构

反恐情报的快速流转是保证情报信息及时、准确的前提,也是发挥情报在反恐工作中重要作用的关键因素。为确保情报信息自上而下快速流动,我国可将“县—市—省—国家”四级中心设置模式改变为“县—省—国家”三级中心设置模式[1]。在国家情报中心的统一领导下,县一级的基层情报机构主要任务是对自己所辖区域内的情报进行收集汇总,并上传情报中心系统,协助本区域的反恐部门开展反恐工作;省一级情报机构则是对基层情报机构上报的情报数据进行分类,并针对本省区域内的关联情报进行深入分析,查找可疑线索;国家情报中心则对上传到数据库的情报信息进行综合研判,立足数据情报从宏观层面对全国恐怖活动产生的区域、目标、方式、行动特点等进行常态化评估和风险预警,从而指导反恐工作[2]。形成三级中心的情报传输结构,将减少多余环节带来的情报信息延迟,有利于及时实现数据的上下流通,确保情报信息的高效性和准确性,以此指导反恐部门进行有效的预防和打击工作。

2. 加强部门间反恐协作

部门之间的反恐协作是实现情报共享、共用,构建反恐情报系统的前提。构建反恐情报共享机制要在反恐领导机构的统一协调下,强化部门之间的情报信息交流,针对当前我国部门设置的特点,以及反恐情报信息的秘密性,情报信息的无障碍多方传输是暂时不可能实现的。因此,在不违反法律法规的前提下,公安、国安、武警、军队等的情报机构要与其他行政部门、电信、私营企业等的信息管理中心搭建情报信息交流平台,分享自己掌握的且能够向第三方公开的情报,形成包含极端宗教组织和人员、在逃暴恐分子、典型处置案例等为主要内容的“反恐基础数据云”。同时要形成区域性的反恐情报共享格局,建立反恐信息联动机

[1] 陈明、凌云翔:《反恐情报中心主导下的情报共享机制研究》,载《江南社会学院学报》2016 年第 3 期。

[2] 倪春乐:《城市地铁系统恐怖爆炸立体化防控研究》,载《中国刑警学院学报》2017 年第 6 期。

制，根据地区面临的恐怖袭击风险系数、经济发展水平、反恐力量建设等划分若干区域，区域间和区域内的信息能够有效互通。区域之间要建立各级别的情报协调机构，以有效统筹区域间各部门信息的沟通和交流，减少因交流过少而导致的信息延误。此外，在预见突发情况方面，国家反恐领导机构还可以临时开展实战信息共享机制，将按级调阅的数据转变为主动推送与调阅相结合，提升部门之间的反恐协作能力。

3. 在反恐情报信息的收集和研判中充分利用大数据

网络信息时代，任何事情都会留下相应的数据痕迹，恐怖活动的整个组织和实施过程也必然会在大数据时代留下蛛丝马迹。反恐部门要充分利用大数据的技术特点，构建大数据分析应用平台，将反映涉恐对象的个人背景、思想动态、社会交往、现实空间行为、网络空间行为、通信行为、金融行为等各方面情况的结构化、半结构化数据汇集在一起，根据设定主题聚集数据，发现影响因素或相关关系。要充分利用大数据挖掘涉恐对象间的关联性、类别性，开展模式分析、趋势分析，进而根据其聚集度、活跃度、异常度作出预测性分析和超前预警〔1〕。

4. 注重对情报人才的培养

从目前的实践来看，我国更侧重于“处置”方向的专业队伍建设，对于情报信息搜集研判专业人才的培养和应用显得不够重视，这也在一定程度上导致情报信息搜集研判水平较低。情报信息分析研判的不到位容易导致关键信息的遗漏，而反恐情报信息的遗漏可能造成难以估计的损失。因此，反恐部门在重视情报信息工作的同时也应重视情报人才的培养。在人才选拔方面，要将应选人的身体素质、学习能力、反应能力、协调能力作为基本选拔条件，把精通语言、计算机、装备操作、侦查业务作为优先选拔条件，适量引进解放军和武警的情报专业人才，组建一支由多民族构成的、适应当前反恐工作的情报队伍。在培养模式方面，要

〔1〕 侯睿：《大数据时代的反恐情报收集与分析》，载《山东警察学院学报》2014 年第 4 期。

切实将理论和实践相结合。在理论培养上,在立足情报知识的前提下,吸收犯罪学、社会学、心理学等相关学科的经验,培养情报人才大数据思维,结合网络化、信息化、数字化的时代特征,培养高素质、专业化的情报人才;在实践培养中,要通过岗位交流促提高,安排情报人才进基层岗位轮训,积极参加反恐演习,进行模拟实战训练,在实战中淬炼自己以全面提升反恐情报人员的专业能力。

(三)构建完善的网络恐怖主义防控机制

网络恐怖主义主要是伴随互联网技术发展应运而生的,信息网络由恐怖主义的攻击对象或手段逐渐演变为恐怖主义的战场。当前世界以科技为核心竞争力,而网络技术是科技实力的集中体现,备受全球瞩目。而恐怖分子同样也越来越明白掌握网络技术的重要性,他们既可通过网络传播恐怖主义思想,也能透过网络渲染恐怖主义,造成社会恐慌。针对目前网络恐怖主义的猖獗,我们的重点是要以网络技术为先导,构建完善的网络恐怖主义防控体系。当前我国《反恐怖主义法》对于网络恐怖主义的定义、特征、形态、发生规律等并没有规范的解释,如何界定网络恐怖主义仍然是亟待解决的问题。因此,要在《反恐怖主义法》中完善对网络恐怖主义的界定,明确网络恐怖主义的相关概念,进而创建一体化的法律规范制度、协作的网络管控制度,在宏观层面进行总体性的预防引导。

在微观层面,一是要运用信源追踪技术,充分运用网络大数据对网络上发表的信息进行分析、研判,及时对恐怖思想的传播信息源进行追踪。虽然网络恐怖主义分子及“独狼”在现实生活中具有极为丰富的伪装手段,但是他们无不常年混迹于社交网络和自媒体,发表一些激进言论,这就为反恐人员提供了恐怖分子的活动痕迹,能够及时标记和管控这部分人员。二是要积极运用媒介控制技术,在对线下重点人员管控的同时,积极监控线上恐怖思想的传播,及时发现可能出现的风险,重点监测网络直播等即时性的传播媒介,防止恐怖分子利用直播平台传播恐怖主义思想、视频以及指导恐怖活动。同时,要利用信宿阻断技术及时阻断恐怖思想的传播途径,以防恐怖思想进行多次传播。三是要积极预测恐怖活动发展的趋势,针对可能的发展情况,预先进行防御布控,防止网络恐怖活动的产生。

完善的网络恐怖主义防控机制的构建,还需要建立恐怖思想的舆论控制机制,及时消除恐怖主义思想的影响。网络恐怖主义具有极强的煽动性,加上当前我国网民数量庞大,恐怖思想一旦在网络上传播,难免会造成或大或小的社会恐慌。国家政府机构要积极发挥网络主导作用,利用社交媒体的传播效应,建立相应的舆论控制机制,官方媒体要及时答复普通民众关注的焦点问题,对受伤害群众和受影响群众进行有效的心理修复,减轻恐怖活动造成的威胁与伤害。

（四）注重人技结合的全民参与型反恐体系建设

当前恐怖主义的袭击对象平民化及“独狼”化趋势明显,使普通民众的人身安全遭受到极大威胁。全国人民都应认识到当前恐怖主义严峻的现状,恐怖主义活动不再只是电视节目中报道的画面,而是真正会发生在自己身边的事件。与此同时,政府也应强化公民的危机意识,提高公民反恐的积极性。反恐部门不应再把公民当作被政府保护的安全利益而静态置放,而是应该充分发挥公民的主动性,使公民成为一支反恐生力军。《反恐怖主义法》第 5 条确立了“反恐怖主义工作坚持专门工作与群众路线相结合”的法律原则,也反映了国家支持和鼓励公民参与到反恐斗争中的意愿。公众参与反恐能够弥补政府反恐的局限,政府的优势在于“点”状打击,缺陷在于“面”状防范。公民在社会中的覆盖面广,一旦发现涉恐信息,公众可以通过电话、网络等多种方式通知政府开展“点”状精准打击。简而言之,公众参与可以实现“点”“面”结合,弥补政府缺陷,实现优势互补。

反恐部门要在基层群众中主动建立一种动态结合的“层级对等”工作体制,针对暴恐分子可能化身隐匿于基层群众之中的特点,反恐部门要寻找一批长期在该地区固定地点工作生活、对社情民意十分了解的普通民众(如社区商贩),发挥他们对区域内陌生事物敏感性强的优势,使他们能够成为基层预防恐怖主义的第一道防线。在静态的基层预防设置基础之上,还需要一批流动中的基层群众。据相关调查显示,恐怖分子筹备或者事后逃逸时90%都会选择出租车、摩托车、网约车等能自由选择目的地的交通工具。因此,反恐部门应该发展一批流动的基层预防人员,为反恐部门提供有用的信息,及时预防暴恐事件发生及有效打击恐怖分子。因反恐工作伴随着极大的危险性,反恐部门要给普通民众普及反恐的手段和方法,定期做好反恐教学宣传和培训工作,增强普通民众的自我保护能力。同时,反恐部门也要完善相应的激励机制,地方的反恐立法要对具体奖励的线索情形、举报途径、物质奖励标准、线索审查程序进行细化和规范,激发群众主动举报和提供线索的积极性[1]。

当前世界风潮涌动,恐怖主义的威胁将继续影响全球各国的稳定和安全,国际反恐斗争道阻且长,各国要摒弃嫌隙和矛盾,凝聚反恐共识,通过国际组织和区域合作组织加强反恐司法、情报等方面的合作。处在国际恐怖主义转型背景下的中国,更要认清当前恐怖主义的新态势,立足我国反恐实际,构建全方位、立体化的防控体系,实现国内反恐和国际反恐能力的同步增强。同时,中国要积极发挥大国应有的作用,积极搭建对话交流平台,推动国际反恐合作向更深入和广泛的方面发展。

---

〔1〕 倪春乐:《论总体国家安全观视角下的反恐怖主义地方立法》,载《中国刑警学院学报》2018年第4期。

第二章　数据技术辅助恐怖主义防控的总体路径

恐怖主义在技术的运用上一直保持着与时俱进,且呈现原始和前沿并用的状态。从现实情况看,大量新兴技术已被恐怖组织运用于制造暴力恐怖事件或传播极端暴恐思想。在技术手段的支持下,恐怖主义的行为方式和由此形成的信息形态都发生了变化。情报信息既是我们防控恐怖主义的先导,也是提升我们防控效能的着眼点。基于恐怖主义网络化扩散、虚拟化勾连、跨域性活动等特点,应注重运用新的数据化思维方式和数据智能技术辅助恐怖主义防控,构建数据技术发挥反恐防控作用的整体制度框架,协调推进织密制度防控网,筑牢技术防控墙,打造立体防控体系。

一、恐怖主义技术化的新态势及防控困境

对恐怖主义的认识和理解必须置于当下的时代背景去考察,当前及今后一段时间内,国际局势将继续面临诸多不确定性,这也会在一定程度上继续加剧局部地区的政治和社会失序,给恐怖主义提供赖以生存的土壤。恐怖主义是一个具备自

我序变能力的综合体,具有高超的变色能力,可以随安全局势的变化而做适应性调整。当前,就全球范围内的恐怖主义而言,随着“伊斯兰国”在伊拉克和叙利亚的溃败,恐怖组织和恐怖分子的生存形态、组织架构、活动方式等都随着反恐形势的变化做出了因应性调整。恐怖主义态势及其活动策略的改变,也亟待我们的防控对策有针对性的应变,以提升防控效果。

当前,国际恐怖主义已呈现全球网络化与个人化的发展变化趋势。一方面,受国际恐怖主义策源地发散性蔓延的影响,恐怖主义不再局限于少数几个国家,已经成为全球性的安全威胁。中东、北非、东南亚、中亚等地不断涌现新的暴力极端组织。在个体上,这些组织就像一个个零星的点不断地在全球版图上蔓延扩散。另一方面,受恐怖主义意识形态全球化的影响,国际恐怖主义也在以某种更为隐蔽、松散但有效的联系强化着各自之间的协同与合作。不可否认的是,自 2017 年以来,“伊斯兰国”的实体哈里发在伊拉克和叙利亚地区受到了重创,但以“伊斯兰国”和“基地”组织为代表的国际恐怖主义核心势力仍然具有较强的实力。可以预见的是,在未来的较长时间内,上述二者作为国际恐怖主义的双头引领力也将是常态。特别是它们倡导和宣扬的极端宗教势力意识形态,会发挥特有的号召力、聚合力,成为各暴力恐怖组织相互勾连的思想纽带,致使全球化版图上各个分散的点,因极端思想的认同而形成隐蔽网络,且有不断强化的趋势。

基于国际社会对恐怖主义打击和治理力度的不断强化,恐怖组织实体的隐性特点和隐蔽趋势更加明显,恐怖主义的政治诉求淡化而实施恐怖活动的直接侵害性加强;恐怖组织的扁平化、去中心化和拓扑网络化使得恐怖分子个体的自主性提升,致使行为人个体的自我极端化和“独狼”式恐怖分子激增。

在总体趋势上,受国际反恐大环境的影响,恐怖主义的区域化聚集和全球化扩散明显,特别是一些局势动荡地区,如中东、北非、东南亚局部地区等已成为恐怖“洼地”。正如有学者指出的,恐怖主义在分布上出现了“挤压效应”和“洼地效应”并存的局面。在宗教氛围浓郁的国家，民众往往更易受宗教极端思想蒙蔽；政局混乱的国家政府往往自顾不暇，更难以有效打击恐怖组织，这些特殊的社会环境都为宗教极端型恐怖主义的生存创造了缝隙。[1]

据经济与和平研究所的研究，2019 年全球恐怖主义指数在 4.0 以上的国家有 48 个。[2] 从分布来看，亚、非、欧、美各大洲都有大量国家位列遭受恐袭的高风险区段，但恐怖势力在全球版图上的集中聚集区也较为明显（详见表 2－1）。

表 2－1　2019 年全球恐怖主义指数 4.0 以上国家排名

排名	国家	分值	所在地区	排名	国家	分值	所在地区
1	阿富汗	9.603	亚洲	25	莫桑比克	5.542	非洲
2	伊拉克	9.241	亚洲	26	缅甸	5.512	亚洲
3	尼日利亚	8.597	非洲	27	布基纳法索	5.418	非洲
4	叙利亚	8.006	亚洲	28	英国	5.405	欧洲
5	巴基斯坦	7.889	亚洲	29	埃塞俄比亚	5.345	非洲
6	索马里	7.8	非洲	30	沙特	5.238	亚洲
7	印度	7.518	亚洲	31	孟加拉国	5.208	亚洲
8	也门	7.259	亚洲	32	巴勒斯坦	5.177	亚洲
9	菲律宾	7.137	亚洲	33	布隆迪	5.102	非洲
10	刚果	7.039	非洲	34	尼泊尔	5.093	亚洲
11	埃及	6.794	非洲	35	印度尼西亚	5.07	亚洲
12	利比亚	6.766	非洲	36	法国	5.008	欧洲
13	马里	6.653	非洲	37	俄罗斯	4.9	欧洲

〔1〕 舒洪水、李燕飙：《基于大数据视角的恐怖袭击特点与趋势分析——以 GTD 中的 7133 次恐怖袭击为样本》，载《情报杂志》2019 年第 11 期。

〔2〕 经济与和平研究所将恐怖主义指数以 10 分为满分，每 2 分为一档对各国面临的恐怖主义威胁进行测量，其中 4 分以下为低风险。

续表

排名	国家	分值	所在地区	排名	国家	分值	所在地区
14	中非	6.622	非洲	38	乍得	4.762	非洲
15	喀麦隆	6.62	非洲	39	伊朗	4.717	亚洲
16	土耳其	6.533	亚洲	40	以色列	4.525	亚洲
17	南苏丹	6.316	非洲	41	南非	4.511	非洲
18	泰国	6.029	亚洲	42	中国	4.465	亚洲
19	哥伦比亚	5.912	南美洲	43	黎巴嫩	4.395	亚洲
20	苏丹	5.807	非洲	44	德国	4.254	欧洲
21	肯尼亚	5.756	非洲	45	希腊	4.167	欧洲
22	美国	5.691	北美洲	46	智利	4.123	南美洲
23	尼日尔	5.596	非洲	47	委内瑞拉	4.101	南美洲
24	乌克兰	5.547	欧洲	48	墨西哥	4.08	北美洲

从受恐怖主义袭击的风险等级在中等及以上的国家分布看，主要是亚洲和非洲地区，集中点为中东、南亚、东南亚、西非、北非。

恐怖主义全球网络化特征的强化与个体自主化趋势并非矛盾，而是当前恐怖主义组织形态变体和活动策略转变的两个重要体现。这就导致恐怖主义活动方式从以线下为主转变为以线上为主、线上线下联动，网络空间的虚拟性、隐秘性、及时性、便捷性、扩散性，使得网络不仅成为恐怖组织新的活动空间，而且成为其从事宣传、组织、招募、筹资和策划等恐怖活动的重要工具。[1] 以网络为主要活动空间和勾连渠道的恐怖主义所产生的涉恐信息类型更为多元、内容更为庞杂、形式更为隐蔽，就防控所要求的预知、预警而言，这无疑又增大了实现难度。

当代恐怖主义驾驭和使用互联网技术的程度和水平日益提高，正是利用互联网，分散在全球的恐怖组织和恐怖分子个体才得以通过更为隐秘的方式紧密联合。传统恐怖主义已然升级换代到了网络恐怖主义 2.0

〔1〕 唐志超：《当前国际恐怖主义演变趋势及中国应对策略》，载《中国人民公安大学学报（社会科学版）》2018 年第 1 期。

时代。在这一背景下,恐怖主义分子的活动方式也更多地从现实空间转移到虚拟空间,其产生的信息形态也从以相对集中可视的物理实体信息载体为主转变为更为离散、海量的数据信息载体。

二、恐怖主义活动方式的转型及信息形态的变化

恐怖主义不仅是一种思想意识形态,而且是一种行动方式,它通过暴力制造人员伤亡和财产损失,进而寻求其邪恶的主张和意图的实现是其基本的行为逻辑。因此,针对特定和不特定人和物的暴力袭击是恐怖主义最为典型的行为特征。恐怖组织和恐怖分子多倾向于采取直接暴力袭击的方式。以“伊斯兰国”为例,2013—2017 年“伊斯兰国”的袭击手段以爆炸、绑架、武装袭击为主,三者总和超过其恐怖活动总量的 80%,其袭击目标以公民及私人财产、军队、警察为主,三者之和超过总数的 75%。[1]

从 2018 年的情况来看,全球范围内死亡人数最多的 20 起恐怖袭击主要发生在阿富汗、巴基斯坦、尼日利亚、叙利亚和中非共和国,其袭击的主要手段为武装袭击和自杀式炸弹袭击。

在条件允许的情况下,恐怖组织采取常规型武力袭击和破坏的手段制造伤亡的意图和策略不会改变,这是由恐怖主义的本质所决定的。恐怖组织和恐怖分子总是试图通过社会恐慌效应的最大化来宣示其存在、表达其主张、实现其目的。当然,恐怖主义的形态及其行动手法会受到反恐态势的影响。当代恐怖主义日益体现了其自我序变的能力及强大的适应性。在国际社会近年所开展的联合性打击下,主要的国际恐怖主义无论是在组织架构、领导体系还是在活动空间和行动策略上,都发生了巨大改变。特别是网络技术作为全新的、高度便利化和隐匿性的信息交互平台,为恐怖主义开拓了平行存在的二元空间。这种情况不仅打破

---

〔1〕 舒洪水、李燕飙:《基于大数据视角的恐怖袭击特点与趋势分析——以 GTD 中的 7133 次恐怖袭击为样本》,载《情报杂志》2019 年第 11 期。

了传统的地理、国别界限,加速了恐怖主义的全球化勾连,而且为其开辟网络世界的生存空间和活动空间提供了便利。在某种程度上,恐怖主义所涵摄的实物空间、社会空间和虚拟空间形成了互相平行、相互贯通的全新系统。有学者将其称为社会实物虚拟系统,即 Cyber – Physical – Social Systems。[1] 物理环境中的绝大多数恐怖主义活动都可以在这一三者交互的环境中完成,或者可以借助网络信息条件使恐怖主义更加难以捕捉和查获。恐怖主义活动所产生的信息很难在社会空间、实物空间以及虚拟空间中的某一个角落被直接发现。[2]

纵观历史,包括恐怖主义在内的一切暴力冲突的手段形式都与科学进步和技术变革相互关联。从使用刀剑等冷兵器到使用枪械炸弹,再到利用网络虚拟空间,无不表明恐怖分子袭击战术的技术性迭代。正如有学者所指出的,以网络为代表的信息技术和新媒体技术变革为恐怖活动的升级与扩散提供了前所未有的技术手段和活动平台。[3]

鉴于网络环境的匿名性、隐蔽性、混杂性特点,恐怖组织和恐怖分子利用网络开展恐怖主义活动的形式多样、内容广泛。恐怖分子不仅将网络作为宣扬极端思想,传播暴恐音、视频的平台,而且充分利用网络通信的隐蔽性和便捷性,将对极端分子的招募、对恐怖分子的管理以及对恐怖活动的策划由现实空间转向网络空间。通过网络这一平台,恐怖组织无须将恐怖分子现实地聚集到一起,统一进行行动方法的传授,而是可以很轻易地将实施恐怖活动所需要的犯罪方法和手段传授给分散在世界各地的恐怖分子。[4] 正如一位反恐专家所言,如果说枪支弹药是“基地”组织头目本 · 拉登的有力武器,那么,鼠标、键盘和因特网将成为他

---

〔1〕 参见王飞跃:《指控 5.0:平行时代的智能指挥与控制体系》,载《指挥与控制学报》2015 年第 1 期。

〔2〕 佟阳:《当前我国反恐情报源的研究》,中国人民公安大学 2019 年硕士学位论文,第 7 页。

〔3〕 [美]詹姆斯 · M. 伯兰德:《解读恐怖主义:恐怖组织、恐怖策略及其应对》(第二版),王震译,上海社会科学院出版社 2019 年版,第 3 页。

〔4〕 潘新睿:《网络恐怖主义犯罪的制裁思路》,中国法制出版社 2017 年版,第 80 页。

后代追随者的致胜法宝。[1]

对当代恐怖组织来说,网络信息技术不亚于是它的生命线。比如在行动方式上,恐怖组织利用网络社交媒体的技术追踪障碍进行跨国界的恐怖主义宣传、人员招募、涉恐融资、策划联络和在网上实施恐怖活动等,不仅降低了成本,而且扩大了恐怖战力。以"伊斯兰国"为例,其正是借助网络平台,并根据全球青少年穆斯林的喜好设计在线的宣传策略,才吸引了全世界数十个国家的"圣战"分子奔赴伊拉克和叙利亚战场。同时,也正是基于网络的匿名性、技术追踪的局限性,各国的执法部门对此深感头痛。在反恐这场非对称的"战争"中,信息革命等技术变革正在"重塑战争"[2],这使得恐怖主义可以在局部获得对抗反恐怖力量的技术优势。

网络媒体、数字传输技术、可视性媒体技术等日益成为恐怖组织进行全球范围宣传便利且强大的工具。以网络社交媒体为例,它具有极大的开放性、散在性,目前全球范围以各种网络社交媒体进行信息传输、网络沟通,管理相对宽松的社交媒体,已成为暴力恐怖思想传播的温床和实施暴力恐怖活动的重要媒介。在某种程度上,对恐怖组织来说,杀戮往往并非最终目标,以杀戮引起社会轰动,让更多人了解其真实诉求和抱负才是最终目标。[3] 因此,近年来以"伊斯兰国"和"基地"组织为代表的全球各大恐怖组织都加强了利用网络和社交媒体进行恐怖主义活动的力度。恐怖主义"虚拟空间"和"现实空间"交互融合的态势更趋明显。

从现实情况来看,在当今网络新时代,恐怖组织和恐怖分子主要利用以计算机网络为代表的信息技术及其载体实施多形式的活动。

---

〔1〕 马国春、曹君:《网络恐怖主义中的"伊斯兰国"》,载《上海公安高等专科学校学报》2015 年第 3 期。

〔2〕 [美]马克斯·布特:《战争改变历史:1500 年以来的军事技术、战争及历史进程》,石祥译,上海科学技术文献出版社 2011 年版,第 456 页。

〔3〕 [美]詹姆斯·M. 伯兰德:《解读恐怖主义:恐怖组织、恐怖策略及其应对》(第二版),王震译,上海社会科学院出版社 2019 年版,第 4 页。

第一,以网络为主的多媒体恐怖主义宣传。恐怖组织在组建实体化的媒体机构的同时,在其组织领导下开发各种以网络为载体的媒体分中心,并进行恐怖主义意识形态的话语输出。

恐怖主义历来重视媒体的作用。"伊斯兰国"头目巴格达迪曾指出,媒体是"非常有效的武器",其影响力可以超过最具威力的炸弹,用它进行宣传甚至"比开展'军事圣战'还重要"。[1] 因此,恐怖组织积极招募计算机技术人员、媒体宣传策划人员等组成相应的团队开展专门化的网络媒体宣传工作。据学者观察研究,"伊斯兰国"曾建有实体和虚拟高度融合的宣传机构体系。其基本架构如图 2－1 所示。[2]

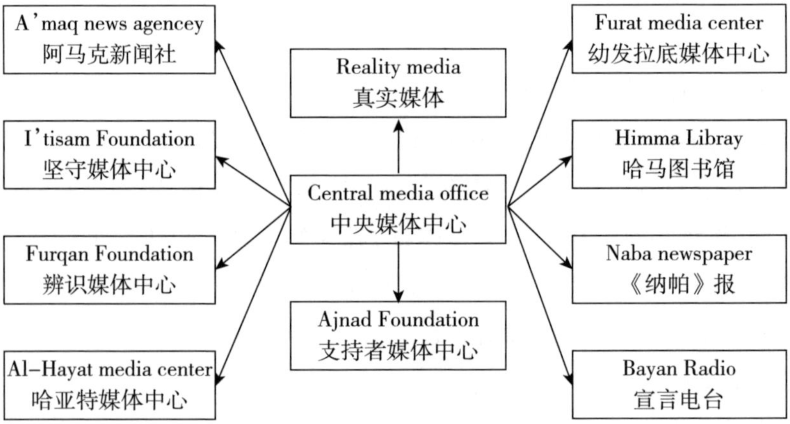

图 2－1 "伊斯兰国"宣传机构体系

在这一组织架构下,"伊斯兰国"组织利用传统媒介和现代媒介相融合的方式实现对内外的策略性发声、宣传,这已成为其重要的恐怖主义战略构成部分。大众传媒以及新近的互联网媒介是恐怖主义传播的使

〔1〕 Charlie Winter, Media Jihad: The Islamic State's Doctrine for Information Warfare, ICSR, London, Feb 2017, http://icsr.info/2017/02/icsr-report-media-jihad-islamic-state-doctrine-information-warfare/,2021 年 6 月 23 日访问。

〔2〕 Colin Clarke, Charlie Winter. The Islamic State May Be Failing, but Its Strategic Commincation Legacy Is Here to Stay, http://warontherocks.com/2017/08/the-islamic-state-may-be-failing-but-its-strategic-communications-legacy-is-here-to-stay/,2021 年 6 月 23 日访问。

者,“没有宣传的氧气,恐怖主义就不会成为有吸引力的策略”。[1]

目前,国际恐怖主义的宣传平台主要有两个。一是在其占领区或势力范围内以相对公开的网站、电台等进行宣传。正如图 2-1 所示,“伊斯兰国”曾建立起体系化的媒体宣传力量,通过类似“准国家”的宣传体系宣扬其意识形态或实施反西方的话语对抗。二是利用网络匿名性、隐蔽性、跨国技术合作的复杂性等特征,依托社交媒体、即时通联软件、网络游戏的交互功能、钓鱼邮件[2]等,进行“点对点”的宣传。

在宣传策略上,恐怖组织除常态化地展示、推送该组织及其恐怖分子基本活动和状态外,还会根据各地实际组织“地域化”的宣传话语。比如“基地”组织在西非的宣传策略中更加突出重新分配资源及抵制西方霸权。它号召当地恐怖势力抵抗“基于殖民主义而建立的政府”及“代理人体制”,因为这些状况使得其背后的西方赞助人可以肆意掠取当地资源,他们(指政府。——笔者注)是为外国权力集团服务而非为本国公民服务的。[3] 他们借此激发民众抵制西方霸权和本国政府的“热情”,以号召更多力量接受其恐怖主义思想意识形态,加入其组织。

第二,恐怖组织会选择重要的时间节点或以一定的事件为载体进行网络宣传,以符号化的“恐怖主义”器物扩大其意识形态话语影响力。恐怖组织领导人发表的音视频讲话、暴恐事件画面的宣传和渲染等就属于此。比如 2014 年 7 月 5 日,巴格达迪现身伊拉克一座清真寺宣布建立“伊斯兰国”。这段时长 18 分钟的视频中出现了若干符号化的器物,这一视频资料通过全球网络为世人所知,成为“伊斯兰国”宣示其存在,吸引全球极端分子的重要载体。

---

〔1〕 Alex P. Schmid, The Way Forward on Counter-Terrorism: Global Perspectives, 2 Strathmore L. J. 49 2016, p. 55.

〔2〕 钓鱼邮件,主要是指恐怖组织直接将相关宣传资料发送至个人邮箱或推送链接等,接收人从邮件标题等无法分辨内容,或其有意使用伪装标题吸引接收人打开。尽管绝大多数接收者会主动删除相关内容,但也有案例发现部分“好奇者”“同情者”“支持者”等接受了涉恐宣传资料,并试图进一步与恐怖组织联系,以实施更深层次涉恐活动的情况。

〔3〕 European Union Terrorism Situation and Trend Report 2019, https://www.europol.europa.eu,2021 年 6 月 23 日访问。

又如2016年底，一名法国女性被“基地”组织的西非分支绑架。2018年，该名人质三次出现在该“基地”分支组织制作的宣传视频中。她在视频中指出，她并未受到恐怖组织的虐待，而是得到了绑架者的尊重，她将绑架者称为是“值得信赖的”。相反，她指责法国政府阻止了她的释放。类似绑架者发表感言的画面在该“基地”分支制作的宣传资料中是常见，该组织将绑架视为“正义的惩罚”，这也表明西方民众个体不再是攻击的目标，他们所属的外国政权应该停止在该地区的干预。同样，2018年12月下旬，“基地”组织的另一分支机构的领导人发表了一段演讲。他指出，发生在法国的“黄马甲”运动是对法国新殖民主义的抗议，他号召更多的民众参与其中。他强调要区分“腐朽堕落的法国精英”阶层和普通大众，并称抗议者是“法国殖民主义的受害者”。〔1〕这种植入式的宣传策略不仅使恐怖组织的吸引力更有具象性，同时也营造了更为突出的“你们和我们”的对立概念。诸如“伊斯兰国”和“基地”组织的“圣战”主义叙事对许多被疏远的叛逆年轻穆斯林具有吸引力，政府和非政府组织很难做到这一点。〔2〕

恐怖组织还利用互联网塑造其自身和对手在公众中的形象，许多恐怖组织在其网站宣传中都非常娴熟地使用了“罪恶转移”策略，将他们的对手描绘成道德上低人一等的敌人，进而将对自身暴力行为的谴责转移到对手身上。〔3〕

近年来，在恐怖主义宣传方面出现的一个新的趋势是：大量具有功能融合属性的网络社交媒体软件已经成为恐怖组织和恐怖分子宣扬意识形态、传播极端思想、散布非法资料等的重要媒介。国际知名的网络

---

〔1〕 European Union Terrorism Situation and Trend Report 2019，https：//www. europol. europa. eu，2021年6月23日访问。

〔2〕 Alex P. Schmid，The Way Forward on Counter－Terrorism：Global Perspectives，2 Strathmore L. J. Vol. 49，p. 57（2016）. 事实上，“伊斯兰国”迄今已处置了超过100名不再抱有幻想的“逃兵”，其目的就是不让别人听到他们的声音。

〔3〕 ［美］詹姆斯·M. 伯兰德：《解读恐怖主义：恐怖组织、恐怖策略及其应对》（第二版），王震译，上海社会科学院出版社2019年版，第72页。

社交媒体软件,如 Twitter、Facebook、Instagram、YouTube、WhatsApp 等无不被恐怖分子用作他们的外宣工具的。2015 年美国“布鲁金斯学会”研究报告发现,虽然有大量社交媒体账户被关闭,但“伊斯兰国”仍拥有46000 个账户。可以说,社交媒体正在改变恐怖主义活动方式,催生恐怖主义新形态。[1] 上述网络社交媒体都具有信息传播的即时性,注重用户隐私保护,这是因为如果技术保密等方面出现问题,也将导致防控中技术应用和跨国合作出现诸多问题。

目前总体而言,借助于传统媒体和网络新媒体形成的迭代效应,恐怖主义宣传不仅实现了去中心化的网状结构,而且进一步强化了宣传内容的自主剪辑和第三方传播的便利性,模糊了涉恐信息传播扩散的“被动与主动”界限,这更使得信息的识别、抓取和技术追踪、堵截难以有效实现。

第三,通过互联网进行明暗结合的多渠道涉恐融资。恐怖组织一方面通过多渠道的“创收”增强自主性的经济维持能力,另一方面利用灵活多样的金融技术手段及化整为零的迷惑手法吸纳全球范围的资金支持,以保障其生存和运转。

恐怖主义尽管被认为是一种“非对称”的行动方式,是“以小博大”的对抗策略,是“低成本高收益”的实现路径,但毕竟也不是“零成本”。恐怖组织的维持、恐怖分子的生存、训练,恐怖活动的实施等都需要大量财力消耗。比如有学者对发生在 2001 年“9・11”事件前后的若干恐怖袭击的直接费用做过统计[2],相关费用与所造成的破坏相比可谓微不足道,但对恐怖组织来说其也需要得到持续性的资金财力支持。

---

〔1〕 唐志超:《当前国际恐怖主义演变趋势及中国应对策略》,载《中国人民公安大学学报(社会科学版)》2018 年第 1 期。

〔2〕 靳锐:《FATF 恐怖融资类型研究及对我国反恐融资工作的建议》,载《金融发展评论》2011 年第 5 期。

表 2－2　1999—2005 年部分恐怖袭击的直接费用情况

恐怖袭击事件	日期	费用估算
伦敦地铁爆炸案	2005 年 7 月 7 日	8000 英镑
马德里火车站爆炸案	2004 年 3 月 11 日	10000 美元
伊斯坦布尔爆炸案	2003 年 11 月 20 日	40000 美元
雅加达万豪酒店爆炸案	2003 年 8 月 5 日	30000 美元
巴厘岛爆炸案	2002 年 10 月 12 日	50000 美元
美国科尔号袭击案	2000 年 10 月 12 日	10000 美元
东非大使馆恐怖袭击案	1999 年 8 月 7 日	50000 美元

表 2－3　2018 年恐怖主义对地区经济的影响〔1〕

地区	恐怖主义造成的经济损失(亿美元)	地区占全球的比重(%)
撒哈拉以南的非洲地区	121.7	37
中东和北非	119	36
南亚	58.7	18
亚太地区	12.2	4
欧洲	6	2
南美洲	5.9	2
北美洲	4.9	1
俄罗斯和欧亚大陆	2.3	0.7
中美洲和加勒比地区	1.2	0.4

在资金收入方面，以“伊斯兰国”为例，其在鼎盛时期通过占领区的石油交易、绑架、贩毒、贩卖人口等每年可获取上亿美元的收入，这成为其组织运行资本和实施恐怖活动的重要来源。同时，恐怖组织也会利用各种方式积极获取支持者、同情者的经济资助。据研究，2014 年，“伊斯

〔1〕 Global Terrorism index 2019，https://reliefweb.int/report/world/global-terrorism-index－2019，p.31，2021 年 6 月 23 日访问。

兰国”的主要受益包括在伊拉克进行敲诈勒索和征税行为(大约有6亿美元),从伊拉克国有银行中窃取钱款(大约5亿美元)、石油收益(大约1亿美元)以及绑架赎金收益(大约2000万美元)。[1]

所谓恐怖融资,是指向从事恐怖活动的组织和个人提供资金,或帮助从事恐怖活动的组织和个人募集、管理或转移资金的行为。恐怖活动和金钱之间的关系远比犯罪和金钱之间的关系复杂。犯罪组织为利益而生,其存在的理由就是逐利,这是它唯一的目的。而恐怖组织并不是围绕着获利这个目标建立的,其使用获利是为恐怖事业服务的。另外,与犯罪组织相比,恐怖组织使用资金的渠道更为多样。恐怖分子的资金流动经常不通过金融渠道,而是通过彻底的非正式的渠道实现。[2] 这些渠道往往都与网络有关,都意在借助网络的匿名性、分散性,逃避追踪和打击。切断恐怖组织和恐怖分子获得资金的渠道,特别是在研究其利用网络实施恐怖融资的特点基础上,揭开其网络恐怖融资的隐藏面目,进而根据信息流、资金流等的动向从源头上制约其行动,有望将恐怖活动扼杀在计划酝酿阶段。[3] 虽然反恐专家和媒体都认同,“伊斯兰国”是一个十分富有的恐怖组织,但他们并不认为恐怖组织有着稳定的财政收入。[4] 因此,恐怖主义组织必然涉及大量与恐怖融资、资金流转、洗钱隐匿等相关的活动内容。

从当前国际恐怖主义的现实情况看,恐怖融资即涉恐资金的募集、流转、管理等的具体形式主要有如下几方面。

在募集方面,除了通过自身的有组织性活动,如前述非法石油交易、文物交易等实现“收益”外,还多以网络化、隐蔽性的渠道通过合法、非法

---

〔1〕 刘建宏主编:《国际犯罪学大师论国际恐怖主义犯罪》,人民出版社2017年版,第56页。

〔2〕 [法]让－弗朗索瓦·托尼:《打击洗钱和恐怖主义融资的斗争》,载《国家检察官学院学报》2009年第4期。

〔3〕 贾宇主编:《中国反恐怖主义法教程》,中国政法大学出版社2017年版,第151页。

〔4〕 刘建宏主编:《国际犯罪学大师论国际恐怖主义犯罪》,人民出版社2017年版,第56页。

途径分散募集。实践中，又以慈善机构、个人众筹、宣传物销售所得、特定主体资助为主要来源。

根据当今世界各国的反恐法律，特定资金一旦被认定为涉恐资金，即可能受到冻结、没收等的处罚。因此，以合法形式掩盖非法恐怖融资是一个绝佳选择。其中打着“人道主义”旗帜的慈善机构成为恐怖组织的首选。鉴于当前全球范围仍有大量因地区战乱、冲突、灾荒等引发的人道主义危机，恐怖组织会利用合法的慈善机构，借口援助特定人群、特定地区进行全球范围的资金募集。因此，从某种意义上来说，一些善良的民众基于人道关怀向某些慈善机构的捐款，有可能是恐怖分子用以购置发动恐怖袭击的武器的资金来源。

个人众筹是一种相对更为松散隐蔽的途径，恐怖组织通过发布相关募集资金的告示，利用族群、宗教感情等号召个人自愿给予资助。恐怖组织所宣称的众筹理由也会因事而异、因地而异。比如现实中他们以筹建清真寺、为某地族群同胞筹建清洁供水设施等为借口筹资，当然也存在一些以发动恐怖袭击、抚恤“圣战”中丧命的恐怖分子为由的众筹。又如在 2018 年，比利时司法部门处置了一起由 4 名成员实施的为恐怖组织“筹资”的活动，所筹资金都流向了某恐怖组织。另一个恐怖组织曾发布了一个网站地址，用于接收个人捐款。鼓吹捐赠是“为了通过提供充分的资金来协助全球各项讨伐异教徒运动的发展，让他们购买武器以及用来训练他们的人员”。

通过互联网方式，这种无限发散的众筹“广告”也同样会取得部分“同情者”“支持者”的资助。

宣传物销售，是指恐怖组织通过制作一些光盘、书籍资料等宣传物来筹集资金。比如某恐怖组织曾在欧洲以收取组织的入会会费、购买出版物等形式筹集资金。

特定主体资助，是指部分国际恐怖组织的背后有相关国家和组织的暗中资助。比如“基地”组织曾长期接受沙特国内一些财团和个人的资金支持。更有甚至，在当今恐怖主义“代理人战争”的背景下，以国家为主体的涉恐融资也并非少见。正如有研究指出的，如今安全庇护所、失败国家（今称“脆弱国家”。——笔者注）以及国家赞助者仍是为恐怖组织提供重要支持的途径。[1]

在资金流转方面，恐怖组织采用“原始”与“现代”交叉，“正规”与“非正规”融合的手法，竭力规避追踪识别，逃避拦截处置，形成了明暗结合、虚实共存的恐怖融资支撑体系。

所谓“原始”的手法，是指某地下金融系统仍是恐怖组织转移流转资金的重要渠道。某地下金融组织是一个在传统金融体系之外，基于个体信任和荣誉的非正式资金流转体系，它依靠经纪人网络实现资金运转。[2] 它的整个交易过程没有繁杂的手续，没有单证和文字记录，一切以“绝对的信任”为基础，它的经纪人不必登记，也没有执照。经纪人通常以小额现金实物的交割或基于信任的跨区域流转服务来完成资金流动。它具有极强的适应性，特别是就处于冲突和战争地带而言，这种以族群和信任关系为基础的方式，非常适合以恐怖主义为目的的金融活动，因为对反恐部门来说，他们无法将资金与“经纪人”及“恐怖分子”关联起来。

现代网络信息技术及便捷化支付方式也不断被应用于恐怖融资。互联网是一种既存在传统资金划拨方式，又包含其他方式传送资金的高科技基本设施。在过去十年里，互联网已经使全球贸易以及通信发生了革命性的变化。[3] 目前，恐怖组织和恐怖分子可资利用的正规互联网金融工具主要有网上金融系统、网络或移动支付系统及电子货币等。利用这些工具，恐怖分子就能极为便利、快捷地实现资金的全球流动。尽管近年来国际社会不断加强了对利用互联网进行洗钱和恐怖融资行为的

---

〔1〕 靳锐：《FATF 恐怖融资类型研究及对我国反恐融资工作的建议》，载《金融发展评论》2011 年第 5 期。

〔2〕 European Union Terrorism Situation and Trend Report 2019, p. 17, https://www.europol.europa.eu，2020 年 10 月 9 日访问。

〔3〕 童文俊：《基于互联网的恐怖融资研究》，载《上海公安高等专科学校学报》2012 年第 1 期。

防控和打击力度,推行了一系列监管、报告、查控机制及预警、识别、跟踪技术,但恐怖分子也在反向研究和利用相关的制度漏洞和技术漏洞,特别是利用其隐蔽性、数字化、瞬时性特征,进行洗钱和融资。

为了更有效地逃避制度监管和技术监测,互联网的暗网及虚拟货币等不断被应用于进行恐怖融资和资金流转。比如有恐怖分子利用Sadaqa货币(一种暗网比特币。——笔者注)进行网络众筹,其筹得的资金通过暗网流向了在叙利亚的"圣战"组织,非洲、中东及北高加索地区的恐怖组织也收到过类似的资金。鉴于其技术特征,目前还难以对资金流转情况进行追踪。[1]

在恐怖袭击方面,借助互联网朝着小型化、分散化的方向发展是当前恐怖活动一个较为显著的特点。鉴于各国在反恐方面的巨大投入以及国际反恐合作的不断强化,恐怖势力发动并成功实施大规模恐怖袭击的可能性在不断降低,相应地,其通过一些小、快、散的方式实施恐怖袭击的意愿和能力在增强。比如2018年法国警方破获了一起恐怖袭击未遂案。该案嫌疑人试图从烟花中提取黑火药进而实施恐怖爆炸。此外,德国科隆警方破获了一起由土耳其籍恐怖分子利用蓖麻毒素实施的恐怖活动。[2] 上述活动在一定程度上都借助网络,或以网络游戏环境实施勾连,或以暗网比特币实施交易。总之,网络恐怖主义活动相较于传统恐怖主义活动更加难以识别和捕捉。

总体上,当前及今后较长一段时间内,国际恐怖主义将呈现全球化、个体化("独狼"化)、社会化和网络化的发展态势,其将不断利用信息网络技术降低恐怖活动的物理可视性,强化虚拟性和分散性,这加重了我们反恐怖追踪、识别和查控、打击的难度。总之,网络空间及其以之为载体的各种技术平台将越来越多地被应用于恐怖主义,这就使得恐怖主义

---

〔1〕 European Union Terrorism Situation and Trend Report 2019, p. 19 – 20, https://www.europol.europa.eu,2021年6月23日访问。

〔2〕 European Union Terrorism Situation and Trend Report 2019, p. 19, https://www.europol.europa.eu,2021年6月23日访问。

行为由以物理空间为主转移到更多利用虚拟空间，呈现“虚实结合”特点明显的形态。

三、网络信息技术背景下涉恐信息的特点

精准有效的反恐怖工作日益强调情报信息的支撑作用，面对网络恐怖义的威胁，反恐情报也从注重人力情报的1.0时代进入了2.0时代——网络情报时代。[1]

实施恐怖主义行为的过程是一个与既有社会（现实与虚拟）交互的过程，任何形态的恐怖主义都必然产生与之相关联的信息。传统现实空间为载体的恐怖主义会形成一定的以客观物理形态和人的记忆为主的涉恐信息，而在虚拟空间中则更多表现为以数据为载体的涉恐信息。网络情报或网络涉恐信息具有与传统物理世界的客观载体不同的特点。相较而言，它的主要表现甚于一般形态涉恐信息的分散性、隐蔽性、复杂性。

首先，涉恐信息呈现无限分散的趋势。借助网络信息全球互联的功能，恐怖主义不仅具有组织体系上的“去中心化”架构和弱组织性，而且在恐怖活动的组织、联络、策划、实施中可以最大限度地利用网络进行碎片化切割，使整体性的恐怖主义活动游离在物理及虚拟空间中，并无限分散于各网络节点上。互联网的跨时空性使恐怖分子可以在并行空间组织中活动，同时网络空间的跨域性和脱域性与反恐执法司法的主权性之间也存在冲突，基于技术上的碎片化切割和执法规则上的程序冲突等，恐怖组织和恐怖分子能够更为轻易地躲避执法追踪，甚至刻意利用主权国家的法律冲突逃避制裁。

其次，涉恐信息日益具备深度隐藏的条件。恐怖组织利用网络匿名性在多维空间精心策划，将恐怖主义活动隐藏在海量的网络数据之下，

[1] 李本先、张薇：《反恐情报2.0：互联网时代的反恐情报体系》，载《情报杂志》2017年第10期。

实现了“工具形态”的网络恐怖主义。互联网的匿名性既为网上活动提供了更大的自由空间,也为网络审查和合法性管控提出了重大挑战。

当今的网络恐怖主义有“目标形态”和“工具形态”两种存在方式。前者是指恐怖分子将以网络为载体和运行环境的控制生态为侵入和破坏目标,通过网络空间与现实空间的传导性,达到恐怖主义目的。比如通过网络入侵对城市电力系统实施攻击等。后者是将互联网等信息技术作为实施恐怖主义的技术辅助,进而强化恐怖主义的散在性、匿名性、隐藏性,打造恐怖主义的隐身世界或暗黑世界。因此,就“工具形态”的网络恐怖主义而言,越是具有隐藏性、迷惑性、匿名性和混杂性的网络技术手段和网络技术场景,越有可能成为恐怖分子的首选。正如前文所述,恐怖组织和恐怖分子利用 Twitter、Facebook、WhatsApp、YouTube、Instagram 等社交软件在跨域追踪上的技术难点而广泛用作公开化交流勾连的工具。加之在交流勾连中使用自成体系的暗语、隐语等,这种深度匿名和隐藏特点,使反恐信息情报的获取难上加难。更有甚者,恐怖组织利用镜像网站实施恐怖活动。由于镜像网站的登录相比表层网存在延时,所以当监管部门发现了个体登录信息时,涉恐分子早已逃之夭夭。[1]

最后,涉恐信息交织在海量大数据中,强化了我们对其识别过滤和搜集利用的复杂度。恐怖主义的本质是反人类的,特别是在国际社会的一致反对和严厉打击背景下,其活动更是隐蔽和诡秘。互联网又为其提供了进一步隐蔽活动的条件。在现实空间相对易于识别的恐怖活动,在很大程度上已经借助互联网化作了无差别的“信息数据流”。恐怖活动所涉及的人员流动、物资流动、资金流动等潜藏在海量的社会信息中。经过专业训练和指导的恐怖分子具有极强的反侦查能力,为了逃避打击,他们在开放环境中开发使用隐语、暗语系统实施伪装隐蔽,或利用地下暗网系统进行活动。加之他们活动涉及的信息形态呈现无结构、半结构、准结构和结构化并存的多样化,信息类型涵盖文字、数字、信号、图

---

〔1〕 李超、周瑛、魏星:《基于暗网的反恐情报分析研究》,载《情报杂志》2018 年第 6 期。

片、音频、视频等不同类型,与过去相比数据类型变得更为复杂多样。[1]

当前恐怖主义在组织架构、行为模式、活动时空等方面都发生了巨大变化,同时,恐怖组织和恐怖分子积极利用互联网、信息技术、社交软件、网络游戏空间、暗网等手段,使传统恐怖活动朝着线上线下相结合、现实虚拟交互、域内域外联动的方向不断深化演变,这给全方位、立体化防控工作带来巨大困难。

四、当前防控恐怖主义面临的主要困境

"防范为主、惩防结合和先发制敌、保持主动"是绝大多数国家在反恐法中明确规定的基本原则。鉴于恐怖主义社会危害的严重性,从犯罪防控的"成本—收益"视角看,有效防控才是成本最低、收益最大的。因此,近年来,各国的反恐实际上已经从应激处置和严厉打击为重点,逐渐向有效预警、立体防控为重心实施转变。

结合我国《反恐怖主义法》的立法状况,我国防控恐怖主义工作主要涉及四个方面。

一是社会基础性防控。主要涉及教育领域的意识形态防控、运输寄递业的物品流动环节防控、危险物品管理环节的防控、城乡规划和技防物防、网络空间的恐怖主义防控、恐怖主义融资行为的防控等。

二是以消除恐怖主义思想意识形态为目标的防控。主要涉及各层次的国民教育、宗教活动中的极端暴恐思想防控、以网络为渠道的暴恐思想传播防控等。

三是对重点目标的防控性保护。主要涉及对关键基础设施、重点单位、重点工程项目的防控。

四是针对恐怖分子跨境流动进行出入境防控及对境外目标保护性

---

〔1〕 倪叶舟等:《大数据背景下涉恐信息挖掘方法综述》,载《中国公共安全(学术版)》2018 年第 4 期。

防控。[1]

从立法内容和实施的现实效果上看,现行的恐怖主义防控措施在方向、措施上体现如下特点。

一是重实体空间、轻虚拟空间。相较于实体空间,网络虚拟空间的恐怖主义更加复杂隐蔽,防控措施的落实更难找到有效的着力点。这里所指的"轻"和"重"既有对关注程度的评价,也体现了既有防控技术和方法在应对上的些许"无奈"。一方面,实体空间的恐怖主义袭击会造成更具显示性的伤亡、破坏和冲击,以此为重点无可厚非;另一方面,网络虚拟空间的防控关涉更多自由、权利话语,敏感性更强,操作性更难。

二是对以境内为发起点的恐怖主义防控效果要好于具有涉外因素的恐怖主义防控。境内外联动是当前我们所面临的恐怖主义的惯常表现,恐怖主义在某种程度上已成为境外反华势力遏制中国的一张牌。因此,恐怖组织和恐怖分子在境外的活动容易获得支持和便利条件,加之网络为跨国界的恐怖主义提供了绝佳技术工具。网络在一定程度上模糊了主权边界和行为属性,增加了防控难点和盲点。正如有学者提出的,在工业 4.0 时代,如果我们仍沿用一个在没有社交软件、没有虚拟货币及无人机的背景下确定的"恐怖主义"概念[2],必然难以达到预期防恐效果。

就攻防博弈而论,防御的整体性要求与攻击的点的突破本身就是非对称的,尤其是恐怖主义与反恐怖主义处于"敌暗我明"的态势中,防控一般滞后于进攻。新的形势下,恐怖分子借助更多的技术手段,采取更具隐蔽性的手法,实施迭代混合式的恐怖活动,致使防控面临一些新的困境。

第一,恐怖主义明暗结合,文武并用,对我们的综合性立体性防控能

---

〔1〕 参见贾宇主编:《中国反恐怖主义法教程》,中国政法大学出版社 2017 年版,第 50 页。

〔2〕 European Union Terrorism Situation and Trend Report 2019, p. 77, https://www.europol.europa.eu,2021 年 6 月 23 日访问。

力提出了新的挑战。

正如前文所述,我国面对的恐怖主义势力在境外有其生存的土壤,有其公开活动的空间和平台,有在明处公开实施针对中国的抹黑、攻击的条件。这也是近年来以“东突运”等为代表的恐怖势力、分裂势力不断利用所谓“人权”等议题充当西方反华势力马前卒的原因。同时,网络作为低成本工具被应用于恐怖主义,增强了防控的不确定性。比如据国家网信办统计,有超过七成涉暴恐类信息来自境外网站。[1] 尽管上述活动以“文宣”为主,但从对国家造成的在形象、声誉等方面的损害来看,其不亚于一般性的恐怖袭击。

随着近年来对恐怖主义势力和恐怖活动犯罪的严厉打击,加之立体化反恐防控体系的不断完善,恐怖主义势力实施武力袭击的可能空间受到了极大的局限。依托境外和网络条件开展所谓“文宣”活动是其主要的方式和形态。但正如前文所述,全球范围内的恐怖袭击活动正朝着小型化、便利化、个体化的趋势不断发展演变,恐怖组织实施“武扰”,不仅有其一贯的驱动力,而且其所需条件也日趋简单,因而防范“武扰”仍应作为常态防控的重要目标之一。

恐怖活动这种明暗结合、文武并用的态势给反恐带来了巨大挑战,也使得我们在新的背景下开展反恐工作必须下好“先手棋”,即进一步提高对恐怖组织在境内外动向预知预警的能力,使“情报技术驱动反恐防控”落到实处。

第二,恐怖活动以合法掩护非法,恐怖活动的迷惑性给行为识别和追踪带来了困难。

暴力恐怖活动具有反人类和破坏性,恐怖分子同样忌惮打击和制裁,为了逃避打击,恐怖组织和恐怖分子往往会采取一些具有隐蔽性强、掩护作用好的行为方式。比如国内的涉恐团伙、个人以在全国范围内开

---

〔1〕《超七成涉暴恐类有害信息来自于境外网站》,http://www.cac.gov.cn/2014-07/01/c_1111392005.htm。

展合法的商业活动为掩护，进行极端暴恐思想传播活动；打着地方商会等组织旗号开展串联活动。境外的恐怖主义势力通过雇佣一些“背景清白”的人入境中国采购可用于制造恐怖袭击工具的物资等。[1] 上述方式，一方面给反恐执法造成很多模糊地带，影响防控对策的有效性，另一方面其迷惑性也制约了基于情报的防控导向性功能发挥。

第三，恐怖组织通过切割涉恐行为与信息的上下关联，在线索的层级分化中隐身潜藏，增大追踪难度。

从事后认定和制裁的角度看，恐怖活动犯罪的证成是一个有严格的事实要求和证据标准的法律活动。而反恐防控强调预知预警，方能有效防控，情报信息和数据线索都成为防控的导向。也就是说，在防控层面，反恐部门秉持“宁可信其有”的理念，通过分析数据线索间微小的关联性，拓展识别行为性质。因此，为了逃避打击，恐怖分子往往会将完整的恐怖行为链进行切割，提高涉恐信息关联的难度。

一方面，通过不断进行行为空间的虚实转换，起到迷惑作用，同时对涉恐行为的话语体系和话语空间进行隐秘化加固，给反恐信息线索的获取设置更大障碍。比如恐怖分子开发自成体系的暗语系统、加密系统进行交流互动。又如，境内外恐怖分子依托网络游戏空间、网络虚拟社区等为掩护进行网上勾连等。在具体活动中，无论是线下活动还是线上活动，都只呈现片段化、零碎化的加密线索，这对线索本身的性质研判带来了极大难度，更不用说对分属不同时空，看似毫无关联的线索进行串并和归类。

另一方面，通过行为人的迭代隐蔽进行行为轨迹的切割。“人—事—物”的关联是一般意义上情报线索研判的基本逻辑，这种关联性逻辑的延伸往往成为可疑线索分析的方法之一。恐怖分子为了切断行为关系和信息关联，会采用行为人迭代的手法，即利用无关联或弱关联的

---

〔1〕 我国的反恐机构曾侦办过一起美籍华人入境采购银杏果的案件。银杏果本身并不涉及恐怖主义，但恐怖分子可以从中提炼出用于恐怖袭击的毒素。该案中，不仅有涉案人员身份掩护，而且其所购物品也不容易引起相关部门的关注。

人群圈际代替原来的关联或强关联人群圈际实施相应的犯罪活动。比如传统的网购恐怖活动犯罪工具会留下相关的线上线下信息，包括购物人身份信息、网络信息、地址信息、通信信息等，通过上述信息自身的关联性，反恐人员在实践中能较为容易地进行研判和追踪。但在当前的现实中，恐怖分子会利用借用的身份网购、异地寄送、购取分离（人物分离和地址分离）等方式，将人的关联、物的关联、地域关联、信息关联等予以切割，这样即使研判出可疑信息，除非将人群圈际关系无限扩大，否则也难以追踪到人。

第四，恐怖分子采用“撒饵钓鱼”伎俩，既能掌握进退主动权，又能给我们制造顺线追踪的障碍。

当前，随着各国防范和打击暴力恐怖活动力度不断强化和成效不断提升，涉恐意识形态领域已经成为恐怖主义与反恐怖主义角力的重要战场。针对涉恐意识形态的思想性、潜藏性和诱发性，恐怖分子会采用“撒饵钓鱼”的方式，即针对不特定人员散发涉恐宣传资料，起到宣传、蛊惑的作用，同时会在相关资料中提供进一步深度交流和联系的途径，据此筛选一些其认为可资利用的人物资源。

比如现实中已经出现类似的案件：恐怖分子将一批存有涉恐宣传资料的 U 盘随机“丢弃”在某地高校的校园中，有人捡到 U 盘后受好奇心驱使会打开浏览，客观上起到传播散布甚至蛊惑的作用。并且，U 盘中还留有可进一步与相关恐怖组织或恐怖分子联系的方式，如境外邮箱、论坛、社交软件账号等，而一旦浏览者正好符合恐怖组织蛊惑招募的潜在目标，就可能会与境外组织取得联系，相关组织则会视情况予以利用。从现实情况来看，其利用的途径主要有三种：一是经过一系列审查考察后发展成为恐怖组织成员，接受境外相关培训和任务，成为内外勾连的节点，潜藏于境内；二是不发展成员，但建立较为稳定的联系，利用对象的各方面优势或特长，如专业技能等为其提供实施恐怖活动的相关条件；三是不进一步发展关系，但会指导境内潜在对象进一步扩大传播和宣传的范围，试图达到以内传内、混淆视听的目的。

而面对这种看似简单的“撒饵钓鱼”的做法，反恐防控部门却通常找不到很好的着力点。一方面，由于网络跨境等技术层面的障碍，追踪落地难度极大；另一方面，由于恐怖分子极为小心谨慎，即使面对“上钩者”也不会轻易信任，反恐力量“借机上钩”打入式做法也多无法奏效。这种将技术障碍与犯罪伎俩结合的新手法也给当下反恐带来了新挑战。

第五，恐怖分子基于网络的并行空间开发并使用独有的信息交互体系，增大我们了解密及追踪难度。

基于匿名性和并行空间属性，互联网已成为恐怖分子开展活动的重要场域。特别是就跨境恐怖活动而言，目前已经出现了将传统密码学与互联网并行空间结合的形态，恐怖分子依托特定网络空间的话语情境，开发并使用基于暗语的独有信息交互体系，以此为掩护进行交流与勾连，极大地增加了相关敏感信息和话语被捕捉和识别的难度。一个典型的例子是，在“9·11”事件发生三周前，就有一条密码信息中包含“学期将在三周后开始，我们收到了 19 条在法学院、城市规划学院、美术学院和工程学院进行学习的确认书”的内容。这条信息当中的“学院”分别指代纽约世贸中心、华盛顿的五角大楼和国会山。[1] 又如，一些实力雄厚的恐怖组织曾开发网络游戏，并在游戏中植入一些涉恐意识形态元素，从游戏参与者中发现支持同情者或潜在对象，并依托游戏空间进行话语交叉的诱导、蛊惑和在线招募等。还有的恐怖分子借助网络游戏等以虚拟人物关系为掩护，利用游戏情境设置暗语体系、传递涉恐信息、进行网络隐匿化勾连。这种类似手法利用了网络本身具有的匿名性和虚拟性，同时恐怖分子依托网络情境设计的暗语隐语等话语体系更使涉恐信息的传递隐蔽复杂，难以被有效捕捉。

在全球范围内，除少数被“伊斯兰国”“基地”组织等国际恐怖主义“领头羊”占领和控制的区域外，绝大多数的恐怖势力由于受打击防控的

---

〔1〕［美］詹姆斯·M. 伯兰德：《解读恐怖主义：恐怖组织、恐怖策略及其应对》（第二版），王震译，上海社会科学院出版社 2019 年版，第 74 页。

整体效果影响，均以“地下”“线上”为主要存在空间。目前，“区域内外勾连、线上线下交织、现实虚拟并存”已成为恐怖主义的基本存在形式和活动形态。恐怖主义存在形式和活动形态的变化必然使涉恐信息的表现和特点发生相应改变。相较于传统方式的恐怖主义，以“地下”和“线上”为主要空间的恐怖主义迷惑性、隐蔽性更强，尽管基于网络的散在性，其所产生的涉恐信息海量，但关联性弱，识别捕捉难度大。加之恐怖组织和恐怖分子的手法更新迭代快，反恐防控的现实工作常常受到跨域性法制障碍的影响，恐怖主义防控面临巨大挑战。“魔高一尺，道高一丈”。恐怖主义是全人类的公敌，依法惩治恐怖主义不仅具有道德制高点，而且有全方位法律和技术资源的支撑优势。正如前文所述，当今的恐怖主义正随着各种技术尤其是网络信息技术的发展而不断迭代更新，为了逃避打击，恐怖活动的迷惑性、隐蔽性、交织性更趋明显，涉恐信息和线索更加纷繁复杂，难以有效识别和研判。对恐怖主义惩治应坚持“以防为主、打防结合”的基本原则，因此在具体工作中要遵循“情报导侦”和“情报导防”的基本理念，将数据技术与反恐情报及反恐现实紧密结合，发挥情报技术特别是数据技术在情报搜集、情报清洗、情报关联、情报研判、情报运用等方面的作用，打造人力情报与技术情报有机结合的情报源体系，建设“面”的全要素拓展与“点”的深度挖掘有机融合的情报应用体系，切实将反恐情报用于防控的历史经验、现实情报技术的优势与恐怖主义的演变趋势融为一体，强优势补短板，强化数据技术辅助反恐防控的效能。

五、数据技术辅助的恐怖主义防控策略

网络信息条件为恐怖活动提供了新的空间，催生了许多新的恐怖活动方式和手法，反恐防恐除面临“明暗结合”的传统难题外，更要强化对“虚实结合”新问题的认识和应对。以网络时空为媒介，涉恐信息日益呈现极端散在性、海量性和混杂性。从恐怖活动行为与涉恐情报信息所对应的生发关系看，这实际上是一个“物的数据化”的过程，即传统物理时

空的恐怖活动转化成为各种纷繁复杂的数据信息，而后者可能表现为无结构、半结构、准结构和结构化数据。就恐怖主义防控而言，这使得涉恐信息和线索失去了原有的生动性和独特性，涉恐信息线索就可能淹没在海量的同态数据中。因此，一方面我们需要适度跳出传统思维局限，更有效地运用数据思维进行不同于常态的信息关联、聚类、分类和预测；另一方面要依托数据技术对可疑涉恐信息线索进行多角度、全方位、深层次的综合挖掘，最大限度地解决当前恐怖主义防控情报信息来源不够、应用效能低下、预测精度不足、指导作用不明显的问题。

（一）数据思维和技术在恐怖主义防控中的应用

1. 关联思维

万物关联是哲学认识论的基本观点。在信息论视角下，这种关联既是客观的也是具体的。关联思维不仅可用于历史事实的重构式塑造，也可用于对未来事实的预见和创构。将关联思维运用于恐怖主义防控时，并不是抽象的关联，也不是无序的关联，而是要转化为一种关联分析的方法论。具体而言，就是以一定的情报源作为元数据元素，根据恐怖主义活动的规律特征构建有效的信息组织方法，描述信息资源框架，进而进行信息资源的关联和事实揭示。[1]

以情报源为载体的元数据元素是关联思维运用的基础，以常见的涉恐要素为划分，情报源分为个体情报源和实物情报源两种。

（1）个体情报源。这是指以恐怖分子或恐怖活动嫌疑人为载体的情报源，主要包含个体身份情报源、活动情报源和通联情报源。

身份数据包括生物数据和社会数据，前者是指可用于个体身份识别认定的固有数据，如 DNA、指纹、虹膜、声纹等；后者是指因社会身份而形成的静态数据，如职业技能、兴趣爱好、教育程度、地域信息、宗教信仰等。

---

〔1〕 安璐、王小燕、李纲：《恐怖事件情境下微博信息组织与关联可视化》，载《情报杂志》2019 年第 12 期。

活动情报源，是指因恐怖分子或涉恐嫌疑人的社会交往活动而产生的数据，主要是围绕衣食住行等动态活动形成的动态数据源，涉及消费、住房、物流、出行、联络等方面。

通联情报源，是指恐怖分子或涉恐嫌疑人在使用通信技术和媒介进行联络时所形成的数据，包括通联基础数据、通联关系数据、通联轨迹数据、通联综合数据等。

（2）实物情报源。这是指剥离人的要素而纯粹以器物为载体的情报源，主要表现为实施恐怖主义活动所使用的各种工具、媒介和目标对象等。

就反恐而言，情报是行动的基础，情报的质和量决定了反恐防控工作的成效。鉴于恐怖主义活动的特殊性，涉恐情报线索的搜集难度大大高于普通刑事犯罪。因此，以情报源为基点，通过关联分析和可视化，能以点带面极大拓展情报来源，同时，也有助于进行综合推演和预测性追踪，提前作出防控预案。

以个人身份数据为例，鉴于恐怖活动犯罪家庭纠合和血缘纽带的特点，DNA 生物数据可用于暴恐团伙成员身份关系的单向拓展。又如，将职业技能数据、地域数据、宗教信仰数据、通联情报数据进行关联，可以利用跨数据源的分析框架，进行团伙关系的综合分析预警。在特定案件中，将个人情报、活动情报、通联情报与实物情报进行资源关联，可以实现由关联节点构成的可视化立体网络，有助于分析研判恐怖活动犯罪所使用工具的来源、去向等。

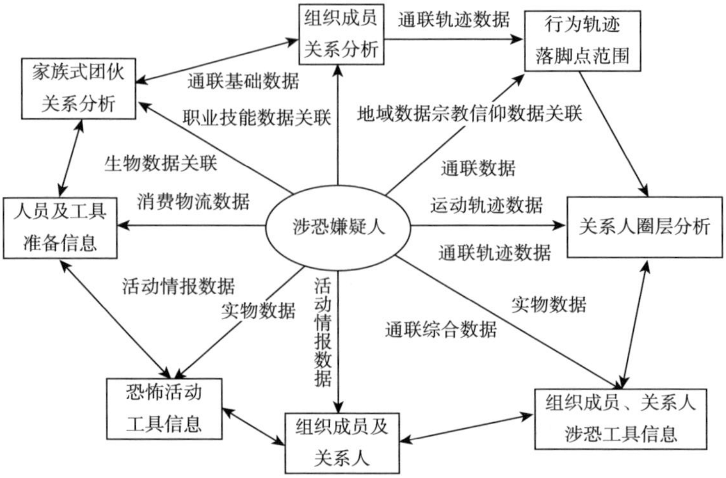

图 2－2 关联思维运用于数据情报分析的示例

关联思维运用于反恐防控领域以对恐怖主义活动规律及特点的深度把握为前提,因此要善于对历史上的涉恐案(事)件进行要素关联化的反向解剖,从情报数据的资源框架反推海量数据掩盖的涉恐信息表征模式,进而依托相关关系圈层进行情报数据无限扩展。

2. 聚类思维

恐怖组织和恐怖分子实施恐怖主义活动有一个学习和模仿的过程,特别是具有一定内在关联的各恐怖组织的恐怖活动之间更会体现相同或相似的规律属性和特征属性。这种相同性或相似性既是恐怖分子形成团伙的基础,也是在恐怖团伙中恐怖分子相互影响、相互模仿而导致的思想或行为方面的趋同。[1] 与此同时,恐怖组织与外部环境的关联表征与非恐怖活动团伙之间会有显著差异,正是基于这种对内的相似性与对外的差异性,可将观察对象进行聚类模拟,以达到区分不同属性的目的。

---

〔1〕 吴绍忠:《基于聚类分析的反恐情报中潜在恐怖团伙发现技术》,载《警察技术》2016年第6期。

聚类分析思维是支撑数据挖掘的重要思想基础，其基本思维路径是将数据结合分成组内、组间不同的多个分组。[1] 聚类的前提是对对象特征的准确把握，这种特征的识别和提取同样来源于涉恐历史案（事）件的解构分析。聚类分析主要着眼于对涉恐人员的观察和研判。从聚类分析的作用方向看，它不仅可以回溯性地观察已发生的恐怖主义活动本身，还有助于进行关注点的扩展和转移，即通过从动态角度关注恐怖分子或恐怖组织的活动和形成过程来间接地监测和发现恐怖袭击的踪迹。[2]

现实中，对于涉恐信息数据的聚类分析可以从涉恐嫌疑人员的身份特征、行为特征及关系特征三个方面进行。

涉恐人员身份特征大体又可分为两个部分。一部分是基于恐怖活动组织本身的目的意图和思想根源属性所决定的群体中的个体共性。从世界范围看，一些著名的恐怖活动组织在发展成员时多会考虑种族、民族、宗教、文化等方面的共同性，基于这些共同性，涉恐嫌疑人员个体身上会表现类别化特征。如语言、极端化宗教习俗的外化特征等。另一部分是基于特定恐怖活动组织出于对外区别和对内认同的目的而形成的静态特征。如创设特有的符号化特征、物品特征，其表现为外形着装特征、穿戴物品特征以及其他所持物品特征等。

除上述两方面外，涉恐人员与个人身份相依附且由于数字化和信息化而形成的数字标签也可以作为一种身份特征。主要表现为依附于人的各种“账号”，如身份证号、驾驶证号、车牌号、电话号码、社交软件账号、银行卡号等。

在行为特征方面，涉恐人员基于他们特定的行为目的必然展现与普通正常人的差异性。这种差异性在特定层面是微小、隐蔽的，难以发现，

---

〔1〕 李勇男、梅建明：《Rock 聚类在反恐情报分析中的应用研究》，载《情报杂志》2017 年第 10 期。

〔2〕 吴绍忠：《基于聚类分析的反恐情报中潜在恐怖团伙发现技术》，载《警察技术》2016 年第 6 期。

但如果通过特征聚类方法就能达到放大差异性的作用,形成类别化区分的依据。

关系特征是个人身份特征和行为特征的延伸,是在二者基础上进行进一步计算得出的结果。关系本身存在多层次含义。就涉恐人员构成的关系特征而言,主要包括个体之间的伴随关系和社会族群关系两个方面。某一涉恐嫌疑人必然有其特定的族群关系范围、关系网络及关联方式,也必然会与其同伙进行伴随性的活动。当然,在逻辑上,并非与其有关系的人都是恐怖分子。而从关系强度的视角看,我们可以利用一定时空范围内行为和轨迹上的重叠性的量化进行测量和评判。现实中,对于人员特征的聚类主要采用均值聚类的方法,即选择信息完整且丰富、代表性强的人员所体现的静态特征为第一个质心,从中选取若干典型的静态特征要素作为观测点。再选择无关的普通民众为第二个质心,以此作为对比项。通过对比目标对象与上述两个质心的距离比值来判断聚类准确性。

需要说明的是,涉恐嫌疑人员的个人身份、行为及他们所形成的关系并不是相互割裂的,而是在彼此之间存在确定性的逻辑关系。[1] 基于一定的身份属性,恐怖分子具有特定的族群圈,特别是在当前恐怖组织内部家庭血缘纽带关系不断强化的趋势较为明显情况下,依托涉恐人员的身份属性进行聚类,并将他们作为研判的第一圈层,有助于准确划定对涉恐嫌疑人查证的范围和线索。根据特定嫌疑对象所产生的行为数据,以重叠强度的高低确定不同的"簇",可以据此根据恐怖活动行为规律进行人群类别研判,进一步明确涉恐嫌疑和风险等级。以族群关系和伴随关系为依据进行双层次的"簇"的叠加研判,可以完成更深层次的聚类挖掘分析。

恐怖分子的行为在内容上一般也涵盖交通、通信、交易、居住、物流、

---

〔1〕 陈刚主编:《现代侦查技战法论坛》(第三卷),中国人民公安大学出版社 2017 年版,第 102 页。

网络社交、行业性行为等方面。任何上述方面都会产生行为内容和轨迹，进而产生行为数据，利用这些数据的异同分析，就可以实现类型化识别。

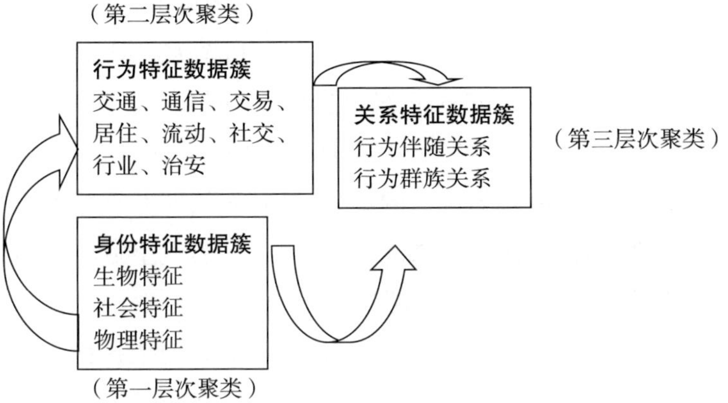

图 2－3　三层次聚类关系示意

在团伙或组织层面，涉恐嫌疑人员基于组织界分和活动的需要，必然会有一些组织内认同但区别于非组织成员的静态特征。对一个类似的静态特征，我们可以视为一个指标，现实中，我们要根据特定恐怖组织在历史案件和事件中体现的特征，拟定多项指标构成的评价判断体系，形成多维度的分析导引。

运用聚类思维进行涉恐危险评估时，可以通过数学函数对多层次聚类因素进行综合考量。简单来说，嫌疑对象的涉恐危险性可以表示为身份异常性、行为异常性和关系异常性的加权综合，[1] 即，$Y=f(x_1, x_2, x_3)$。其中，Y 表示危险系数，x_1, x_2, x_3 分别表示基于聚类分析的身份特征数据簇、行为特征数据簇、关系特征数据簇所揭示的异常指数。[2]

〔1〕 吴绍忠：《重点人员积分预警模型建设基础问题研究》，载《中国人民公安大学学报（自然科学版）》2012 年第 2 期。

〔2〕 参见陈鹏、瞿柯：《反恐背景下的个人特征数据构成与涉恐个体的挖掘分析》，载陈刚主编：《现代侦查技战法论坛》（第二卷），中国人民公安大学出版社 2017 年版，第 104 页。

3. 预测思维

当前,人类正处于大数据时代,恐怖主义及反恐怖主义也在这一客观的背景中展开博弈。大数据开启了一次重大的时代转型。就像望远镜能够让我们感受宇宙,显微镜能够让我们观测微生物一样,大数据正在改变我们的生活以及理解世界的方式。[1] 所谓大数据,是指人类无法用传统方法处理和适用的数据量级,它包含一定客观时空中产生的一切多样、复杂、多层次的数据综合。大数据不仅是一种客观存在,而且是人们获得新的认知、创造新的价值的源泉,同时人们可以通过大数据蕴含的相关关系满足某些层次的认知需求,而在一定程度上放弃对因果关系的渴求。大数据时代催生了大数据思维,而后者最显著的特征就是立足历史大数据探寻看似杂乱的数据间的相关关系,进而依据相关关系的程度洞察数据规律和行为规律,在此基础上完成预知、预测。

恐怖主义活动具有特殊性,特别是暴力恐怖活动,其严重的破坏性和杀伤力是恐怖组织和恐怖分子赖以发挥"剧场效应"的重要因素。因此,对恐怖主义活动的治理要以预防为先,将有效防控和严厉打击相结合。"凡事预则立",预防的关键在于预知、预判和预警,因此其要义在于对恐怖活动规律的把握。

一般而言,对恐怖主义活动的预测有宏观趋势预测和微观活动(具体事件)预测、个体行为预测和组织行为预测等多个层面。

其中宏观趋势预测是指利用大数据对全球范围恐怖主义活动趋势的预测、区域范围的态势预测、恐怖主义国别预测。

全球恐怖主义活动趋势的预测是根据主要国际恐怖主义组织的性质、既往活动、政治目的、意识形态基础、地缘政治和所处地区安全形势变化对其相应变迁发展作出预判。如前文所述,"伊斯兰国"和"基地"组织近年来遭遇局部挫败后,会如何利用全球范围局部动荡和部分国家

---

[1] [英]维克托·迈尔-舍恩伯格、肯尼思·库克耶:《大数据时代:生活、工作与思维的大变革》,盛杨燕、周涛译,浙江人民出版社 2013 年版,引言第 1 页。

政局和社会不稳的条件进行转型、变迁和新发展的趋势。

区域范围的态势预测主要着眼于对国际恐怖主义组织在一定区域范围内的自活动和跨组织联动进行预测分析。如恐怖组织的结构重组、分化，不同恐怖组织间的效忠关系、依附关系的调整，同区域恐怖组织间敌对、竞争、合作关系的变化等对区域反恐的影响等。

国别预测主要是以主权国家为样本，以历史纵向视角对特定恐怖主义组织及其活动进行跟踪监控，在此基础上形成长短期态势的预判。

微观预测是以预防具体的恐怖主义事件为着眼点的应激性预测。它需要借助大数据技术针对具体恐怖组织活动规律，特别是其发动恐怖袭击的时空规律、手法规律与国际及地区安全形势的变化互动规律等进行恐怖袭击风险指数的测算，据此形成有指导价值的恐怖袭击预防预警长短期方案。

个体行为预测和组织行为预测是根据主体层次的不同对恐怖主义活动的规律进行分析把握，进而对其采取有针对性的防控和打击措施。恐怖分子个体行为与恐怖组织的行为具有一定的关联性，正是个体恐怖分子的聚类才形成了组织，也正是有了组织的形态为载体，个体恐怖分子的活动规律才有了一定的可预测性。

恐怖分子个体的行为具有多样性，对他们行为的预测主要是基于异常行为特征标签体系的建设来完成的。[1] 标签是标志目标的分类或内容的工具，它被用于查找和定位特定目标。在大数据背景下，个体身份、行为、轨迹等都可以数据形式予以记录、标示、查询。每个个体恐怖分子都有其特殊性，或者说，其与非恐怖分子及其他恐怖分子有“差异”。这种差异在小数据状态下可能是细微的，不为人所感知，但如果用大数据技术予以分析，我们就可能将那些细微的“异常”汇集起来，变成区别于他人的个性化数据标签。

---

〔1〕 关于“异常行为标签体系”，可参见李伟：《公安大数据应用之异常行为标签体系建设的初步实践与思考》，载陈刚主编：《现代侦查技战法论坛》（第三卷），中国人民公安大学出版社2017年版，第25—30页。

用于恐怖分子个体标签的“异常特征”可能是基于生物属性的特征，如面貌、着装、口音、生理特征、心理特征等，也可能是基于行为及其依附于行为的数据轨迹特征，如交通、通信、网络活动等产生的独特性，更可能是基于从恐怖分子曾实施的恐怖主义活动提炼的关键特征信息，如恐怖分子个体擅长使用的武器、特有的专业技能等。综合细微的“异常特征”，我们可以实现对恐怖主义分子个体的特征“画像”，进而实现精准预测。

尽管世界范围内日益出现所谓“独狼”式恐怖主义，但恐怖活动组织仍然是绝大多数恐怖主义行为的载体，也是恐怖主义势力最主要的存在形态。规模化的恐怖活动组织有其内在深刻的根源和目的。基于民族冲突、意识形态冲突和宗教极端等为主要驱动而形成的不同性质恐怖活动组织，在其发展中往往会自觉构建或自然形成一套不断自我强化的目标体系、宣示体系、行动模式甚至独特的组织内生活方式。恐怖活动组织的微观活动和宏观的发展变迁也会遵循一些无形的框架和路径。比如“伊斯兰国”有明确的“建国”目标和实际行动，它构建起一整套与“建国”相适应的融合器物与精神的宣示体系，进而在其对外行动和组织内部也形成了有别于其他恐怖组织（如“基地”组织）的不同行为模式。这在一定程度上成为“伊斯兰国”存在和发展的战略根基，同时也可将此作为分析研判“伊斯兰国”组织行动趋势的一种依据或考虑要素。

就恐怖主义防控而言，恐怖活动组织行为的预测既有战略属性，也有战术属性。在战略层面，我们可以根据其宏观目标、组织诉求、意识形态根源、区域的安全稳定形势等情况预测研判其战略动向，包括各方恐怖活动势力的聚合关系、扩张收缩、迁徙转移等。在战术层面，我们可以根据标示特定恐怖活动组织的特征要素，特别是袭击时空条件的选择、手法方法、袭击目标的偏好、行动模式、成员特点等进行战术性防控。

（二）数据技术方法辅助涉恐信息线索分析

鉴于恐怖主义活动的隐蔽性、伪装性，涉恐信息线索自身的可辨识性或直接指向性并不强。在大数据背景下，涉恐信息线索具有多元化的存在形态,且融合在混杂海量的无关信息数据之中。对涉恐信息线索的分析以及在此基础上的深度挖掘,不仅需要分析人员具备洞悉信息线索属性的敏锐性,而且需要强大的信息处理能力和“去噪”辨别能力。

无论是何种属性的信息,都由信息形式和信息内容构成。前者是信息赖以存在的载体,语音语言、动作姿态、文本符号、图形密码等都可以成为信息载体;后者既是一种客观存在,也是主观见之于客观的认识。实践中,准确认识、研判特定的信息线索还需要深刻把握其背景、环境、语境、载体等。特别是在面对海量信息时,可以基于恐怖主义防控目的进行信息线索分析识别、研判挖掘,综合采用多种分析方法和技术。

1. 情感倾向性分析

恐怖主义有深刻的历史根源。对恐怖主义的界定和判断是世界性难题,它既有客观评断标准,也有复杂的主观情感因素。对于特定的恐怖主义行为、恐怖活动组织,不同的人处于不同的立场和出于不同的动机,会表现不同的情感倾向。这种情感倾向至少可分为极端支持和践行者(恐怖分子本身)、拥护同情者(潜在的招募发展对象)、“中立”者(存在认识错误或偏差)、反对者四个不同层次。对恐怖主义具有上述四个不同层次情感倾向性的主体,会通过不同方式进行情感表达。在大数据背景下,这种情感表达会以区别于传统的电子数据及信息化形式展示、存储、传递、扩散,并可能引起网络意见的碰撞交锋等,进而形成可视化、可对比、可量化的信息线索研判基础。正因为不同主体在涉恐问题上会表现不同的情感倾向,即便某些情感倾向暗含于某些语词表达中,但从舆情管控或情报信息研判看,对其进行分析挖掘,仍有情报意义和价值。在功能上,情感倾向性分析是指自动对包含主观信息的文本进行情感倾向性判断,为信息挖掘、话题监控、舆情分析等应用提供技术支持。[1] 就反恐而言,情感倾向性分析就是要对特定涉恐话题的文本进行情感立场

---

〔1〕 赵文清、侯小可:《基于词共现图的中文微博新闻话题识别》,载《智能系统学报》2012年第5期。

的研判,在对主体和信息内容进行归类的基础上,起舆情管控、情报挖掘等作用。

在大数据背景下,涉恐话题的情感倾向性分析就是要从海量的语言现象中,基于支持和批判的观点立场分析识别真正的涉恐信息线索,特别是在互联网相对更为开放的话语途径上,以防范涉恐信息的扩散。

情感倾向性分析的对象一般是开源类的信息,多以网络媒体报道、个人社交平台等为载体。在涉恐话题情感倾向性分析方法上,主要有整体判断和元素析出判断两大类别;在主体指向上可以分为官方媒体(国家)、一般社会媒体(媒体人)、自媒体(个人)三种;在情感评价结果层面,可分为正面评价、中立评价和负面评价三种。

整体判断是指对涉恐信息等分析对象进行整体的褒义或贬义的立场定位。一方面,整体判断需要考察对整体事件描述的客观真实性。西方媒体中对关于我国暴恐事件的报道并不少见,英美媒体对于我国的暴恐事件的定性一开始持否定态度,很多媒体并不承认发生在我国的暴恐事件是恐怖主义袭击,如 Jane's Terrorism Watch Report 报道的"A court sentences three suspected ethnic Uighur Muslim separatists to death penalty and another one to life imprisonment in China"。报道中把昆明火车站暴恐事件形容为持刀袭击事件。[1] 显然,西方在整体报道上也是偏离事实真相的。同时,整体判断也要借助于特定的关键用语的褒贬性。比如将"暴恐袭击"描述成"群体性武力维权",将"恐怖分子"描述为"某一特定群体"等。如果出现类似的用语元素,则可从整体上作情感倾向性判断。

元素析出判断是对开源信息中的涉恐文本,如语词结构、句式、用语、标点、语气等基本元素的使用进行情感倾向性分析。以境外媒体报道我国境内发生的暴恐袭击为例,我们要从相关开源报道的议题(标题)、主题词及语料元素等细节进行分析,判断其媒体立场和态度。当

---

〔1〕 韩娜、杨光:《基于公开源情报的涉华暴恐问题国际舆论研究——以 1996—2017 年外媒报道为例》,载《情报杂志》2019 年第 8 期。

然,恐怖活动组织本身也有其特有公开的宣传媒体渠道,对此,我们的目的不在于分析判断其情感倾向,而更多的是要进行元素分析,以掌握其话语特点及背后的行为动向。

国家背景的官媒体和公众媒体都能整体上反映对特定涉恐事件和信息的情感态度,对这些媒体报道的分析,有助于我们分清媒体在反恐方面的基本立场,进而从涉恐网络宣传和舆论导向方面进行提前应对。网络社交软件为包括恐怖组织和恐怖分子在内的所有主体提供了开放和私密并存的宣传通道,也使其有了更有效的涉恐宣传策略。因此,我们要善于从其媒体策略,特别是情感宣泄所依托的话语形态变化中研判其特有的行为动向。比如 Neil Johnson 团队通过对俄罗斯社交媒体 Vkontakte 上"伊斯兰国"恐怖分子账号持续的观察,发现如果社交平台中的临时会话小组迅速增加,特定语料词频将出现量的显著变化,这很可能预示着恐怖袭击的发生,从而发出恐怖袭击的情报预警。[1]

2. 文本挖掘分析

从以高度非结构化文本为主要挖掘对象看,通过发挥计算机分析高效率和人工辅助分析高精度两方面的作用,可以从文本分析中抽取涉恐时空、人员和组织要素关联,据此构建多模元网络,进而在网络分解的基础上与既有恐怖组织和人员信息进行匹配,以发现可供识别和研判的重要涉恐信息点。常用的文本挖掘技术有:文本结构分析、文本摘要、文本分类、文本聚类、文本关联分析、分布分析和趋势预测等。在对涉恐文本进行挖掘时,通常要结合数理统计方法、机器学习方法、神经网络方法等,通过对数据集训练建立数据挖掘模型,实现对涉恐信息的识别和挖掘。[2]

涉恐信息的文本挖掘分析主要有文本数据搜集、文本分析、数据清洗、网络生成四个步骤。

---

〔1〕 Cao Z, Zheng M, Vorobyeva Y, *Dynamical patterns in individual trajectories toward extremism*, Social Science Electronic Publishing, 2017, p. 2 - 10.

〔2〕 倪叶舟等:《大数据背景下涉恐信息挖掘方法综述》,载《中国公共安全(学术版)》2018 年第 4 期。

首先是文本数据的搜集。根据特定的反恐信息需求,对特定时间范围内符合议题要求的开放文本进行全量搜集,力争做到文本素材全面。因此,这里的文本就不能局限于国内文本,还包括域外多语种文本的搜集,特别是特定恐怖活动组织以其自有媒体渠道为窗口发布的涉恐信息文本,具有更大的挖掘分析价值。

其次是文本分词。本文分词,是指将连续的文本文字序列按照一定的规范重新组合成词序列的过程。在设定词类标准和输出格式的基础上,将采集的文本切分成用空格分界符分割成的词序列。文本网络分析理论认为,文本的内容能够通过概念(词或词的组合)间的关联所构成的语义网来反映。用图或矩阵构建作者的"心智图",通过分析概念间的连接关系提取文本的语义信息。[1] 因此,通过分词可以更清晰地分析词与词之间的内在关联,便于实现可视化构建。

再次是进行数据清洗。数据清洗,是指根据用户需求对元数据进行过滤,去除无用数据,保留并规范有用数据。在这一过程中,为了提高数据处理的效率,我们往往需要借助计算机软件。一是去除重复文本,减少需处理的数据总量,同时增强主题和目标的集中度。二是提取关键概念,利用软件自动生成概念单。在对涉恐文本挖掘分析中,特别要对应涉恐时间、空间、人员和组织提取四类属性的概念。三是进行概念规范化,即将同一指向不同表述的概念统一化。

最后是网络生成。网络生成,是指通过设置窗口大小、分割单元和关联方向后自动生成概念间的关联网络。[2] 在此基础上,对照既有涉恐情报关于上述时间、空间、人员和组织四个属性进行分析,得出综合评价指标。通过计算机软件分析,可以分别从"人员—人员""人员—时间""人员—地点""人员—组织"的评估指标数据,为恐怖主义防控提供风

---

〔1〕 Carley K M, Columbus D, Azoulay A. AutoMap User's Guide 2013, http://www.casos.cs.cmu.edu/publications/papers/CMU-ISR-13-105.pdf, June3, 2013,2021 年 7 月 23 日访问。

〔2〕 付举磊等:《基于文本挖掘和网络分析的"东突"活动主要特征研究》,载《自动化学报》2014 年第 11 期。

险预警支撑。[1]

文本作为信息交流的基本载体,内涵丰富,恐怖组织和恐怖分子不可避免地要通过文本进行沟通交流,甚至会在文本中设置独立的“密码”“暗语”等体系。在大数据背景下,文本挖掘分析能在较大程度上突破语言文本本身的局限,运用文本间的内在关系实现关联挖掘。并且,文本挖掘分析方法在反恐中的运用,还可以针对不同语种揭示涉恐文本中的规律性,这就使之成为一种可以跨越国别而通用的分析方法。

3. 语义分析

语义分析,即对数据信息所包含的语义进行识别和判断[2]。在大数据和人工智能背景下,语义分析更多的是指运用各种机器学习方法,挖掘与学习文本、图片等的深层次概念内涵。在一般应用层面,语义分析为知识推理提供了一个结构和过程。而就反恐情报信息的搜集及分析研判而言,语义分析可以发挥信息过滤、社会网络分析、Web 信息挖掘、链接分析等功能,从而在涉恐舆情分析与阻隔、反恐情报源拓展、反恐情报搜集与搜集中得以广泛运用。

线上涉恐活动已经成为恐怖组织和恐怖分子开展活动的重要方式和途径,他们利用一些网站或电子期刊等渠道进行信息传递以实现宣扬、煽动或人员招募等。这实际上给语义分析技术功能的发挥提供了绝好的平台。

当前语义分析运用于涉恐信息,主要有两个分析目标源。一是恐怖组织和恐怖分子通过开源渠道发布的大量涉恐信息,如在策划实施恐怖袭击后通过自建网站或其他网络渠道发布信息,散布极端恐怖思想,认领责任等。其中就会存在很多可供语义分析的原始素材,如文本、图片、视频等。一般而言,上述素材中多或明或暗地含有诸如宣传极端恐怖思

〔1〕 相关函数分析过程,参见付举磊等:《基于文本挖掘和网络分析的“东突”活动主要特征研究》,载《自动化学报》2014 年第 11 期。

〔2〕 倪叶舟等:《大数据背景下涉恐信息挖掘方法综述》,载《中国公共安全(学术版)》2018 年第 4 期。

想的话语和策略、通信联络方式、恐怖袭击手段方法、招募融资方法策略等的内容。因此,针对这一对象进行语义分析,能极大拓展涉恐情报来源。二是对已建设的反恐数据库进行语义分析,实现对涉恐知识的深度挖掘,从中获知涉恐活动规律,以指导对恐怖活动的有效防控。

在具体应用方法上,通过语义过滤、信息抽取和语义推理可以实现反恐情报信息的二次搜集。如通过语义过滤判断互联网涉恐信息的主题内容和情感态度,实现对不良信息的过滤阻隔;通过信息抽取建立涉恐语料库,并基于此完成信息关联,拓展涉恐情报信息搜集范围;通过语义推理实现虚假身份信息识别、暗语隐语识别、组织成员关系识别关联及通信金融信息关联等。例如,一场谋划中的恐怖袭击被称作“婚礼”,而电话中一个恐怖分子问新娘是否准备好了,其真实意思是用于恐怖袭击的炸弹是否制作好。语义推理从信息中获得隐性知识,把隐含在显式定义中的知识通过一种处理机制提取出来[1]。

在涉恐情报分析研判层面,语义分析可以实现静态的涉恐领域知识地图绘制,如明确特定恐怖组织的袭击目标群体、特定时空涉恐风险等级等。同时,可以通过 Web 情报挖掘(Web 知识发现),包括对恐怖组织站点、论坛及其电子出版物进行内容分析、意图识别。[2] 在 Web 知识利用层面,还可以通过社交网络分析、隐蔽网络的控制与探测等实现数据库静态信息的关联分析,并据此刻画恐怖分子关联、预测恐怖活动或恐怖袭击动向,进而实现精准防控。此外,通过对民众对微博、博客等大众社交媒体上涉恐信息的情感态度、情绪立场等的潜在语义分析也可更准确地圈定防控人群范围和重点。

总之,通过对涉恐信息进行语义挖掘分析,可以提供预警提示、防范安全警示、危险级别警示、处置结果评估、智能分析和预测恐怖活动进展

---

〔1〕 孟玺、周西平、吴绍忠:《语义分析在反恐研究领域的应用研究》,载《情报杂志》2017年第3期。

〔2〕 孟玺、周西平、吴绍忠:《语义分析在反恐研究领域的应用研究》,载《情报杂志》2017年第3期。

等一系列决策支持和智库服务,形成“源于恐怖分子、回归打击对象”的决策支持系统。[1]

4. 大数据和人工智能分析

不可否认,人类社会及其活动已进入大数据时代和空间环境。社会活动的数据化使得微观数据在量级上不断扩大,数据也不再是简单的处理对象,而是一种可以被广泛应用并能辅助解决其他诸多领域问题的基础资源。[2] 恐怖主义活动与反恐怖工作同样也处于大数据背景下。就反恐而言,大数据至少包括海量数据集(素材和基础)、数据分析思维与技术和数据分析结果及应用三个层次。大数据思维和技术方法应用于涉恐情报信息分析,是对涉恐活动有关的开源网络数据和反恐怖机构内部系统数据进行抽取和集成,在此基础上完成计算机人工智能运算和预测、结果展示和解释的过程。

大数据思维与技术和人工智能尽管是两个不同事物,但前者往往需要后者的技术支撑来提升数据运算的速度和精度。大数据分析具有涉及相关性思维、整体性思维和预测性思维等,就反恐领域而言,实际上是以历史事件中反映的数据属性对海量数据(涉恐或不涉恐)进行属性区分、属性关联、规律认知和趋势预测。因此,其适用的基础条件是涉恐活动在时空上的数据化,最完美的情况是涉恐活动能形成物理空间和数据空间的镜像反映,进而完成涉恐数据特征库建设。

恐怖组织及恐怖分子的活动,包括日常活动和涉恐活动,都有特殊性。在数据环境下这些活动就表现为数据层面的独有属性特征和关联特征。相较于现实物理空间的客观活动,作为特殊反映形象和载体的大数据,不仅可以实现主体对其的反复应用或重组式应用,还能进行无差别的智能运算、智能碰撞及深度关联和挖掘、画像等。这就为传统防控

---

〔1〕 孟玺、周西平、吴绍忠:《语义分析在反恐研究领域的应用研究》,载《情报杂志》2017年第3期。

〔2〕 孟小峰、慈祥:《大数据管理:概念、技术与挑战》,载《计算机研究与发展》2013年第1期。

技能赋予了智能化的秉性。

当然,大数据本身不足以自我运行,它必须借助于"智能"要素,即人的主体智能与人工智能。以反恐领域为例,人的主体智能的应用主要表现在反恐专业人员基于他们经验性的认知抽取涉恐信息中的特征要素,构建一个以特征要素为内容的数据库,其本质是对纷繁复杂的涉恐历史案(事)件进行关键要素提炼,为后续搜索关联确立精准可行的"关键词"。因此,这部分的工作环节和内容既需要对恐怖主义活动有丰富的感性认知和积累,也需要用专业的眼光和视角对原始素材进行抽丝剥茧式的解构和重构,进而对各涉恐关键要素从因果逻辑、相关关系等多元思维角度确定机器语言可用的运行逻辑。这就需要借助人力与机器共同完成对非结构化数据的采集、存储和初步分析解构。

人工智能,简单来说就是将人力智能与机器(计算机)自我学习和深度运算相结合的技术科学,其本质是模拟、延伸和扩展人的智能并提升反应和问题解决的速度。人工智能应用于犯罪防控与刑事侦查已经有了较好的基础和前期探索,也积累了成熟的经验和战法。恐怖活动防控是一种特殊的犯罪防控,有其独特性,也与防控一般犯罪有共通规律。目前人工智能在反恐防控中的应用主要在于人脸人像、声像语音等基于生物属性的个体识别,基于智能信息采集挖掘与关联碰撞的智能预警及追踪,基于大数据运算的涉恐活动趋势、风险定量分析研判。

运用大数据和人工智能技术对涉恐信息数据进行分析研判,仍离不开人作为主体的主导作用。在大数据背景下,有效的反恐防控必然是"智、技、策"的三位一体融合。"智"既包括对涉恐原始信息数据的人力解读和解析,获取有效知识,也包括利用人工智能进行基于机器算法的深度运算和自动匹配;"技"是指在这一过程中的技术辅助及各种技术在各环节的协调运用,以实现对机器算法下的数据分析和行动决策的软硬件支撑;"策"是指大数据及人工智能应用于反恐防控时与犯罪防控一般策略方法的有效结合,目的在于提高技术运用于反恐防控的灵活性和针对性,在节约技术成本的同时进一步提升反恐效能。

六、“独狼”式恐怖主义防控策略——基于美国恐怖袭击案例的启示

从人员组合情况看，恐怖主义有组织形态和个体形态两种基本类型。从反恐理论研究和实务工作看，鉴于恐怖组织的实力和破坏力，组织形态的恐怖主义一直都是关注重点。然而，个体形态的恐怖主义，即“独狼”式恐怖主义在全球范围内的数量不断上升，且“独狼”式恐怖主义因其相较于恐怖组织具有更大灵活性、随意性、隐秘性，使得识别、防控难度也更大。本部分将主要以发生在美国的典型“独狼”式恐怖袭击事件为基础，通过对其类型化、要素结构化的分析，明确“独狼”式恐怖主义的特点，进而从比较借鉴的视角分析对中国防控“独狼”式暴恐袭击的启示。

（一）关于“独狼”式恐怖袭击的界定标准

何谓“独狼”式恐怖主义，至今尚未有统一的、具有法定约束力的定义。作为一个研究对象，或是一个类型化研究群体，我们必须首先使之在研究的范畴内有清晰明确的内涵外延界分。我们认为，“独狼”式恐怖主义必须符合如下几个方面条件。

第一，行为人受恐怖主义极端意识形态的驱动，符合“恐怖主义”的一般认定范畴。个体对他人、社会或国家的极端暴力行为并非少见，但驱动因素各异，有的出于心理或精神失常，有的出于个人仇怨矛盾的对象迁移，有的出于对制度体制的不满，有的则是出于受到极端思想意识形态的驱动。“独狼”式恐怖主义是出于受到极端意识形态的驱动，而非出于一般的个人恩怨或精神失常等。就美国的情况而言，激发其国内恐怖分子的极端主义意识形态主要是极右翼、极“左”翼或极端宗教势力分子；激励他们的极右翼意识形态，包括白人至上主义者、新纳粹分子、基督教身份、主权公民运动、反堕胎主义者等；激励他们的极“左”翼意识形态，包括极端环保主义者（包括反现代技术）、反执法、反全球主义者等。在少数情况下，驱动这些“独狼”式恐怖主义的极端主义意识形态还可能是一种混合体，他们具有反政府和极端自由主义。从定性看，既不能被

认为是极右翼,也不能被认为是极"左"翼。

此外,还应当注意将"独狼"式恐怖分子与恐怖组织松散结构附属的成员相区别。恐怖组织,如"伊斯兰国"和"基地"组织等在全球范围有大量附属组织或效忠者,尽管后者与恐怖组织的联系松散,甚至长期处于蛰伏状态,实施恐怖袭击时可能表现为"独狼",但他们在策划、训练、武器供应、后勤支持等方面可能与恐怖组织有极为隐秘的关联,因此必须深挖关系线索。

因此,尽管对"独狼"式恐怖主义在定义上仍存争议,但一个较为简单易行的判断是:"独狼"可以与一两个其他人合作,只要其中一人是主要袭击实施者,他们与组织形态的恐怖主义就没有直接联系,不在策划、筹集资金、武装等任何方面接受恐怖组织的指使、帮助。

(二)"独狼"式恐怖主义的特点

从"独狼"式恐怖主义的概念界定中我们不难发现,它与组织形态的恐怖主义有极大的差异,这种差异主要源于其极端主义意识形态的自发性(自我极端化进而转向暴力恐怖主义)、行为主体的松散性、行为实施的随意性,同时,由于他们没有组织力量的支撑和后勤保障,其暴恐袭击行为的危害程度往往更小。本部分将主要基于对美国的"独狼"式恐怖袭击的案例及其统计,分析其基本特点,以期从这些特点的分析中找准防范处置的精确要领。

1."独狼"式恐怖主义的基本趋势

有美国学者对过去50多年中符合美国标准的"独狼"式恐怖袭击作了统计,其研究发现,从1970年至2019年,该种类型的恐怖袭击事件的频率趋势呈明显的上升态势。具体而言,1970—1979年,有2起"独狼"式恐怖袭击事件,1980—1989年没有发生,1990—1999年有3起,2000—2009年有7起,2010—2019年发生了30起。[1] 尽管从全球看,美国的

---

〔1〕 Joshua Sinai, *Prevention of Low-tech, Lone Actor TerroristAttacks: The Case of the United States, 1970s-2019*, HANDBOOK OF TERRORISM PREVENTION AND PREPAREDNESS, Edited by Alex P. Schmid, ICCT Press Publication, 2021, p. 656.

数据仅是很小的一个窗口,但也提供了一个观察和了解“独狼”式恐怖袭击的一个实证样本。我们认为,这种上升趋势的出现主要反映了两个方面的问题:一是受社会极端意识形态影响的个体暴力恐怖行为增多;二是对个体性暴力恐怖主义的防控能力还不足。

2. 从恐怖袭击参与人数看,“独狼”不孤独

如前所述,“独狼”式恐怖主义并不意味着实施恐怖袭击的只有“一个人”。从现实案例看,两人以上(包括两人)实施的恐怖袭击案件不在少数,这在一定程度上说明,“独狼”式恐怖袭击中恐怖分子也在寻求相互配合,强化袭击的破坏力。从多人袭击者的关系看,他们都属于极其亲密的关系人,其中不乏兄弟关系、夫妻关系等。从原因看,一是恐怖袭击行为比较复杂,从暴力极端化的意识形态升级,到行动策划、工具获取、袭击实施,多人配合更容易完成;二是极端意识形态的传染性、煽动性强,极易形成裙带式的联动。这样在防控方面给我们提供了提前预警识别的新角度。

3. 从性别比例看,“独狼”中男性占绝对高的比重

在上述统计的42起案例中,只有一起恐怖袭击中出现了一位女性“独狼”[1],其余恐怖袭击事件中的作案人都是男性。这与总体上恐怖分子男性多于女性的状况一致。这也反映了恐怖主义的暴力性本身对男女的吸引力有差异,除如夫妻关系等特殊纽带影响外,女性参与其中的可能性偏小。与组织形态的恐怖主义相比,具有极端激进意识形态的女性可能更倾向于通过“组织”获得归属感,而不是参与单独的暴恐行动。[2] 从“独狼”式恐怖主义防控看,指向“男性”的目标的概率要大于指向“女性”目标,但对于诸如夫妻、情侣等关系人,应加以重点关注。

---

〔1〕 2015年12月2日发生在加利福尼亚州圣贝纳迪诺的恐怖袭击事件,作案人为一对夫妻。

〔2〕 关于男女性在恐怖主义中的角色的分析,可参见 Davis, Jessica, *Women in Modern Terrorism: From Liberation Wars to Global Jihad and the Islamic State*, Lanham, MD: Rowman & Littlefield, 2017。

4. 心理驱动因素复杂

这里的“心理驱动因素”是指除极端意识形态之外，发轫于常态生活，并驱动行为人走上极端化、暴力化恐怖主义道路的心理因素。这些心理因素与行为人的常态生活密切关联，相互影响，即一定的生活状态诱发或激化这种心理因素；反过来，这样的心理因素又使得他们的生活更多出现刺激其激进化、极端化、暴力倾向元素。通过剖析相关案例我们发现，一些“独狼”式恐怖分子之所以不愿意加入恐怖主义团体或组织，是因为他们不愿意“正式卷入本来可以给予其技术指导和物质支持的恐怖网络”。[1] 在他们的常态生活中，有的对个人生活感到沮丧、失望，有的在个人职业生活中碰壁、失落，极端宗教等意识形态驱动他们通过暴力恐怖主义行为实现其“目标或价值”。他们中的绝大多数存在“社交障碍”或类似的心理因素，致使其难以在群体或组织中与他人相处，甚至根本无法融入这样的群体，这就使他们在客观上成为“独行侠式”的恐怖袭击发动者。

此外，从相关案例的男性“独狼”的分析中，还可以发现，他们对家庭、子女等表现为麻木不仁，甚至有对妻子（女性）、子女等全面掌控的权力欲，“独狼”式恐怖分子为施暴者的家庭暴力现象在这类群体中出现的概率较高。

5. 意识形态动机多样化

从前述统计的42个案例来看，作为恐怖袭击实施人的“独狼”存在多样化的意识形态动机，有的还受到不止一种极端暴力意识形态的驱动。从具体目的来看，其中有极端宗教引发的“圣战”思想，有典型的白人至上或新纳粹主义思想，也有反犹太、反政府等极“左”或极右思想，也有反堕胎、反同性恋、反技术主义、反环保主义等单一议题的意识形态。

---

[1] Capellan, Joel A, *Killing Alone: Can the Work Performance Literature Help Us Solve the Enigma of Lone Wolf Terrorism?*, in Valeri, Robin Maria and Kevin Borgeson, (eds.), Terrorism in America. New York, NY: Routledge, 2018, p. 176.

6.“独狼”式恐怖袭击手法多元,攻击目标多样

在恐怖袭击的策略方面,前述42起“独狼”恐袭案件中,有约1/5的恐怖主义涉及连环袭击,即实施者在完成一次袭击后经过一段时间间隔(冷却期)再实施第二次袭击。[1]

在实施恐怖袭击所使用的武器方面,火器几乎占了一半,成为“独狼”的首选。具体的武器包括汽车炸弹、包裹炸弹、炭疽信件、蓖麻毒素信件、车辆撞击、刀具、无人机等,其中不乏同时使用两种或以上武器的情况(如车辆撞击后使用刀具砍击)。从武器层面不难看出,在这些“独狼”恐怖袭击中所使用的大多数都属于低技术武器。袭击中使用的唯一具有“高科技”含量的是炭疽病毒。对“独狼”来说,使用类似具有高技术含量的武器相对困难,他必须与某种工作、技能或特殊渠道(互联网购买)相关联。

在“独狼”式恐怖主义的袭击目标方面,从前述案例看,主要涉及如下目标类型:以人群聚集的公共场所为目标;以军事设施、政府机构或人员为目标;以与信仰有关的场所为目标(如教堂);以体育活动和赛事现场为目标;以堕胎诊所、夜总会、零售店等防御能力较弱的场所为目标。

(三)防范“独狼”式恐怖主义的策略措施

1.结合“独狼”恐袭的特点,确定应对的优先次序,提升整体防御能力

根据前述对“独狼”式恐怖袭击事件的特点剖析,我们可以发现,“独狼”恐怖分子从人员类型、心理特征、意识形态表象等方面有诸多共性。对这些共性特点的梳理进而与“独狼”的常态化生活关联,就有助于我们提前预警预防,甚至识别捕捉到他们的心理和行为轨迹,以便采取适当的策略措施防范应对。

---

[1] National Center for the Analysis of Violent Crime (NCAVC), and the United States of America, Serial Murder: Multi-Disciplinary Perspectives for Investigators,2008。

比如我们可以发现,这些“独狼”以男性居多,尽管仍有可能是两人以上行动,但只有一人是主要袭击者。在他们的作案手法中,选择的很可能是低技术含量武器,即从他们的职业、技能条件、工作生活场景中能够获取的武器。尽管他们有时也需要考虑使用诸如病毒、毒素等尖端武器,但可能性较小。他们的目标首先是公共场所,其次是军事设施和人员、公共和政府官员、宗教组织、学校以及机场等交通设施。

因此,从防范角度来看,重要的是确定应对措施的优先次序,以提升最有可能受到“独狼”袭击的目标的防御态势和能力。

2. 进行行为和心理画像,建立早期预警的指标体系

由于“独狼”活动本身的灵活性、隐秘性和随意性相较于组织形态的恐怖主义更大,因此确定“独狼”式恐怖分子在袭击前或“常态生活”环境下的可疑行为和心态至关重要,这“先前的研究和行动经验支持这样的结论,即有针对性的暴力行为,包括“独狼”式恐怖袭击,可以通过早期识别和报告相关行为来预防[1]。”从早期预警的操作看,首先需要从行为统计分析或心理画像的角度构建针对“独狼”的指标体系。比如从心理动因、意识形态外化、家庭关系、先前暴力行为、工具或武器条件、袭击前针对目标的信息获取等角度进行参数化的预警。上述方面的各种异常,尤其是综合性的异常表现,都可能在早期预警观察中被“独狼”的身边人发现或注意到。诸如其家庭成员、同事、同学、朋友和熟人等可能从其日常生活中发现异常;心理咨询专家、宗教人士或执法人员等可能在面对潜在“独狼”的业务工作中发现异常情况,甚至是作为“陌生人”的网络购物或社交平台发现其存在于网络空间中的。

3. 注重对重点类型前科人员的跟踪监管

从美国案例统计情况看,有较大比例的“独狼”式恐怖分子都受到过

---

〔1〕 FBI, Lone Offender: A Study of Lone Offender Terrorism in the United States, 1972 - 2015. Quantico, VA: FBI National Center for the Analysis of Violent Crime, Behavioral Threat Assessment Center, November 2019; available at: https://www.fbi.gov/file-repository/loneoffender-terrorism-report-111319.pdf/view.

不同程度和类型的打击处理,有部分"独狼"曾因犯罪活动而被逮捕、监禁甚至服刑。但是,他们在监管场所和改造场所非但没有得到思想和行为上的转变,而且在这一过程中被激进化或极端化,获释后转向恐怖主义。这一现象值得我们警惕。在思想意识形态方面,"独狼"式恐怖分子与有组织的恐怖分子无异,原因如下:一是在监狱环境或监管场所中,不同心理动因和生活经历的人所具有的负面意识形态有交叉感染风险,尤其是极端宗教等意识形态的传播力极强,且在人的头脑意识中根深蒂固;二是一般性的服刑改造措施难以触及心理精神等深层次意识根源,继而行为人在结束"改造"后仍可能保留极端意识形态。前述美国的42起"独狼"式恐怖袭击案例统计表明,约有70%的"独狼"在成年后至少被逮捕过一次,然后才实施恐怖袭击。[1] 尽管并非所有的有前科人员都可能走上极端暴力恐怖的道路,但从防控角度看,针对这部分重点人员强化心理评估及释放后的跟踪监控,对他们回归社会后的生活加强引导,并注意掌握他们的社交圈及行踪,必然是有益的。

4. 加强线上线下的异常状况监控,提升有效预警能力

"独狼"现象并不新鲜。纵观历史,个别独立的恐怖分子是在没有任何指导行动参与或没有恐怖组织支持的情况下实施恐袭的。然而,互联网的广泛使用似乎对这种现象的增长"作出了重大贡献"。互联网使世界各地的恐怖分子成为志同道合的人的虚拟社区的一部分,促进相互的激进化。一些恐怖组织通过网络进行传播宣传,并提供有关如何生产武器、弹药和爆炸物的说明。在这种背景下,在虚拟网络中接触到这种材料的潜在的"独狼"可能会受到启发而实施恐怖袭击。网络在防控"独狼"式恐怖主义问题上既是一个不容回避的问题,也是提前预判识别的有效情报信息来源窗口。当然,"独狼"首先是一个在社会中的"人",只是从识别和防控角度,应从前述案例的"独狼"中概括出他们与正常社会

---

〔1〕 Joshua Sinai, *Prevention of Low-tech, Lone Actor TerroristAttacks: The Case of the United States, 1970s – 2019*, HANDBOOK OF TERRORISM PREVENTION AND PREPAREDNESS, Edited by Alex P. Schmid, ICCT Press Publication, 2021, p. 662.

人的特殊表现。尽管“独狼”会有不同程度的掩饰或伪装,但仍有区别于常人的个性化特征,只要紧紧抓住这些特征,无论是在现实社会还是在虚拟网络空间,“独狼”都会露出尾巴。

美国学者博阿斯·加诺尔将“独狼”式恐怖分子的驱动因素归纳为浴缸模型,他认为,“独狼”式恐怖分子的动机有三个层面或方向,分别是意识形态倾向、个人生活境遇、心理精神状况。这就好比三种水源注入一口浴缸,当水量超出浴缸容量,就会溢出(转化成攻击性恐怖事件)。[1] 现代社会,个体的一切微小的潜在动机,都可能会在匿名化的网络生态中有一些甚至连自己都未曾觉察的细微表现,因而我们应从网络行为中发现“独狼”的相关预兆表象。从识别、预警和防控角度来看,在意识形态层面,主要应关注他们的国家观、宗教观和政治观是否存在偏激或极端的倾向和表现。比如浏览搜集有关宗教极端主义、民族分裂主义、无政府主义或其他极端化意识形态的内容。在个人生活境遇方面,主要关注他们经济、家庭、人际关系状况是否存在重大变故、遭遇重大挫折等;在心理精神状况方面,主要关注他们反映的“荣誉感”(比如对极端暴力和恐怖主义的赞扬和美化)、精神紊乱的表现、关于生死的言论表达及自杀愿望和倾向的表达等。

在具体方法上,针对潜在“独狼”的线下异常行为或征兆,必须有效发挥社会治安综合治理和发动最广泛人民群众参与的全民反恐的体制优势,编织严密的社会防控网络,提前发现识别和预警。一要通过广泛宣传,将常态化社区治安防控与“独狼”式恐怖分子的识别发现相结合,通过识别特征的知识性传递强化社区民众的识别能力,在畅通多元举报、报告渠道的前提下,使其成为情报信息的重要来源,形成最大范围的全民反恐阵线。二要针对与重点人头、重点区域、重点行业,落实网格化常态管理服务和重点监控相结合的防控策略。要以前述基于实际案例

[1] Boaz Ganor, *Understanding the Motivations of "Lone Wolf" Terrorists: The "Bathtub" Model*, PERSPECTIVES ON TERRORISM, Volume 15, Issue 2, April 2021, p. 26.

的“独狼”式恐怖主义特征为基础，分析研判重点人头、区域和行业等，依托网格化管理和基层信息员机制做好常态化管理服务工作[1]，这就需要在各个网格培养一批基于其原有职业、岗位、角色的志愿人员，将全民参与和专业知识融合起来。三要强化对社会管控信息的筛查研判，形成漏斗状的分流应对机制，提升针对可疑群体的专业化评估和实时监测应对。“独狼”式恐怖分子和恐怖组织没有关联性，相关行动都表现得更加“独来独往”，这也给防控带来了更大的难度，也容易将他们的行为与一般的社会治安重点人头和事件相混淆。为此，应该通过基于特征参数的漏斗形层级化筛查机制，进行科学有效的分流应对和处置。通过专业评估、分流，进行有效的分类管控，既提升资源的利用率，又提升对“独狼”式恐怖分子的防控应对的精准度。

针对“独狼”式恐怖分子的网络空间行为特征，我们可以根据对他们行为的数据画像，建立数据模型，构建有效识别的数据特征库（如图2－5所示）。正如前述潜在“独狼”可能在网络上的各种行为表现，反恐部门可以通过各种渠道收集开源网络数据及专用数据，以“独狼”式恐怖分子的数据画像为目标导向，进行数据建模，进而实现以模型为立足点的自动比对筛查。针对网络空间的异常指标参数，同样可以漏洞型的分类处理为原则，结合线上线下的信息融合，进一步识别判断“独狼”式恐怖分子。

当然，作为技术防控应用的另一环节，检测技术尽管更多的应用于恐怖事件发生之后的侦查（调查）阶段，但它对于快速识别、逮捕乃至后续针对恐怖分子的诉讼活动的价值仍是极为重要的。前述“独狼”式恐怖分子发动的恐怖袭击事件中，他们较多采用简易的袭击工具，其中不乏一些自制的装置。因此，针对诸如邮件或包裹炸弹等“人物分离”型的袭击方式、相关的指纹检测和DNA检测技术的应用，以及自动预警识别

[1] 从实践看，“独狼”恐袭的部分特征，诸如心理精神状态等的反映和表现，也可能提示一部分需要被给予特殊关照的人群范围，因此常态化管理还需要与常态化服务结合起来，观照管理服务的双重目标。

功能的发挥，也是整体防控的重要内容。

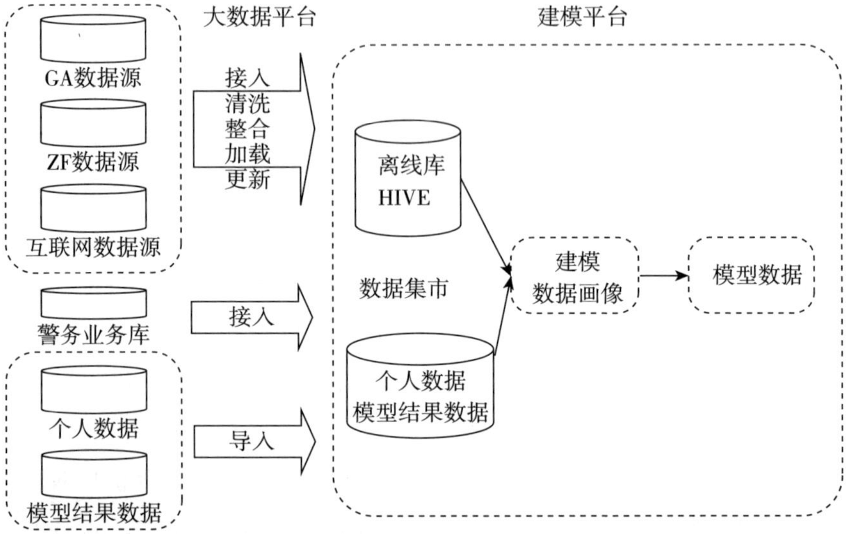

图 2－4 “独狼”式恐怖分子识别数据库的构建流程

第三章　基于智能视频监控技术的恐怖主义防控

视频监控设备应用于社会治安防控取得了很好的成效。智能视频监控技术在恐怖主义防控中具有全时段、实时监测、动态智能监测、可疑情况预警等作用。我国要充分利用目前已经建设的包括“平安城市”“雪亮工程”等视频监控基建条件，发挥智能视频监控系统获取实时视频图像的功能，利用已经设定的机器逻辑对视频图像进行自动分析，进而根据用户需求提供智能化的处理方案。根据恐怖主义的特点，有效融合监控与智能识别技术，结合人力智能的经验积累下的特征提取能力和机器运算的快速高效，为恐怖袭击事件提供事前的预警，有效避免恐怖袭击发生。

一、智能视频监控技术概述

基于确保安全之目的，针对自然灾害、系统失效和人的非主观故意造成的事故、人的主观故意（恶意）造成的事件之威胁，采取相应措施加以治理、防范、应对，即为安全防范。安全防范的基本手段包括“人防”“物防”“技防”三种形式。其中,人防是最古老、最基本的防范手段,物防是安防体系的基础。技防由于防范效果最佳,目前已成为安防体系之核心。技术防范的范围涉及入侵报警、电子巡更、视频监控、出入口控制及门禁等多个领域。而视频监控系统作为技术防范体系的重要组成部分,与入侵报警系统、出入口控制及门禁系统共同构成了现代综合安防技术系统的三大要素。

视频监控系统是一种防范能力较强的综合系统,它可通过遥控摄像机及其辅助设备直观地看到被监控场所的情况,可将被监控场所的图像、声音同时传送至监控中心并全部或部分记录下来,为特定事件的处理(特别是证据调查活动)提供方便条件及重要依据,还可与防盗报警等其他安全技术防范体系联动运行。随着信息技术的发展,视频监控系统在实现自动跟踪、实时处理方面取得了长足进步,从而使其在整个技术安防体系中的作用举足轻重。

恐怖主义是一个复杂的行为体系,但在某种程度上它与一般犯罪有着相同或相似的行为规律和表现方式,作为安防体系中的重要内容,视频监控技术因其实时性、持续性特点,在一般犯罪防控中已经显现了巨大价值。同时,由于近年视频监控技术不断与人工智能技术相互融合,其智能化水平、自动识别报警功能等也不断提升和拓展,就恐怖活动犯罪“预防为先、防治结合”治理目的而言,这是一种极为有效的技术辅助手段。本部分将通过对智能视频监控系统的技术性解构,分析其对防控恐怖主义的技术优势,同时在立足历史案件和恐怖主义行为特征的基础上,探索智能视频监控在不同场景中的具体应用策略,以提升对敏感目标的识别预警能力、对重要目标的智能保卫能力以及视频中隐含信息的挖掘能力。

(一)我国智能视频监控系统发展状况

从组成结构以及视频监控的控制特点角度看,我们可将视频监控系统发展划分为第一代模拟视频监控系统(CCTV,传统的闭路电视监控系统)、第二代基于“PC+多媒体卡”的半数字化视频监控系统(核心设备是 DVR,Digital Video Recorder)、二代半的视频监控系统(核心设备是 DVS,Digital Video Server)、第三代完全基于 IP 的网络视频监控系统,以及随着智能视频分析发展而诞生的智能视频监控系统(IVS,Intelligent Video System)。

从进化发展的角度来看,当前应用于犯罪防控的智能视频监控系统,主要是在网络技术基础上结合人工智能分析技术进行自动识别比对的应用。

1. CCTV

主要是在 20 世纪 90 年代初以前应用,其应用场景主要为小范围内的监控,图像一般只能在控制中心查看。CCTV 系统主要由前端摄像机、视频矩阵、监视器、录像机等组成。CCTV 视频采用同轴电缆线将来自摄像机的视频连接到监视器上,利用视频矩阵主机,采用键盘进行切换和控制,录像存储使用磁带机。近距离图像传输采用视频电缆以模拟方式传输;远距离图像传输采用模拟光纤,利用光端机进行视频传输。CCTV 视频信号的传输对距离十分敏感,无法联网、布线工程量极大使得数据存储容量要求也较大,不便查询取证。

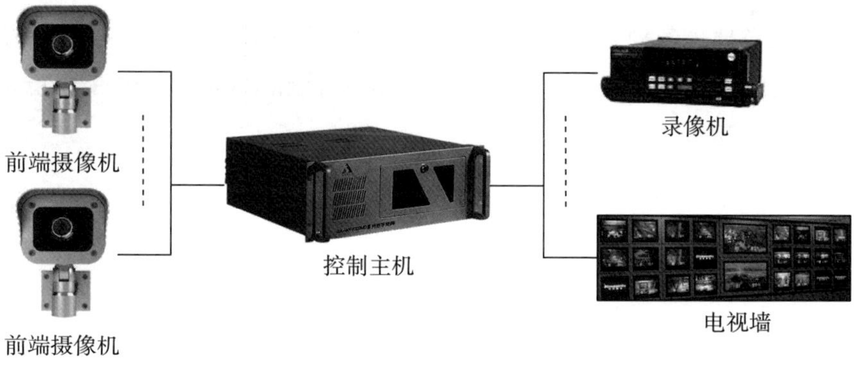

图 3-1 第一代视频监控系统结构

2. 半数字化视频监控系统 DVR

20 世纪 90 年代中叶,DVR 基于 PC 的多媒体监控随视频压缩编码技术的发展而产生。该类视频监控系统在远端有若干个摄像机、各种检测和报警探头与数据设备，获取图像信息，通过各自的传输线路汇接到多媒体监控终端上，然后再通过通信网络，将这些信息传到一个或多个监控中心。监控终端机可以是一台 PC 机，也可以是专用的工业控制机。该类监控视频系统视频传输方式依旧采用模拟方式，依靠电缆作为传输介质，以本地存储为主要功能，图像压缩编码多采用 MJPEG、MPEG－1、MPEG－2压缩方式，图像存储为数字化存储，存储能力增强，管理手段较为丰富。在一些小型的、要求比较简单的场所用得比较广泛。随着技术的发展，监控工程机逐渐被嵌入式的硬盘录像机替代，可实现无人值守，还有网络功能。

3. 半数字化视频监控系统 DVS

它是指以视频网络服务器和视频综合管理平台为核心的数字化网络视频监控系统。该类监控系统主要由前端摄像机、编码器、嵌入式解码器、控制器、录像服务器等模块构成，不同厂家生产的设备可以实现互联。基于嵌入式技术的网络数字监控系统无须处理模拟视频信号的 PC，而是把摄像机输出的模拟视频信号通过嵌入式视频编码器直接转换成 IP 数字信号。嵌入式视频编码器具备视频编码处理、网络通信、自动控制等强大功能，直接支持网络视频传输和网络管理。这类系统可以直接联网，省掉了各种复杂的电缆，具有方便灵活、即插即看等特点。DVS 是目前比较主流的监控系统，性能优于第一代和 DVR，比 IPVS 有价格优势，技术相对成熟。

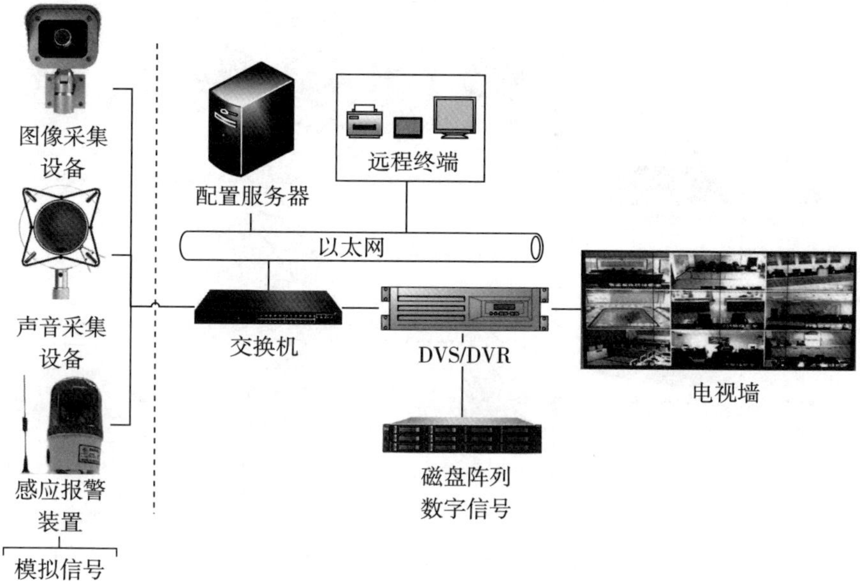

图 3－2　DVR、DVS 视频监控系统结构

4. 网络监控视频系统

网络监控视频系统又称 IP 视频监控系统（IP Video Surveillance，IPVS），是最早在 21 世纪初诞生的一种基于 TCP/IP 协议，将前端摄像机输出的数字化视频以有线或无线网络进行传输，并通过网络管理和控制服务器实现对整个系统的授权控制、指挥调度、存储等功能的一种全数字化视频监控系统。IPVS 主要由前端接入子系统、控制管理子系统、用户接入子系统三个子系统组成，如图 3－3 所示。IPVS 可以实现图像传输、远程控制，功能强大、可靠性高、功耗小、环境适应能力强、软件扩展升级方便。就全 IPVS 而言，其优势更加明显：一是 IP 摄像机内集成了各种协议，并直接提供以太网端口，支持热插拔和直接访问；二是摄像机生成的数据，可供任何经授权客户机从网络中任何位置访问、监视、记录并打印；三是可通过移动网络实现无线传输，通过无线终端可随处查看视频。

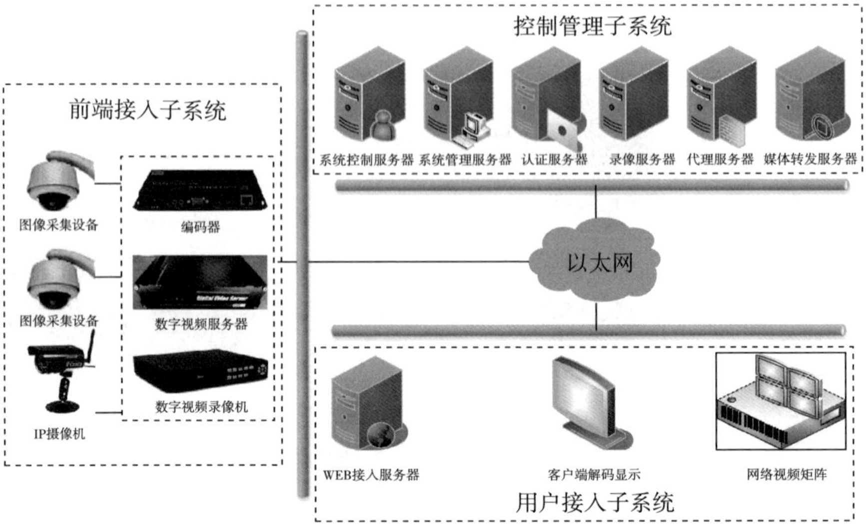

图 3 -3　IP 视频监控系统结构图示

5. 智能视频监控系统(IVS)

利用摄像机、DVR、DVS、流媒体服务器等视频设备,基于计算机视频技术对采集的视频图像进行目标检测、识别、跟踪等分析,进而进行目标行为分析及事件分析并及时告警,即为智能视频监控系统。IVS 实现了监控的智能化,可以实现全天候的分析和报警,可实现行为的事中分析和异常行为、威胁事件发生前的及时预警,不仅极大地降低了监控的人力成本,提高了分析效率,而且可以防范因人眼疲劳而出现漏析、漏报的风险,代表了当前和未来视频监控系统发展的潮流。按智能分析功能的实现方式不同,可将 IVS 分作两类。一类是基于智能视频处理器的 IVS。该架构下,包括目标跟踪、行为判断和报警触发等在内的智能分析均靠部署于前端的智能分析设备(一般布置在摄像机后)完成。另一类是基于工业级计算机的 IVS。该结构下,前端摄像机仅负责采集视频,智能分析则汇集到后端或关键节点交由计算机统一处理。现实中第一种架构的 IVS 居多。

事实上,从恐怖主义防控视角看,智能视频监控是技术和设备更新和迭代的结果，也最符合当下防控恐怖主义袭击的需求。一方面，它可以发挥机器持续性监控的功能，不仅可以有效替代人力监控，还可以减少人力介入，实现自动识别比对和报警预警；另一方面，视频监控技术与新一代人工智能的结合，不仅可以在人为构建的恐怖主义特征库基础上实现机器识别的研判，还可以基于机器本身深度学习的功能顺应反恐形势和恐怖活动发展变化规律，降低人工干预的成本。

（二）视频监控系统的组成

典型的视频监控系统主要由前端设备和后端设备两部分构成。后端设备包含控制记录设备和显示设备。而控制设备又分为中心控制设备和分控制设备。前后端设备之间的通信由传输设备实现。一个典型的视频监控系统，可分作摄像部分、传输部分、控制记录部分、显示记录部分，每一部分中对应有更加具体的设备、组件。如图 3－4 所示：

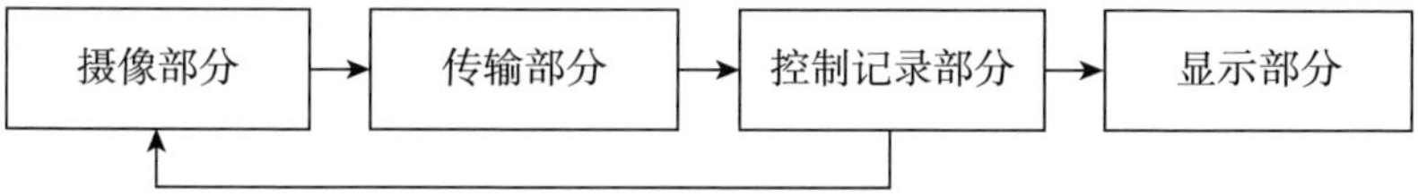

图 3－4　典型监控系统组成

在功能上，视频监控系统主要是实时捕捉和记录存储在镜头范围内的图像画面，除了可供即时显示和观察，对后续识别、分析比对也起到基础作用。

1. 摄像部分主要由摄像机、云台、防护罩、支架等组成

摄像部分是视频监控系统的信号源，是整个系统的“感受器官”，它负责摄取被监视场所的图像，将光学图像信号转变为电信号并传送到控制中心的监视器上。

摄像机有不同的类型。按成像色彩总体上可将摄像机分为黑白和彩色两类；按输出图像信号格式可划分为模拟摄像机和数字（IP）摄像机；根据传感器的不同又分作 CCD 摄像机、CMOS 摄像机；按感光元件靶面大小可分作 1 英寸、2/3 英寸、1/2 英寸、1/3 英寸、1/4 英寸等；按照外形的不同可分作普通枪机、半球机、球机、针孔机、飞碟机、海螺机、笔

筒机、一体机,等等。

模拟摄像机主要由镜头、图像传感器、处理器三部分组成。镜头负责将景物成像在传感器的感光面上,图像传感器 CCD/CMOS 将光信号转化成电信号,DSP(Digital Signal Processor)进行 A/D 转换、图像处理、实现各种功能,输出 CVBS(Composite Video Broadcast Signal,复合视频广播信号);数字(IP)摄像机一般由镜头,图像传感器,声音传感器,A/D 转换器,图像、声音编码器,控制器,网络服务器,外部报警、控制接口等部分组成。

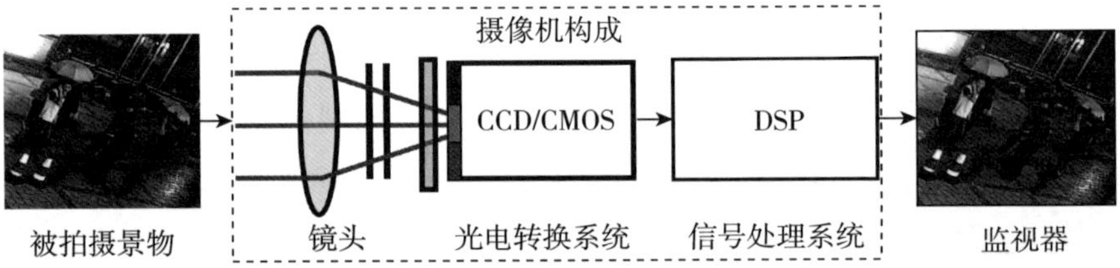

图 3-5 模拟摄像机构成

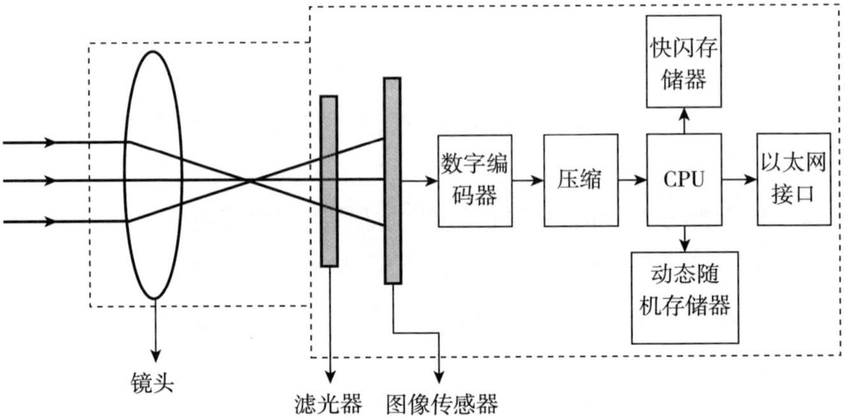

图 3-6 IP 摄像机构造

当前普遍采用的图像传感器有 CCD 和 CMOS 两种。CCD(Charge Coupled Device,电荷耦合器件)上有许多排列整齐的电容,能感应光线,经由外部电路的控制,可将每一行的每一个像素的电荷数据依次传送到下一个像素中，由最底端部分输出，再经由传感器边缘的放大器进行放大输出。CMOS(Complementary Metal Oxide Semiconductor，互补金属氧化物半导体)表面包含几十万至几百万的光电二极管，当光电二极管受到光照射时，就会产生电荷。CMOS 型传感器中每个像素都会邻接一个放大器及 A/D 转换电路，用类似内存电路的方式将数据输出。

图 3－7　CMOS 与 CCD 比较(左为 CMOS，右为 CCD)

云台是承载摄像机进行转动的装置，驱动摄像机在水平方向和垂直方向的转动。根据回转特点可分为水平旋转云台和全方位旋转云台；按照旋转速度的不同可分为恒速云台、变速云台、高速云台；按外形不同可分为普通型和球型；根据使用环境又可分为室内用云台与室外用云台。

防护罩是保障摄像机在灰尘、雨水、高低温等情况下仍可正常使用的防护装置。一般可分为通用型和特殊型两种，后者主要用于高防尘、防爆，有的还安装有雨刷，有的甚至还带降温、加温功能。

支架是用于固定摄像机和云台的组件，主要起根据不同位置进行支撑的作用。

2. 传输部分

传输部分负责监控系统前端和后端的通联，是系视频监控系统的神经元。目前在视频监控系统用于传输视频的介质包括有线传输的同轴电缆、双绞线、光纤，对应的设备分别是同轴视频放大器、双绞线视频传输设备、光端机；此外还可使用微波收发信机基于微波来进行信号传输。

3. 控制记录部分

控制记录部分是整个系统的“大脑”、“心脏”,是实现整个系统功能的指挥管理中心,主要由主/副控制台、控制键盘、监控解码器、视频分配(放大)器、视(音)频矩阵、画面分割器、数字视频录像机(DVR)、数字视频服务器(DVS)等设备组成。

4. 显示部分

显示部分由多台监视器组成,负责显示传送的图像。需特别指出的是:监视器≠显示器,二者存在明显区别。一是输入信号不同,监视器输出的是 AV 信号,而显示器主要输入的是 VGA(Video Graphics Array,视频图形阵列)信号;二是图像清晰度不同,专业监视器在通道电路上(相较传统电视机而言)一般具备带宽补偿和提升电路,图像清晰度更高;三是色彩还原度不同,专业监视器的视放通道在亮度、色度处理以及 RGB 处理上一般具备相应的补偿电路和延迟电路,继而确保亮度、色度信号与 R、G、B 信号的相位同步;四是稳定程度有差异,专业监视器在设计上,电流、功耗、温度、抗压、抗电干扰和电冲击的能力,平均无故障使用时间等方面的要求均要高于显示器。

二、视频监控系统建设与智能视频分析技术应用

作为安全防范中技防的一种重要手段,视频监控系统建设一直以来备受各国政府关注。随着全球安全形势的日趋严峻,各国对监控视频系统的建设也愈发重视。以英国为例,2019 年英国人口数已超过 6000 万,其全国安装的监控摄像头数量达到 600 万个,首都伦敦平均每隔 50 米就有一个摄像头。英国安防工业协会(BSIA)曾披露该国每 11 个人就有一个监视摄像头覆盖。据 IHS Markit 调查显示,截至 2017 年 10 月,美国安装的监控摄像头达 5000 万个。我国是世界上视频监控发展速度最快的国家,视频监控系统建设最早可追溯至公安部于 1996 召开的第十九次全国公安工作会议,而后具体表现在与视频监控建设有关的“平安

城市”“天网工程”[1]“雪亮工程”实施过程之中。据 IHS Markit 调查显示，截至 2017 年 10 月，我国公共和私人领域约安装有 1.76 亿个监控摄像头。另据“智东西”公司 2018 年发布的《中国安防行业十年报告》显示，2010—2017 年，我国视频监控市场规模从 242 亿元增长至 1142 亿元，复合增长率超过 24%。

为了发挥视频监控技术在社会治安综合治理（包括犯罪防控中的综合效用，同时也是为了进一步提高技术支撑的犯罪防控效能），我国开展了若干全国性视频监控系统“工程”建设，视频监控技术应用于实战的经验日益丰富，技战法也不断充实，应用效果凸显。

在功能上，视频监控系统“工程”建设当然也被应用于恐怖主义防控，但同时，鉴于恐怖主义防控的特点，我们也应重视对一些重点单位、重点部位、重点项目等的视频监控应用。下文仅就我国开展的国家性视频监控工程作简要介绍。

（一）“平安城市”背景下的视频监控系统建设

“平安城市”，是指面向治安管理、交通管理、应急指挥、事故灾害预警、安全生产管理、城市管理等方面对视频监控的实际需求，实现各系统间集成、联动，融合安防技术、计算机应用技术、网络通信技术、视频技术、人工智能技术等多种技术手段，构建一个覆盖整个城市的高度集成、多功能、综合性的防控网络。“平安城市”为公安机关进行治安防控、打击犯罪、维护稳定、保障安全提供了重要支撑，在公共安全管理、违法犯罪处置、侦查破案等方面具有重要作用。

2015 年 5 月，国家发展改革委、中央综治办、科技部、工业和信息化部、公安部、财政部、人力资源社会保障部、住房城乡建设部、交通运输部联合发布了《关于加强公共安全视频监控建设联网应用工作的若干意见》。意见明确指出，到 2020 年要基本实现“全域覆盖、全网共享、全时

[1] “天网工程”，是指为满足城市治安防控和管理需要，利用图像采集、传输、控制记录、显示等设备并结合 GIS，进而构建对固定区域进行实时监控和信息记录的视频监控系统的一项活动。它是平安城市建设的一个子系统，整体按照“部级—省厅级—市县级”平台架构部署实施。

可用、全程可控”的公共安全视频监控建设联网应用，以切实提升视频监控在治安防控、交通出行、城市管理、社会治理等方面的服务功效。

以重庆为例，如图 3 –7 所示，截至 2017 年 10 月，重庆公共监控数量已超过 10 万个，在 2015 年至 2017 年 10 月期间大约以每年超 40% 的增长率持续增加，且规模不断扩大，与此对应的刑事案件立案总数明显下降，侵财类案数量也呈现明显的下降态势。

随着“平安城市”建设的正式启动和深入推进，以及一系列配套技术标准、指导性文件的发布，全国各地公安机关结合自身资源条件，积极融入到视频监控系统建设活动中，为视频侦查、智能反恐、维稳处突、社会治理等打下了坚实基础。

“平安城市”作为视频监控系统建设的基础工程，不仅为城市治理和犯罪防控打下了基础，城市的恐怖主义防控也在很大程度上利用了当时建设的视频监控设备，是当前防控恐怖主义立体网络的重要一环。

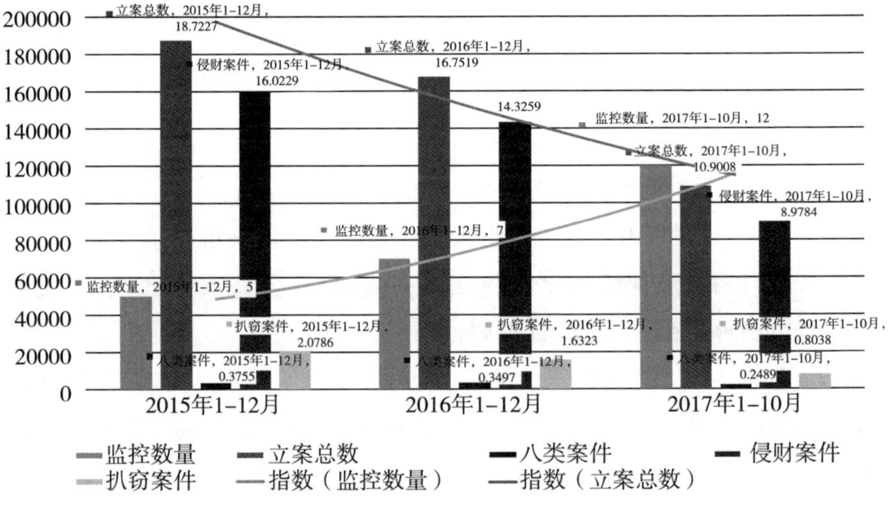

图 3 –8　2015—2017 年重庆公共监控与立案数对比〔1〕

〔1〕 数据来源于内部资料。

（二）“雪亮工程”与视频监控系统建设

所谓“雪亮工程”，是以满足群众公共安全需求为出发点，通过县、乡、村三级综治中心建设，以综治信息化为支撑，以公共安全视频监控联网应用为重点，以网格化管理为基础，发动广大群众共同参与监控视频监看，着力实现社会治安防控的“全覆盖、无死角”的“群众性治安防控工程”。

“雪亮工程”的核心就是视频监控系统的扩点增面以及共享机制建设，即在扩展整合现有的公共互联网视频资源以及行业视频资源的基础上，采用接入用户数字电视网络等方式来发动群众力量，通过实时监控、一键报警、分级处置、综合应用等来实现社会治安治理领域相关问题的发现与预警，做到治安防控和群防群治工作的无缝覆盖。

围绕2020年的“四全”[1]建设目标，推动视频监控系统建设联网整合，破解重点人群管理、重点领域矛盾化解等社会治理难题，开展视频图像信息的应用，通过群众的雪亮眼睛更加及时、有效地发现和预警风险，打造包含“雪亮社区”“雪亮网格”“雪亮门栋”等在内的“雪亮＋”项目，是平安城市建设的巩固和延伸，也是“互联网＋”环境下加强和创新社会治安防控体系建设的必由之路。

（三）智能视频分析技术在监控视频系统中的应用

所谓智能视频分析技术，是通过在图像与图像描述之间建立映射关系，基于数字图像处理和分析，让计算机能按类似于人的思维来对视频图像进行分割、分类、识别、跟踪、判断、决策的一种计算机视觉技术。基于计算机视觉的智能视频分析技术涉及模式识别、机器视觉、人工智能、海量数据管理、自动控制等多个学科领域的技术。

智能视频分析技术的诞生和技术革新，变传统的人工对视频图像的信息挖掘为机器主动识别，将人、物、事件的事后分析提前至事中分析级别，在降低人力资源成本的同时，提升了监控人员的反应速度。所谓“智

---

〔1〕“四全”，是指全程媒体、全息媒体、全员媒体、全效媒体建设。

能分析”主要是在视频监控记录、存储和显示的基础上,发挥人工智能的识别功能,使机器在特征标注软件的指导下完成对特定目标物的自动识别和报警。因此,实践中视频智能分析技术在视频监控系统的应用主要包括运动目标检测与跟踪、目标分类与个体识别、行为及事件分析三个方面。同样,在恐怖主义防控上,智能视频监控也正是基于这三个方面的功能发挥相应的作用。下面仅就其基础的技术原理和一般性功能作一些介绍和分析。

1. 运动目标检测

运动目标检测,主要是指从视频中确定目标对象在当前帧的位置以及大小,是实现目标分析和进行个体识别功能的前提。目前常用的主流检测方法有两种。一是基于背景的目标检测方法。该方法要求被检测目标保持运动,但背景要求保持不变,因而其在固定摄像机中广泛适用,但难以适应变化场景下的目标检测。二是基于目标建模的前景提取方法。该检测方法不受场景变化的影响,但检测速度慢,很难实现实时检测。

运动目标跟踪主要用于确认感兴趣的目标在视频序列中的具体位置。具体实现方法包括单场景目标跟踪和多场景目标跟踪两类。单场景目标跟踪可基于目标检测对前景目标进行建模,而后按照一定策略来找到目标最佳位置的方式来实现,也可与目标检测同时进行(即将前景和背景进行分类,在检测的同时搜索得到当前帧与背景最具区分度的前景区域)。多场景目标跟踪负责解决多路监控摄像机下运动目标的唯一性身份标定和持续追踪问题。多路监控摄像环境下,每路摄像机中的目标检测、跟踪相互独立直至目标离开其视域,当每路摄像机中出现新的目标时,摄像机之间需通过数据交换来确定其是一个全新目标还是既往标定的目标,从而保证目标追踪的唯一性。对于重叠场景(不同摄像机从不同视觉观测相同区域)下的目标追踪问题,主要的解决方案有两个:一是通过划定视域分界线的方式来确定新进入目标的身份;二是采用单应性矩阵,即通过将被检测目标在一幅图像上的坐标映射成另一幅图像上的坐标来进行身份确认。

非重叠场景目标跟踪的主要实现方式,包括多摄像机网络拓扑估计和跨摄像机目标的再识别两种。多摄像机网络拓扑估计是通过对多个摄像机分别建立拓扑结点(出入口),结合各个结点间是否存在可见或潜在的直线物理路径,并通过时间概率估计的方式来实现对运动目标的追踪。跨摄像机目标的再识别大致包括基于鲁棒特征(针对运动目标建立对视角、姿势、光照等变化鲁棒性好的模型并进行相似度度量)的方法,基于机器学习(使用一种或多种简单特征对运动目标进行建模并通过机器学习进行目标相似度、距离的判定和匹配)的方法以及基于转移模型(建立运动目标特征转移模型)的方法。

2. 目标分类与个体识别

即在对图像中所包含的物进行种属区分的基础上,进一步识别出特定目标的身份。从技术角度讲,主要有两个代表性模型。

一个深度模型是词带模型(Bag-of-Words,以下简称"BoW 模型")。BoW 模型最初应用于文本处理领域,在文档表达时将文本视作一个词集合,只考虑单词的出现概率,忽略其词序、语法、句法,如此一来每个文档可表示为单词出现频率的统计集合。2004 年,BoW 模型被首次引入计算机视觉领域,此后受到国内外诸多学者的关注,学者们通过对 BoW 模型的大量研究和探索,实现了 BoW 在图像分类领域的应用。就图像分类而言,BoW 模型将每一幅图像定义为局部区域或关键点特征的无序集合,通过某种聚类算法对局部特征进行聚类,每个聚类中心被视作词典中的一个视觉词汇(犹如文本检索中的词),视觉词汇由聚类中心对应特征形成的码字表示,所有视觉词汇构成一个视觉词典(Visual Vocabulary),对应一个码书(Code Book,码字的集合),图像中的每个特征都被映射到视觉词典的某个词上,而后通过统计每个视觉词是否出现、出现的次数来实现对目标的识别。

BoW 模型用于图像分类时包括三个主要步骤:首先是图像特征提取,主要任务是从图像中提取具有较强可区分性且具有较好稳定性的目标局部特征;其次是视觉词典的构建,即对提取到的 N 个图像特征利用聚类算法(如 K-Means 算法)来构建 N 个聚类中心,形成视觉词典;最后是计算图像特征直方图,即将图像特征点聚类到已经生成的视觉词典中,通过统计单词表中每个单词在图像中出现的次数,将图像表示成为一个 K 维数值向量。

另一个是深度学习模型,即通过自下而上的无监督学习和自上而下的监督学习,组合低层特征形成更加抽象的高层表达,建立机器模拟人脑进行分析学习的神经网络,让机器模仿人脑来解释图像。典型的深度学习模型有卷积神经网络(Convolutional Neural Network)模型、深度信任网络(DBN)模型、堆栈自编码网络(Stacked Auto-Encoder Network)模型等。

3. 行为及事件分析

智能视频分析的终极目标按照分析难易程度的不同,可分为目标静态识别(初阶)、动态行为分析(进阶)、事件分析(高阶)三个层级。

目标的静态识别即基于图像分类和建立图像中目标的姿态模型来实现对于个体行为分析之目的。静态识别技术实验相对容易,但无法识别个体姿态的转换行为(原因在于缺少动态时序信息),因而其应用场景受到很大局限。

动态行为智能分析的方法主要有两种:一种是基于时空特征的行为分析,另一种是时序关联分析。

基于时空特征的行为分析是将含有动态行为的视频序列界分为时、空、行为三个维度,继而从图像中抽出感兴趣的目标的行为特征的一种智能分析方法,它适用于对简单个体简单动作(行为)的分析。代表性实现方法包括但不限于基于时空体模型特征的动态行为分析(典型方法如基于人体投影的图形分析、基于时空区域分割的行为分析等)、基于局部特征的动态行为分析(关注三维空间中局部兴趣点,可直接与 BoW 模型结合,具有较强的鲁棒性)以及基于时空轨迹的动态行为分析(即将人体在运动过程中的运动点沿时间轴连接形成轨迹曲线,通过划分的动作曲线来识别个体的具体行为)。

时序关联分析相对于时空特征的行为涉及了个体行为时序层面的关联性,因而可以适用于个体复杂行为的分析,具体实现方法包括基于统计模型的动态行为分析和基于句法模型的动态行为分析。基于统计模型的动态行为、分析方法,将行为界分为子行为和高层行为序列(复杂行为)两个层级。子行为被视作概率状态,高层行为序列被视作这些子行为沿时间序列所形成的一条路径。基于句法模型的动态行为分析将子行为视作离散的符号,复杂行为被视作离散的符号组成的符号串,借助语法分析技术对符号串的生成规则进行建模,进而实现对复杂行为的分析。

事件分析是在静态识别、动态分析的基础上,对特定时空、场景、目标、行为所构成的事件进行整体分析。主要包括多人、物交互行为以及群体性事件分析。人、物的交互行为分析的基本原理是基于对物的分类识别、人的运动信息分析,结合人对物的动作及动作对物的作用所形成的"关联关系"来实现的;群体性事件分析包括事件的整体分析和个体在事件中的具体作用分析两项任务,分析过程中个人行为往往被视作群体性事件中的一个结点,利用各结点关联所形成的轨迹,进而实现对事件的整体分析。

目前,智能视频分析技术在视频监控系统的应用主要体现在以下六个方面。

一是人脸识别。这是目前最为常见的应用场景之一。利用摄像机采集的含有人脸的图像,自动在图像中检测和跟踪人脸,进而对检测到的人脸进行识别分析,对于人员身份核查、及时布控、寻得目标、抓捕嫌疑人具有不可替代的重要作用。

二是人、车的结构化分析。在人的结构化分析方面,当前技术已能够支持包括目标的生理特征(如年龄、性别、体型等)、衣着特征、饰品特征、携带物品特征、行为特征(如打电话、抱东西、谈话等)的提取、检索和识别。车辆结构化分析方面,包括车牌、车型、车标、年款、颜色、遮阳板、年检标志、车辆内部前端摆放物品（如纸巾盒等）、安全带、主副驾驶人员外貌及行为特征等的特征提取、检索、识别在内的智能分析已取得了长足进步，在安防、证据调查、智慧城市管理等领域有广泛的应用前景。

三是异常检测分析。依托数字、IP 摄像机，在关键设施、区域设置特定规则，对于被测目标有无违法规则设定进行检测分析，并及时告警，是提升被监控区域安防能力的重要手段。其应用主要体现在人、物的存在检测、进入检测、出现检测、消失检测、徘徊检测、尾随检测、车辆的违章行驶检测（超速、逆向行驶、跨线行驶）、场所、设施的烟雾检测、火焰检测等方面。

四是流量统计。这包括对于视频画面中特定区域的人员进出数量，以及特定路段、时段的车流量、车间距、车辆排队情况、密度等进行的统计。

五是视频摘要（Video Synopsis）。基于最短时间段内从原始视频序列中获得最大信息量的目标设定，从原始视频中选择具有代表性、精彩的部分，将其组合形成紧凑的、可读的视频缩略，即为视频摘要。按技术实现方式的不同，可将视频摘要分作基于关键帧抽取合成的视频摘要和基于轨迹分析及图像拼接的视频浓缩两类。前一类视频摘要采用从原始视频中抽取代表帧，并以直接、分层或缩放的方式将代表帧进行组合后，进行视频摘要。该方法虽可缩短视频时长，但合成的视频易造成“快进”播放的观感；后一类视频摘要即视频浓缩，是先对运动目标进行提取，而后对各目标的运动轨迹进行分析，再将不同目标拼接至一个共同的背景场景中，并以某种方式进行组合，将时间要素叠加至空间要素上，实现了多帧视频的 1 帧融合，是目前实际使用最广的一种视频摘要技术。

六是视频质量诊断（Video Quality Diagnostic）。通过对前端摄像机获取的实时码流进行解码以及图像质量评估，云台失控、对包含视信号丢失、画面冻结、增益失衡、图像模糊、图像过亮、过暗、图像偏色、信号干扰、视频抖动等问题按诊断任务进行检测、记录及告警，可有效减少人力巡检漏报的概率,是视频监控故障检测报警技术的未来发展走向。

三、智能视频监控在恐怖主义防控中的场景化应用

暴力恐怖主义一般追求“剧场效应”的最大化,因此,一旦发生现实的恐怖袭击后果就不堪设想。为此,反恐防控要以常态化、持续性预防预警为基本原则,辅之以精准高效的打击惩治。当前,我国所面临的“三股势力”威胁仍然巨大,经过近年来的严打严防,以“东突运”为代表的恐怖主义势力策划实施暴恐袭击的能力虽有所下降,但仍存隐患。境内外恐怖主义势力的勾连更趋隐秘,防控力度稍有松懈,都可能给其提供机会,因而智能视频监控技术辅助的全天候防控有其现实必要性。

智能视频监控系统能获取实时视频图像,利用已经设定的机器逻辑对视频图像进行自动分析,进而根据用户需求提供智能化的处理方案。就防控恐怖主义而言,它有效结合了人力智能的经验积累下的特征提取能力和机器运算的快速高效,可以为恐怖袭击提供事前的预警,有效避免恐怖袭击发生。

正如前文所述,智能视频监控系统由摄像系统、传输和存储系统及智能分析系统三个部分构成。智能分析系统是智能视频监控的关键,它内含以用户需求为导向的智能分析程序软件,能根据需求自动寻找识别和比对目标对象,进而对匹配对象进行标示或预警报告。一般而言,其运行原理如下:将基于历史暴恐案(事)件的涉恐信息特征做数字化处理,赋予智能分析软件相应的识别特征库,当摄像系统捕捉到的图像画面出现了数字化的相应特征或进入识别范围时,计算机智能报警系统就会发出以声光为主要形式的报警信号,以此实现异情提示,辅助进行应对处置。

(一)智能视频人脸识别功能的反恐应用

人脸识别是基于人的脸部信息进行身份识别的一种生物识别技术。智能视频监控本身具有局部图像信息获取的功能,将人脸识别技术与视频监控的图像实时捕捉相结合,可以运用于特定的恐怖主义防控场景。

从技术原理看，人脸与指纹、虹膜等人体的其他生物特征一样与生俱来，它的唯一性和不易被复制的良好特性为人的身份鉴别提供了必要的前提。视频的智能监控系统通过前端摄像头采集含有人脸的图像或视频流，并自动在图像中检测和跟踪人脸，进而对检测到的人脸进行身份识别。智能视频监控的人脸识别基于非强制、非接触、多位并发、设备隐蔽、识别直观等优势，在包括反恐等安防领域作用巨大。

在技术内容上，目前的智能视频人脸识别系统主要包括人脸图像采集及检测、人脸图像预处理、人脸图像特征提取以及匹配与识别四个环节。

人脸图像采集与检测，是指通过视频摄像头将静态、动态、不同位置、不同表情等人脸采集起来，也可实现自动搜索和拍摄采集。这里的检测是指将人脸图像中的模式特征，如直方图特征、颜色特征、模板特征、结构特征等有用信息挑选出来。

人脸图像预处理，是指通过对所采集的人脸图像的光线补偿、灰度变换、直方图均衡化、归一化、几何校正、滤波以及锐化等对图像进行处理并最终服务于特征提取。

人脸图像特征提取，是指运用特定的表征方法将人脸的形状描述、几何描述等转换为视觉特征、像素统计特征、人脸图像变换系数特征、人脸图像代数特征等特征数据，进而有助于将形象比对转变为数据比对。

人脸匹配与识别，是指将待识别的人脸特征与已得到的人脸特征模板进行比较，根据相似程度对人脸的身份信息进行判断。

在反恐防控应用中，一方面我们可以基于智能视频的人脸识别功能做较为精准的个体比对识别，进而针对目标对象采取相关措施。根据前文所述智能视频人脸识别的基本原理和功能，进行精确的个体识别须以目标对象人脸特征库为依据，即通过将监控设备实时抓取的人脸特征与已有人脸特征库进行实时对比。这就要求建立一个涉恐人员的人脸特征库，将我们通过其他一切渠道获取的关于涉恐人员的脸部特征进行特征数据化处理，并作为基础数据库。一旦发现目标对象与涉恐人员二者属于同一人,系统就会自动报警,提示对相关人员采取定位抓捕行动。因此,其前提是人脸特征库的建设和维护,即我们必须有明确的恐怖分子或涉恐人员的人脸图像数据库。

例如,2003 年我国公安部认定公布了第一批共 11 名恐怖分子名单,2008 年又认定公布了第二批共 8 名恐怖分子名单,2012 年认定公布第三批共 6 名恐怖分子名单。在做上述恐怖分子认定公布工作的同时,我国也通过多种渠道掌握了恐怖分子的个人信息,包括他们的个人人身形象特征等。恐怖分子的体型、头型、脸型、发型、发质(色)、胡须、前额、眉、鼻、嘴等静态外部体貌特征,以及脸、头、颈、躯干、四肢存在生理标记(痣、疤、瘤、记、疣等)和纹身等体表特殊标记可以作为人物识别的参照要素[1],因此如果将这些恐怖分子的人身形象特征纳入相关数据库,就可以实现利用智能视频监控系统对其实施精准识别,一旦他们出现在局部智能识别功能的摄像头下,系统就会立即提示报警。

另一方面,我们也可利用智能视频监控的模糊比对功能将人脸特征作为涉恐特征信息的内容之一,利用历史涉恐案(事)件中分析提取的特征,做种属性质的识别预警。比如,根据已经发生的恐怖活动犯罪中恐怖分子的体貌特征、衣着打扮特征、携带物品特征、表情神态特征、结伙同行特征等进行预警性识别和警示,进而发挥技术辅助暴恐活动防控的作用。

(二)智能视频监控系统的重要目标侵入预警监测

恐怖主义往往通过发挥恐怖活动的“剧场效应”提升其影响力和知名度,因此恐怖组织和恐怖分子在选择袭击或破坏目标时通常会考量目标本身的重要性价值,一方面使破坏效果最大化,另一方面更能制造剧场围观的效应。因此,恐怖主义防控中要特别关注重要目标的防控。根据智能视频应用的条件,其主要的防护是以建筑物为主的目标区域范围。从恐怖分子的视角来看,这样的“重要目标”主要可能有如下几类:

---

[1] 邓博:《恐怖分子个人数据的主要构成及其运用》,载《国防科技》2015 年第 6 期。

一是为了扩大关注度而选择的重要目标。比如2013年10月28日，以艾山为首的恐怖分子驾驶越野车在天安门金水桥制造暴恐袭击事件。其选择的恐袭地点就能显示其明显的目的性，即利用天安门广场吸引世人瞩目的效应，扩大其实施的恐怖袭击的影响力。因此，类似的场所和地区应当被纳入重要目标，并利用智能视频监控进行侵入预警监测。

二是重大工程和重要设施的关键敏感目标。恐怖袭击或是针对人，或是针对物。在物的选择上，恐怖分子往往选择具有重大破坏影响力的目标场地。因此在一些重大工程和重要设施范围内应设置智能视频监控系统。

智能视频监控系统对重要目标侵入的预警监测的基本工作原理就是利用智能视频的实时监控和运动目标检测功能为重要目标的外围划定警戒圈和防范界限。一旦未知的运动目标进入划定的区域范围，智能视频监控系统就会自动识别报警，从而制止外来人员接近或进入重要目标以实施暴恐袭击。

侵入预警检测是一种对重要目标的静态保护，它并不能像人脸识别那样可作精准地比对、认定目标人物，因此它一般只适用于极端重要且敏感的关键目标，否则容易频繁报警或误导防控工作，或增加人力辅助辨识的工作量。

（三）智能视频监控的目标异常徘徊和停留检测预警

一般而言，恐怖主义活动行为诡秘，具有较强的预谋性，恐怖分子在实施袭击前多会进行现场踩点，表现为在现场周围的观察守候、徘徊逗留，以详细了解目标情况。特别是对于有人员和技术防控的重要区域，他们即便是在行动时也需要进一步窥探，选择最佳的动手时机。因此，从防控角度来看，有必要利用智能视频监控系统对在特定区域异常徘徊或停留的目标进行检测并实时报警。

当然，徘徊和停留的“正常”与“异常”是人为判断和划定的，因此反恐人员要根据防控对象的区域范围、核心保护区界限、运动目标的特征、异常目标运动方向、运动距离等设定滞留时间区间值、停留空间区间值等系统参数。当某个目标在设定区域内非正常徘徊或超越时间值停留时,智能视频监控系统将自动发出报警,对可疑人进行目标锁定。[1] 鉴于视频监控的锁定功能,报警时系统还会自动显示该异常目标对象(人或车辆等)的外观或面部特征等,以提醒反恐人员重点关注。

(四)智能视频监控的特定现场遗留物检测预警

因其成本低、实施简单、巨大的破坏力和轰动效应,爆炸一直是恐怖分子惯常采用的袭击方法之一。从大量涉恐爆炸案件的实施情况来看,在具体行动方式上,恐怖分子采用自杀式爆炸袭击和安放装置类的爆炸袭击;在目标对象上,可分为以场所和建筑物为目标的爆炸和以特定、不特定人为目标的爆炸。就防控而言,爆炸装置具有一定的显示度,即从其本身的外观等也有可查验性,因而恐怖分子一方面会采用简易物品制造爆炸装置,以降低其被怀疑的程度。比如美国波士顿爆炸案中的两名主犯利用高压锅等日常生活物品制作爆炸物,就是为了躲避一般性检查和发现。另一方面,恐怖分子在实施恐怖袭击时,通常会用特定包裹物对爆炸装置进行包装、掩饰。如果恐怖分子采用非自杀式爆炸方式进行袭击,反恐人员对于"无主"物品,特别是背包、行李箱等的发现和检查,对于防控就有极大价值。因此,在机场、车站、商场等特定的现场范围内,利用智能视频监控进行遗留物的检测报警,能减少人力投入,大大提升防控效益。

在具体应用时,反恐技术人员根据应用的不同场景在智能视频监控系统中设定各种不同类型可疑物品的外观视觉特征,建立可疑物品库[2],并设定相应的"无主"时间阈值,当可疑遗留物在某一特定空间停留超过阈值时,系统就会自动报警,提示反恐人员发现可疑物品,并做好防爆处置准备。

同样,经智能视频监控报警提示后,仍需要反恐人员根据实际情况

---

〔1〕 许岑:《新安全形式下的智能视频监控系统》,载《电子技术与软件工程》2016 年第 16 期。

〔2〕 实践中主要是各种背包、手提包、手提箱、行李箱、不规则包裹物等。

到现场确认。此外,系统设定的场景也可能与现实中的非涉恐场景相似,比如在机场、车站等候机、等车过程中,行李所有人也可能因某种情况离开行李较长时间达到或超过系统阈值,这种情况也可能触发智能视频监控系统,致使其发出警报。因此,智能视频监控的遗留物检测功能需要与人工巡查等结合起来,更好地服务于特定场景的恐怖主义防控。

四、智能视频监控应用于恐怖主义防控的权利平衡

大数据和智能技术与视频监控的结合是监控得以在更为精确的目标导向背景下完成基于静态和动态特征的自动比对和识别。以人脸比对识别为特征的智能视频终端在人类活动中有了越来越多的应用场景。由于人脸(人的面部特征点的集合)识别必然涉及关于人的隐私和权利的讨论,而反恐本身是一个在自由(权利)和安全之间形成紧张关系的话题和场域,因此,将智能视频监控技术应用于恐怖主义防控就必然会引发人们对侵权风险的隐忧。尽管本书更多地侧重于从技术及其效用层面探讨智能技术的反恐应用,但从技术合法性的角度对其进行探讨仍有必要。

在现代社会,智能技术应用于执法或司法活动已是司空见惯。诸如人脸识别技术加持下的智能监控是否存在侵权隐患,答案是肯定的。但是,侵权隐患并不必然等于侵权事实,况且,在反恐语境下,一定程度的权利克减也同样具有法理依据。智能识别技术在社会中的应用有不同的场景,从权利主体角度来看,可区分为经同意的场景和未经同意的场景两种。前者是指智能识别作为提供便利化服务的前提,在经得权利主体的同意后,用人脸等生物特征的比对结果来提供技术服务,如刷脸支付、刷脸门禁等。后者是指未经权利主体的同意或认可,而将权利主体的生物特征作为智能监控或比对识别的特征依据。显然,反恐防控中的智能视频监控技术的应用属于后者。正如前文所述,人脸识别技术与视频监控设备相结合,通过提高智能化的目标识别和比对发现能力而提升恐怖主义预警预防效能,已经是各国较为普遍的做法。显然,在反恐场

景下,这一技术的使用是未经权利主体同意的。那么,这是否就意味着该技术的使用造成了对权利主体(恐怖分子或其他相关主体)的权利侵犯呢？我们认为,至少在反恐领域,答案是否定的。

第一,在应用机理上,智能视频监控是锚定了目标特征的有限监控,即它是将特定人物作为比对识别对象的监控,而非无限度的智能监控。实践中,反恐执法部门需要先获取潜在恐怖活动犯罪嫌疑对象的人脸及其他特征,将其作为智能比对识别的基础。因此,在这一机理下,作为无辜者的普通个体被识别认定的可能性极小。

第二,尽管智能视频监控的使用未经相对人同意,但现实中相关设备都被安装于"隐私权期待"极低的公共空间中。对普通个体来说,监控设备本身是可见或可以预见的,对恐怖分子来说,监控设备的识别功能就如同其经反恐警察现场辨认而被确认嫌疑或身份一般,没有额外衍生的侵权性。

第三,从结果看,智能视频监控的识别比对,即便是针对特定个体发出了预警,就恐怖分子或嫌疑人身份的确认而言,也仅仅是一种技术辅助的提示,提示后仍需通过一系列严格的取证确证程序,方可对可疑目标采取法定措施,即在性质上,它仅仅具有一般的线索意义,并不必然导致不利于其的法律后果。

第四,从效果看,尽管机器智能也存在"误报"的可能,并导致本属无辜的人受到进一步的核实性调查,但事实上,这种风险存在于任何执法活动中,并非智能视频监控独有或独增。此外,若遇到真正的恐怖分子或恐怖袭击,智能视频监控基于其预警和防范所带来的"收益"显然要远远大于其因可能的"误报"造成的"成本"。因此,无论是从法理上还是从防控效益上,智能视频监控的应用都有其合理性。

当然,具有人像(人脸)智能识别功能的视频监控毕竟是以人的生物特征为基础的,即便没有出现"误报",也客观上让人有一种对人身权利遭受损害的隐忧。为此,在反恐防控语境下,仍不可恣意使用,力求在反恐效能与基本权利保障之间寻求最佳平衡。

我们认为，可以通过强化如下程序环节，使诸如带有智能识别功能的视频监控等技术应用不致造成严重的侵权问题。

第一，智能视频监控设备的安装应限于没有或极低“隐私权期待”的公共场所。智能视频监控本身具有图像捕捉、存储和身份自动识别等多项功能，也就说从技术层面来看，它具有一定的“侵入性”。但这种“侵入性”可以与不同场景下的“隐私权期待”相匹配，公共场所的“隐私权期待”低，人们应当接受政府或公权力基于安全考量的技术监控。

第二，出于反恐或其他特定目的的智能视频监控，应有精确的目标对象数据库作为支撑，进而降低将无辜或无关人员纳入自动识别比对范围的概率。出于犯罪防控的目的，智能视频监控是有“目标导向”的，即它应以明确且追求精准的目标特征为依据开展技术性比对，而不能将其置于宽泛的、模糊的目标导向之下，否则不仅无法实现精准识别和有效防控，而且会增加预防成本和侵权风险。

第三，应严格限定其结果性质及使用范围。对于智能识别，无论是达到何种程度的“比对率”，都只能作为采取进一步合法查证措施的线索和提示，而不能直接作为身份认定甚至“定案”“定罪”的依据。同时，由于针对人像（人脸）的智能视频识别结论的敏感性，应当严格识别比对结果（结论）的知情或使用范围，落实专用原则，保障相关人员的权利。

第四章　大数据背景下智能技术在城市防控恐怖主义中的应用

城市地区人员相对密集,设施复杂,重要目标集中。从既有恐怖主义袭击事件来看,各国的城市都是防控的重点。客观上,大数据智能技术在城市治理、服务各种场景中应用广泛,这为智能技术及其产生的大数据资源应用于城市恐怖主义防控提供了条件和契机。警力资源是恐怖主义防控的基础和生力军,是一切反恐行动的核心资源。城市场景类型多样,防控恐怖主义的重难点各异,反恐警力资源布局应跳出原有平面化、功能预设单一的局限,从技术视角探索构建科学合理的警力资源布局体系。恐怖爆炸是在城市发生恐怖袭击的主要方式之一,地铁等城市密集场所也是近年来全球范围城市恐怖爆炸的重点场景。地铁系统具有防控的代表性。地铁系统结构复杂,防控侧重点不同,应注重建筑物环境预防的功能发挥,构建技术预警和监控、人员异动识别监控、反恐防暴技术应用、微表情解读技术及非对抗讯问技巧于一体的防控策略。

一、城市防控恐怖主义视角下的警力资源布局技术[1]

(一)恐怖主义防控视域中中国城市警力资源布局调整的必要性分析

恐怖主义是当今影响世界和平与国家安宁的非传统安全因素之一，也是世界各国重点治理的社会难题。[2] 其在世界范围内的频繁发生，严重冲击了社会秩序，导致了民众的心理恐慌。[3] 尽管“9·11”事件以来，在国际社会的共同努力下，全球范围的反恐斗争取得了一些阶段性和局部性成果。但从当前的形势看，中国国内的反恐压力依然较大。从有公开媒体报道的信息看，仅 2011 年 7 月到 2014 年 9 月，我国就已经发生了 21 起有重大社会影响的暴恐犯罪，每年平均发生 7 起，共造成 410 人死亡、792 人受伤。[4] 在打击成效方面，自 2014 年 5 月开展专项行动以来，我们通过以“断通道、挖窝点、打接应、防蛰伏”为重点的反恐举措，对暴恐活动进行持续高压严打，截至 2015 年 4 月底，共打掉暴力恐怖团伙 181 个。[5] 这些反恐斗争阶段性成果的取得，既得益于我国反恐斗争在方向、制度、资源投入等方面的顶层设计和部署，也离不开广大一线反恐人员的牺牲和付出，当然，这也与我们对恐怖主义活动规律性的不断深化认识和把握不无关系。

有学者认为，我国暴力恐怖犯罪主要表现是：行为人在宗教极端主义的影响之下，为了达到民族分裂的目的而实施的行为。[6] 在后 ISIS

---

〔1〕 鉴于本章内容是基于实证的研究，为避免将相关情况和数据对号入座，故对所论述的城市以 C 市代称，特此说明。

〔2〕 倪春乐：《基于恐怖主义治理效果的去极端化矫治及对我国的启示》，载《中国刑警学院学报》2019 年第 3 期。

〔3〕 李晓光：《恐怖主义犯罪规制的比较法之维》，载《甘肃政法学院学报》2014 年第 2 期。

〔4〕 梅传强、张永强：《我国恐怖活动犯罪的现状、特征及防控对策》，载《北京师范大学学报(社会科学版)》2015 年第 6 期。

〔5〕 李亚楠：《新疆一年打掉暴恐团伙 181 个》，载《人民日报海外版》2015 年 5 月 25 日，第 4 版。

〔6〕 苟震、黄晓丽：《“预防性”：恐怖活动犯罪刑罚的一个转向》，载《河北法学》2019 年第 5 期。

背景下,国际国内的恐怖势力相互融合,积极主动地调整破坏和袭击策略,进而在恐怖活动犯罪的特点上有所反映:第一,恐怖组织在组织架构进一步扁平化改造的同时,加大了迁徙式袭击的强度,即在人员流动中伺机寻找袭击机会和目标,体现了恐怖主义袭击的随机性;第二,利用网络匿名优势,线上线下互动,境内境外勾连更趋频繁,体现了恐怖主义传播的网络化;第三,利用各种条件和形式开展恐怖主义、极端主义、分裂主义的意识形态煽动和宣扬,以期最大限度地汇聚恐怖势力,甚至鼓动"独狼"式恐怖袭击,体现了恐怖主义的传染性。[1]

可以预见,一方面,未来的恐怖活动犯罪会更具隐蔽性,更难以捕捉其规律和行踪轨迹;另一方面,恐怖分子也仍然会继续追求袭击和破坏的"剧场效应",以彰显其"存在感",扩大其影响力。吸引公众的注意力,引起"轰动效应"是恐怖主义者所希望达到的效果,也可以说是其间接目的。[2] 基于此,我们认为,城市地区仍将是今后防控和打击恐怖活动的重点阵地和区域。这不仅符合已经发生的恐怖袭击在地点选择层面的一般规律性,也与我国乡村地区的"熟人社会"交际关系模式,恐怖分子难以获取掩藏的现实条件相关。

尽管从观念和制度设计上我们倡导反恐要从政府主导型的"精英模式"向民众社会合力的"参与模式"转变[3],但目前民众参与反恐的现实途径较为有限。公安机关是防控和打击恐怖活动犯罪的主要力量之一,作为反恐专门力量其具有独特的优势。中国反恐的力量应以公安机关警力资源为中心进行布局。但现阶段,仍存在深入持久反恐的需要与警力资源总量不足的矛盾。可见,以特定城市为视点,探讨在既有警力资源的背景下,如何通过优化配置和科学布局,最大限度地发挥公安机关在防控暴力恐怖犯罪方面的功能和作用,具有重要的现实意义。

---

〔1〕 Byman, Daniel L, AI-Qaeda as an Adversary do We Understand Our Enemy?, World Politics, 2003(1)p. 139 – 163.

〔2〕 董士昙:《关于预防恐怖主义的基本策略》,载《山东警察学院学报》2015 年第 3 期。

〔3〕 郭永良:《论我国反恐模式的转型——从精英模式到参与模式》,载《法学家》2016 年第 2 期。

1.恐怖主义转型背景下内陆城市的反恐角色凸显

一直以来,我们都将边疆地区作为反恐的前沿阵地和防控重点。西藏的“3·14”事件、新疆的“7·5”事件以及近年来发生的暴恐犯罪大多集中在边疆地区。但从北京、昆明等地发生的一系列暴恐事件看,受边疆地区防控和打击整体态势的影响,边疆地区恐怖势力原有的活动空间受到挤压,暴恐分子开始采取迁徙式袭击策略,即在不断迁徙运动中积蓄力量,准备条件,并伺机发动袭击,这不仅威胁全球,而且是当前我国反恐斗争的巨大挑战。[1] 通过分析“东突运”恐怖分子的迁徙活动路线可以发现,从新疆经由内陆省市再辗转到沿海和陆路边境出境,是恐怖分子较常选择的路线。在这些线路上的城市,一方面,可能成为恐怖分子的藏匿点、落脚点、物资运输点或者犯罪信息交换点;另一方面,一旦恐怖分子的出境目的无法达成,就可能在沿途城市伺机发动袭击。正如昆明“3·1”事件所反映的,恐怖分子将云南作为泛西南地区的出境点,倘若他们出境计划无法实施,便会在西南片区(包括云南、贵州、四川、重庆等地)进行所谓的就地“圣战”。更有研究显示,由于新疆境内反恐措施的加强,加之我国与中亚国家反恐合作力度的强化,基本切断了境内恐怖分子从新疆直接出境的可能。暴恐分子开始选择迂回出境的线路,其通道设计先借助正常的新疆人口流动与迁徙路线(京沪粤)作为掩护,其主流线路为新疆—兰州—西安—河南南阳,再以南阳为分化点,从黑龙江、广西或云南出境。[2] 因此,在当前境内外恐怖势力内外勾连程度不断加深的背景下,受中国国内反恐形势的影响,出境参加“圣战”成为境内一部分恐怖分子的选择。而在他们迁徙的过程中,内陆城市成为袭击目标的可能性也不断攀升。如果说以往的反恐我们可以仅将注意力集中在少数西部边疆地区的话,当前的恐怖主义已经出现了由点

---

〔1〕 黄彬:《“伊吉拉特”视角下恐怖活动关联行为的评价与现实化》,载《中国刑事法杂志》2018 年第 4 期。

〔2〕 张少英:《境内人员出境“圣战”通道披露:南阳为节点》,载新浪网,http://news.sina.com.cn/c/2015-06-04/045431911395.shtml。

及面的辐射,广大内陆城市不仅不能高枕无忧,而且一些城市和地区可能因其特殊的地理位置成为反恐的前沿阵地。可以说,当前内陆城市在反恐中的角色地位凸显。

2. 当前C市在我国反恐体系中的重要地位及威胁程度分析

C市作为我国西南地区城市,政治、经济、文化相对发达。城市内部重要的基础设施工程、标志性建筑、重点单位等数量多。从恐怖分子追求社会影响和轰动效应的角度看,具备作为袭击目标的基本要求。在具体地理位置及地貌条件上,C市山多、水多、桥多,适合人员藏匿和隐蔽。C市人口多,且居住密集,交通枢纽、商业圈等众多,一旦发生恐怖袭击,后果必然较为严重。此外,巨大的人流、复杂的环境也给恐怖分子潜逃或迁徙提供了天然的掩护条件。此外,出入C市的卡口数量众多,有多条重要高速公路可以进出C市,这也增加了恐怖分子渗入及潜逃的机会。

在C市面临恐怖袭击的现实威胁层面,追求恐怖袭击"剧场效应"的恐怖分子可能会将注意力集中于此。而一旦其在迁徙移动中受挫,需要就地实施恐怖袭击时,C市就可能成为首选之地。而且,C市本身存在较大数量具有战略影响力的重特大工程、标志性建筑、重要单位和场所,一旦遭到恐袭将造成不可估量的人员、财产和战略资源的损失。此外,C市主城区目前有1个机场、5个火车站、5大商业圈、7个长途汽车站,上述场所和区域人员密集且流动性强,交通复杂,是防控的重点和难点。

3. 警力资源布局优化配置有助于提升暴恐犯罪防控效益

警力资源的有限性与防恐的现实需求是一对矛盾,将一定量的警力资源按科学且最优规则进行配置,进而最大限度地发挥其在反恐中的效益,是解决矛盾的可行之策。即使在反恐领域,也必须以具体需求层次为参考,以任务的轻重缓急为导向进行合理配置,突出重点,而不能"平均用墨"。因此,警力资源的优化配置和科学布局必须建立在准确评估暴恐犯罪防控的具体需求基础上,即要分析特定时空中对象目标的受威胁风险。同时，要科学研究既定警力资源量的“生产可能性边界”[1]，充分利用先进的技术装备以促进警力资源在安全保障中的“动态效率”的提升。

（二）C市防控暴力恐怖犯罪警力布局的缺陷分析

1. 警力资源分布的平面化与防控目标等级化的矛盾

过去很长一段时间，以新疆、西藏等为代表的边疆地区是恐怖活动的活跃地。由于C市深处内陆地区，加之内陆与边疆地区交通不便利，因而甚少发生暴力恐怖犯罪。正是基于此，C市对暴力恐怖主义的防控等级较低、缺乏专业化的反恐警种、不同地域的反恐警种以及各警种之间的协同性偏弱、人民群众对暴力恐怖犯罪的防范意识淡薄。公安机关专注于对普通刑事犯罪的防控，警力资源也主要根据传统刑事犯罪的特征进行布局，呈现“点线”二维平面化的特点。但随着我国加大对边疆地区恐怖势力的打击防控力度增强，恐怖势力的行动方式也发生了改变，迁徙式恐怖活动将成为其主要选择。另外，我国通过上海合作组织等机构加强了与中亚地区等周边邻国的反恐合作，在一定程度上增加了跨境勾连的难度。因此，恐怖主义势力在迁徙途中可能随时发动恐怖主义袭击。在此背景下，作为内陆大型城市的C市，其面临的暴恐活动威胁反而有增大的趋势和可能。在形式上，既包括“独狼”式的个人恐怖袭击，也包括有组织的暴恐事件；暴恐袭击的地点可能为广场、商业圈、火车站、飞机场、长途汽车站、码头等，具有极大的不确定性。由此可见，C市暴恐犯罪防控任务包括预防恐袭的发生、及时高效处置恐袭现场、降低无辜群众的伤亡、维持恐袭现场的秩序等多层次的目标。而警力资源的平面化对防控恐怖主义多等级目标的实现作用极为有限，需要探索“点线面”三维立体化的警力资源分布模式。

2. 警力布局功能预设的单一性与防控处置综合目的的矛盾

长期以来，我国公安机关绩效考核体系以刑事案件的立案数、破案

---

〔1〕“生产可能性边界”是经济学术语，意指一定量的资源所能产出的最大极限的目标产品。在运用警力资源防控暴恐犯罪的过程中，我们也必须了解特定警力资源的防控最大值，进而才能作综合调配。

数、破案率等打击犯罪数据作为核心指标。这样设定指标，导致当前C市的警力布局的数量明显倾向于刑侦民警上，其预想的功能主要为打击、惩治发案率、破案率高的传统型犯罪，难以兼顾发案率甚低的恐怖活动犯罪。恐怖袭击一旦发生将会产生政治、社会、经济等多重不良影响，C市针对暴恐活动的防控处置工作就显得尤为重要。为此，应建立一个长效性的预警预防和应急处置机制。这就需要以相应目的为导向优化警力资源布局，进而适应更具综合性的暴恐事件防控处置的系统要求。

3. 警力布局的常态化与防控情势动态性的矛盾

从案侦大数据可以发现，C市传统的刑事犯罪类型具有显著的时空分布特征。比如"两抢一盗"等传统侵财犯罪的发案时空都有规律可循，新型诈骗发生在网络虚拟空间内的比例较高等。而依据各警种的职责不同，C市各专业警种时常布局于各类型犯罪的高发时段与场域，呈现常态化的特点。但恐怖主义犯罪与传统的刑事犯罪存在显著的区别，其随机性较强，没有固定的犯罪地点，有时甚至会在同一个时段内多点发生；恐袭分子在恐袭发生后会想方设法迅速逃跑。因此，对暴恐活动的防控需要具有一定灵活性、机动性的警力布局，否则将难以与恐怖活动犯罪案件情势的动态性发展相适应。

（三）基于类型化的反恐防暴警力布局模式构建

在对警力资源已有的研究成果中，有学者运用DEA投影公示来研究警力资源配置效率；有学者应用多元线性回归模型进行警力资源配置研究；有学者在公共品供给视角下尝试运用多种手段提高警力配置的效率；还有学者将人力资本理论纳入警力资源优化配置的研究范畴。学者们综合运用定性及定量的方法对警力资源优化配置问题开展了广泛而深入的研究，这对提升警力在犯罪防控中的效能有很大价值。但正如前文所述，在一定意义上，暴恐犯罪防控与普通犯罪有质的差异，因此必须在遵循警力资源配置一般规律和原理的基础上，立足当前恐怖活动防控的现实需求，突出问题导向布局警力资源，这样才能满足常态反恐、防恐的要求。

1. 对“反恐警力资源”的深度认识是合理布局的前提

“警力”是指各警察部门以警察的数量和质量为基础，通过使用不同的警务装备、技术战术而形成的总体战斗力。而反恐警力则是指需要承担反恐任务的国家警察力量，主要包括地方警察、行业警察、武警。鉴于各警种反恐职责任务以及反恐能力水平存在差异，为应对各地不同的“恐情”，提升反恐防暴处突的效率，反恐力量在不断整合的同时，也急需分层分级地进行布局。

从力量类型划分来看，我国的反恐警力资源主要包括精英力量、中坚力量、辅助力量与基础力量四个层面。精英力量主要包括公安机关的特警队与人民武装警察部队的特战队，其警力规模虽然最小，但反恐能力水平高超，技术装备精良，是应对处置恐怖主义活动中的精锐力量；中坚力量不仅包括公安机关的反恐、治安、刑侦、交管等警种，也包含人民武装警察部队内卫、边防、消防等警种，其警力规模较大，专业化反恐水平较高；辅助力量指的是起帮助、保障作用的力量，其包括辅警、公安机关中的后勤装备、情报、法制以及安检员、特保人员、保安等力量；基础力量是反恐中广泛存在的基层群体，其不仅包含公安派出所民警、行业机关民警，而且包括人民群众、基层组织、社会团体等，其规模巨大，在反恐中起到基石的作用。我们要从最广泛的意义上认识“反恐警力资源”的范畴，它包含了以警察力量为中心，以一定结构联接的参与反恐警务活动的社会力量为外延的所有资源。因此，从这个角度看，反恐警力资源布局的优化并不仅仅指专门警察队伍的布局调整，也包含对反恐警察力量与社会力量协同模式及联动方式的创造性建构。只有进一步深化对反恐“警力资源”内涵外延的认知，我们才能通过调整结构化布局发挥反恐目标导向的最大效能。

2. “结构—功能”视野下的警力资源立体布局基本框架

结构功能主义理论是一门研究社会系统内部各子系统功能及其结

构的社会学理论。[1] 该理论认为,假如我们希望社会能够持续向前发展,就需要找到一种手段优化社会结构,从而满足社会主体"人"的需求。同理,如果我们寻求国家安全能够得到保障,社会秩序可以得到维护,就需要通过一种方式优化配置警力资源,从而满足社会大众安全的需要。而这种方式就需要我们在充分深度认识"警力资源"的前提下,对警力资源进行合理科学的立体布局。根据《反恐怖主义法》的规定,设区的市级以上地方人民政府设立反恐怖主义工作领导机构,负责本地区反恐怖主义工作。公安机关是依法开展反恐怖主义工作的重要力量,但绝非唯一力量。这就意味着,在反恐警力资源的布局上,公安机关的反恐警力资源不仅要注重内部优化,也要注重同其他承担反恐怖工作职责主体的协同配合,通过各方力量的结构调整,实现反恐资源的功能最大化。公安机关的反恐力量与其他主体开展合作不仅有法律上的支持,还与"第三方警务"的理念不谋而合。为了预防和减少恐怖活动犯罪,"警方努力说服或迫使非犯罪方,诸如卫生检查员、业主、学校担负起预防和控制犯罪的责任"[2]。公安机关的反恐防暴工作要增强所有相关主体间的耦合性,构建反恐防暴共同体,进一步发挥辅助型警力的作用。

就C市而言,C市公安局内设有反恐总队这样的专业反恐警种,各区县(分)局设有反恐支(大)队。此外,C市的公安派出所、交巡警、特警等机构、警种各司其职,与反恐专业部门协同推进恐怖主义防控工作。鉴于恐怖主义犯罪具有暴力性、突发性、隐蔽性等特点,单纯依靠公安机关难以实现防控的目标,所以还要借助武警、消防、医疗部门等非公安力量。此外,在恐怖势力不断强化隐蔽性的背景下,为了有效破解其"藏身于民"而不易被发现的问题,有必要调动民众力量,使反恐形成专门工作

〔1〕 周晓丽、陈艳:《结构功能主义视角下基层社会治理结构的完善》,载《金陵科技学院学报(社会科学版)》2019年第2期。

〔2〕 [澳]洛林·梅热罗尔、珍妮特·兰斯莉:《第三方警务》,但彦铮等译,中国人民公安大学出版社2012年版,第26页。

与群众路线相结合，深入推进"民意主导警务"[1]。当前，C 市形成了党委领导、政府负责、各部门齐抓共管、社会力量共同参与的立体化防控恐怖主义的格局，而以行政区划为基础形成的多层级警力布局作为防控暴恐活动的主力军，担负着满足人民群众美好生活中安全需要的重任。

3. 警力资源优化布局的基本类型及模式

(1) 总体警力布局与工作模式。恐怖主义犯罪与其他传统型的犯罪相比有着显著的区别。恐怖活动犯罪发案数以及频率明显低于普通刑事犯罪，而其造成的社会影响远远大于后者，因为恐怖犯罪具有强大的"剧场效应"。就案件本身而言，其复杂性与普通刑事犯罪相比也相差巨大。在以上多重因素的共同作用下，为有效应对恐怖犯罪活动，需要构建立体化的防控体系，配置更多的警察力量。而 C 市以行政区划为基础，总体上形成了"市—区县"两级反恐警务网络，在全市各区域均分布有警力，基本实现了反恐的全覆盖。而基于内陆恐怖主义袭击具有随机性、突发性的特点，C 市的反恐警力资源采取了 24 小时全天候不间断的联勤联动工作模式，并根据全市不同区域地点的反恐风险等级，配置不同类型的警种、不同数量、层次的警力。

(2) 局部重点区域处置与支援型警力布局模式。当前的恐怖主义具有显在的意识形态性和政治目的性，其发动恐怖袭击的直接目的就是要营造社会恐慌的氛围。恐怖袭击实际上是一个"理性"的选择过程，它是对目标的脆弱性及袭击的预期损失进行综合考量的结果。[2] 因此，为扩大社会影响力、制造社会恐慌，恐怖分子往往会精心选择暴力恐袭的地点，而火车站、机场、码头、广场、商业区等人群聚集或者具有象征意义的地区就成为他们重点袭击的目标。因此，为最大限度地防控暴恐活动，各地防控力量安排不宜"平均用力"，而应在对各区域的暴恐风险进行分

[1] 民意主导警务要求以"警务广场"战略来统领和统揽全部公安工作，反恐作为国家安全工作的重要组成部分，必须有民意参与，发挥民间力量优势。

[2] 倪春乐：《城市地铁系统恐怖爆炸立体化防控研究》，载《中国刑警学院学报》2017 年第 6 期。

级评估的基础上,合理科学地配置警力等暴恐防控力量。

以C市市内的火车站为例,为提升防控恐怖主义犯罪的质效,本书认为,第一,指挥体系上应建立完善的联勤联动统一组织指挥体系,设立联勤指挥部,下设明确责任到人的指挥体系,强化指挥效能。指挥人员应落实"靠前指挥"的理念,随时掌握火车站区域内前方一线的实时情况。第二,可探索推进"防线反恐理论"[1]的实战化运用,建立区块化、圈际协同的反恐防线体系。第三,可探索建立网格化的管理体系,通过警力资源管理的扁平化,降低警力联动的时间损耗,提升警力效能。因此,在诸如火车站这样的复杂重点场所,应建立"派出所基础控面、交巡警巡线、特警屯警、公安民警与武警联勤联动巡逻"的总体工作机制。

根据暴恐犯罪防控的实际需求以及空间分布的现实情况,火车站警力布局需要优化警务岗亭布局,增加重点区域岗亭数量。在具体警力配置上,火车站应构建包括民警、武警、特警、辅警、特保队员、安检员在内的多层级反恐力量。其中,将特警作为核心处置力量,将武警视为外围警戒力量,辖区派出所民警主要负责人流引导疏散及善后工作,辅警和特保人员作为辅助力量,安检员负责随机性物品和可疑人员查验,同时应根据高峰和平峰情况做科学调整。

此外,在社会力量的统筹和参与方面,应考虑将火车站附近的消防中队、医院、街道办事处等单位纳入暴恐事件防控的力量体系中,加强配合演练与协同应对。一旦暴恐事件发生,可启动反恐三级应急响应机制以及"一三五"快速反应工作机制[2]。警力资源应按照应急预案成立指挥组、疏散警戒组、抓捕组、抢险救援组、情报信息组、通信联络组、后勤

---

〔1〕 防线反恐理论认为,要建立防出线、防入线、隔离线等各条防线。防出线,是指在恐怖主义犯罪的多发地划出一道反恐防线,防止恐怖主义分子逃窜出这条防线实施恐怖主义活动;防入线,是指在未发生恐怖主义犯罪的区域设立防线,防止恐怖主义分子流窜入该区域进行作案;隔离线,是指防止两个及两个以上区域的恐怖主义分子进行串联、联手、结伙作案而设置的反恐防线。

〔2〕 "一三五"快速反应工作机制是一种警务术语,是指应对紧急突发事件时,警察应尽量做到"一分钟反应,三分钟到场,五分钟处置完毕"。

保障组、救援及善后工作组等小组，各司其职，确保反恐防暴预防及应急处置的高效、流畅。

警力配置应根据区域重点的情况有所差异。如从火车站正面入口到候车厅的范围因人流大、情况复杂，且突发状况处置时效性强，应重点安排警力资源。而在火车站地下广场、公交枢纽车站、售票大厅等人群汇集区也需安排重点警力负责防控。除上述常态化警力布局外，火车站还需配置相当数量的机动警力负责及时增援、协助。除人员配备外，还需根据防控区域空间大小及道路状况配备一定数量的警用车辆，以强化快速反应效能。此外，在警械武器配置方面，应保证警察及其警务辅助力量配备有钢叉、盾牌、单警装备等警械，不同警种应持有冲锋枪、步枪、防爆枪、手枪等各类武器，现场还需配置防爆毯、防爆桶、安检仪等工具设备。应依托智能化防控体系建设，探索建立覆盖火车站的外围封控系统、重要路口人脸识别系统等警务大数据系统，实现监控照明全覆盖。总之，要通过人防、物防、技防等措施综合系统地设计、运用，优化升级车站的暴恐防控质效，严控突发事件。

世界范围内的恐怖袭击实例表明，机场、飞机等是恐怖分子首选的袭击目标之一。因此，就城市暴恐犯罪防控而言，机场及其相关区域必然是重点。在力量布局上，机场防控暴恐活动应依托机场公安局下设的指挥中心、航站区派出所、交警队、特警队、消防处等部门，将特警、派出所民警、指挥中心民警、交警、武警等警察力量定位为反恐的主要力量。明确保安、安检员、辅警等非正式警察力量在机场反恐安保中的职责。在民航机场公安局的指挥下，借助于交警队、特警队、派出所等部门内设的分控中心，上级指挥，层层传导，下级执行，形成“上面千条线，下面一张网”的联动格局。同时，机场应在特警、武警队伍中设立“三人快反”小组[1]，三人分别充当指挥员、钢叉手、盾牌手的角色，确保配备单警装备及其他警械武器，达

〔1〕《我心中的人民警员|最强“铁三角”是奈何炼成的——特警快反三人组》，http://xnpra.org.cn/caij/150120.html，2022年3月9日访问。

到快速反应与快速处置的效果。在动态巡防方面,派出所民警、辅警可驾驶电瓶车,负责在航站楼内进行巡逻;交警、辅警应配备摩托车,负责在航站楼外的主干道进行巡逻及查处交通违章行为等,同时要注意发现可疑人员和重点车辆。同样,机场的警力布局也应根据实际情况配备一定的机动性警力,用于应急增援和补缺。

机场内部各区域的涉恐风险评估也有所差异,应根据人流密度、交通流量、区域构造等因素评估确定风险等级,进而布局警力和防控预案。比如机场出发层各出发口的人流众多,各类车辆停靠逗留但无须安检,人员相对密集但缺乏必要引导,开放时间长也便于涉恐人员提前踩点观察,因而可能潜藏较大的安全风险。所以,围绕出发层的进出口应重点布局警力资源。具体配置上,应安排民警、辅警、安检人员、机场护卫人员,设置防爆安检点,配备钢叉与盾牌等警械,进出口附近可以分别配备特警“三人快反”小组以及武警“三人快反”小组。此外,机场大巴、出租车等车辆停靠的站点、机场地铁站附近也存在一定的暴恐风险,应重点防控。

为了提升防暴反恐处突的效率,机场可以探索建立健全联勤联动机制,即以“三人快反”小组作为联勤联动机制的排头兵,根据机场实际情况,配备一定数量的武警小组以及特警小组,实行“一三五”快速反应工作机制。

依靠上述警力,机场可以尝试采用如下反恐防暴警力运行模式:武警、特警携带警犬平均每 1—2 小时进行一次联合巡逻;指挥中心负责 24 小时全天候视频监控;交警利用外围摄像头进行视频巡逻;在航站楼外设立多个圆形隔离球,防止车辆冲撞闯入人行道,导致人民群众出现伤亡的情况;利用新配备的“剑齿虎”新式防暴车充当阻截器,防止外物冲撞以及枪弹射击,提升该机场的反恐防暴以及应急处突水平;将派出所民警的主要职责设定为疏散人群、维持现场秩序;明确保安、辅警、安检员在警察反恐防暴中的作用。同时,应定期或不定期地开展安全演练以提升各部门应对暴恐事件的实战化水平。

此外,针对通往C市机场道路单一的实际情况,机场公安机关主要应通过以下两种配置警力的方式对该机场道路进行反恐防暴。一方面,机场公安机关可以借助监控摄像头捕捉遮挡号牌等可疑车辆,一旦发现,指挥中心即发出警报并及时进行预警,民警尽量在车辆靠近机场航站楼前迅速主动地查证该车辆是否准备实施恐怖主义犯罪;另一方面,在接到群众报警后,机场公安民警需要根据线索跟踪可疑车辆,在交通卡口进行布控,及时拦截相关可疑车辆,开展落地排查工作。

(3)跨区域协调型警力布局模式。根据前述内容可知,C市公安局因地制宜,根据不同地区发生暴恐的等级情况,部署不同类型、层次以及数量不等的警力。暴恐案(事)件发生后,当一个地区的常态化警力不足时,可以尽快调派机动性警力参与反恐防暴处突工作。跨区域协调的警力布局既考量了不同区域暴恐事件风险等级的差异,又能发挥警力资源扁平结构下的快速联动特点。实践中,当某一区域承受的暴恐案(事)件风险和压力超过了其既有警力资源时,该地就可根据极为简化的程序流程请求跨地紧急支援。这种跨区域协调型警力模式能够打破空间的局限和传统的"块块分割"限制,有助于不同区域警力通力合作,携手开展反恐防暴处突,提升快速应对的效果。

4. 发挥"排队论"在反恐防暴警力优化配置中的作用

"排队论"属于运筹学的范畴,其主要通过对服务的时长与服务对象的到来等要素进行统计分析,总结出"排队"长度、等待时间等指标的数量规律,进而根据规律再次引导服务对象、优化升级服务的系统结构。[1]"排队论"能够优化社会公共服务系统,目前该理论的应用领域广泛。公安机关的反恐防暴工作可以看作公安机关反恐力量为人民群众提供社会安全服务产品的行为。将"排队论"的数学模型应用于反恐防暴实战中,将极大地优化警力布局,提升公安机关在应对恐怖主义案(事)件的

---

〔1〕 刘忠轶等:《基于排队论的反恐警力优化配置策略研究》,载《数据分析与知识发现》2018年第10期。

处置效率。因此，将"排队论"中的 M/M/1/∞ 的单服务台模型与 M/M/N/∞ 的多服务台模型应用于反恐处突行动中存在较强的现实可能性。"排队论"中的 M/M/1/∞ 的单服务台模型与反恐防暴处突中只有一个专案组的情况相对应，往往适用于同一时间同一区域内单个恐怖主义案（事）件发生的情形。如图 4－1 所示：

图 4－1　M/M/1/∞ 的单服台模型运用

"排队论"中的 M/M/N/∞ 的多服务台模型对应在反恐防暴处突中有多个专案组的情形，通常应用于一个区域内多点同时或在较短时间内先后发生多次恐怖主义袭击的情况。如图 4－2 所示：

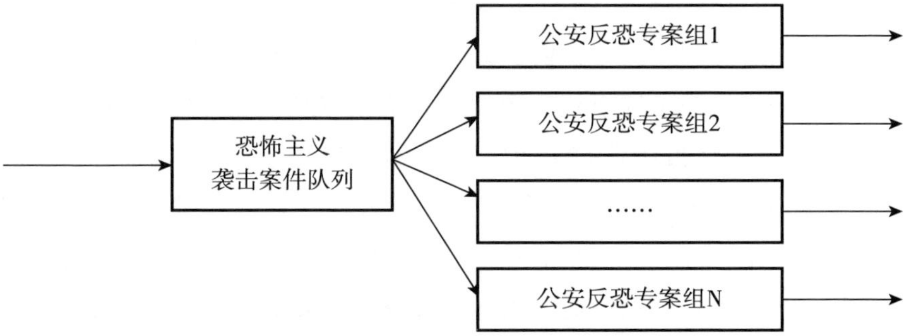

图 4－2　M/M/N/∞ 的多服务台模型应用

在"排队论"中 X 是指输入模型、Y 是指服务机构模型、N 是指服务台数目、A 是指系统容量、B 是指顾客源数目、C 是指服务规则。根据"排队论"状态平衡、系统容量有限模型、顾客源有限模型等相关公式以及算例分析可以得出以下结论：暴恐事件的发生频率、公安机关处置暴恐袭击的效率、反恐防暴需要消耗的成本、未及时处置恐怖主义袭击案事件产生的损失等因素综合影响着公安机关在反恐防暴处突行动中警力最优数量的确定；公安机关的反恐"排队论"能够优化公安机关反恐警力的配置;"排队论"中的 M/M/N/∞ 的多服务台模型与 M/M/1/∞ 的单服务台模型相比,在警力配置效率以及反恐防暴处突效率方面更具优势。因为恐怖主义袭击案一旦发生,就会造成不可挽回的政治、经济、社会影响,所以,公安机关需要加大在反恐防暴工作中的人、财、物保障,在编制的限度内,尽可能引进高素质警力。除此之外,公安机关应当完善智慧警务建设,推动信息化、立体化的治安防控体系建立[1],将视频监控、人像识别等技术手段推广应用在反恐防暴处突工作中,探索开发反恐防暴智慧系统,助推反恐防暴处突工作提质升级,实现警力的无增长改善目标。[2]

另外,我们还应当将情报信息等软性资源纳入警力资源优化布局的范畴,着力提升警务人员的反恐情报工作能力以更好地引导反恐防暴警务实践。[3] 公安机关内部需要推广和应用情报信息导向警务论,主动收集、细致分析、深入解读、精心使用情报信息对暴恐威胁进行预测评估,坚持情报信息导向的反恐预防和处置侦查工作,提高反恐警务工作的效能。要在公安机关主导下建立健全反恐情报体系,以总体国家安全观为引领,加强反恐情报体系的法治化建设,推进反恐情报体系的一体化,实现反恐情报体系的智能化。同时,要发挥普通民众的情报源作用,织密反恐情报网络,吸纳社会民众参与反恐情报收集工作,建立反恐情报反馈机制,构建反恐情报共同体,有效支撑警力资源配置和反恐应用。

二、城市防控恐怖爆炸的立体化机制——以地铁系统为视角

近年来,世界范围内城市地铁系统频发恐怖爆炸袭击,暴露了地铁防恐的漏洞。城市地铁系统自身的相对开放性、安检的不彻底性及破坏

[1] 郑海、陈嘉鑫:《公安机关智慧警务的实践问题研究》,载《贵州警官职业学院学报》2018 年第 4 期。

[2] 警力无增长改善论,是指警察机关在不增加人员编制、器材装备的前提下改善和提高警力。

[3] 肖军:《英国国家情报体系构建及反恐应用启示》,载《中国刑警学院学报》2019 年第 1 期。

后果的严重性使其容易成为恐袭目标。在防控理念上,应以城市地铁站台为中心,将周边复杂区域和交通连接线纳入防控目标。在防控策略上,应坚持情报主导,发挥人力和技术多元监控的优势,强化警力合理布局,探索有效疏散和救援的途径。在防控措施上,应结合暴恐犯罪特点,综合运用重点区域武装巡逻、重点线路警车巡逻、随机性背包检查和可疑人物表情与行为分析等方法,提高防控灵敏度和有效性。

(一)问题的提出及研究现状

1. 城市轨道交通安全是反恐的重要阵地

随着全球反恐力度的加大和反恐国际合作程度的深化,恐怖组织和个人发动大规模袭击的可能性微乎其微。但也不可否认,扁平化指挥结构、自主化行动策略和“独狼”式袭击模式使我们对恐怖袭击的防控更加困难。

从近年来全球范围的恐怖袭击情况看,城市大众交通枢纽已成为恐怖分子选择恐袭的重要目标。而相比于民用航空,城市轨道交通枢纽更为脆弱,易受攻击性更强,因此,多次成为严重恐怖爆炸袭击的对象。全球范围发生的城市地铁恐怖爆炸案有数十起之多,死伤惨重、影响重大的恐袭多发生于各国重大城市,且共同的特点都以城市地铁为袭击目标,在爆炸袭击的细节层面也有一些共同性。例如,在袭击时间上,多选择上下班或乘坐地铁的高峰期。此种做法能使爆炸和恐慌效果最大化,同时也利用了高峰期人流众多,安检难度大的特点;在爆炸方式上,以多点、多次的连环爆炸为主要形式,说明恐怖袭击预谋的长期性和系统性;在爆炸物安置的具体位点选择上,列车、站点及相关联的公共交通工具都是恐袭潜在对象;在具体的爆炸形式上,以人体自杀式炸弹和背包炸弹为主要方法(如表4-1所示)。

表4-1 典型地铁恐怖爆炸案基本情况[1]

城市	首次爆炸时间	具体位置	爆炸物类型	爆炸形式	伤亡情况（人）
马德里	2004年3月11日上午7时39分	列车车厢、车站	自制手机遥控炸弹	多次多点：4列火车、10次爆炸	死191、伤2050
伦敦	2005年7月7日上午7时49分	地铁、公共汽车	自杀式爆炸	多次多点：3辆地铁、1辆巴士	死52、伤700余
莫斯科	2010年3月29日上午7时50分	车厢、地铁站台、公园	自杀式爆炸	多点多次：1节车厢、1处站台、1个公园	死41、伤100余
明斯克	2011年4月11日下午5时56分	地铁站台	自制遥控炸弹	一次爆炸：站台座椅	死11、伤100余
布鲁塞尔	2016年3月22日上午8时	机场、地铁站台	自杀式爆炸	多点多次：机场、地铁站台	死28、伤90余

上述恐怖爆炸都发生在国际知名城市，不难想象，在恐怖主义日益猖獗的背景下，这些地方的安保措施不可谓不严格。但血的事实证明，各国对于城市轨道交通枢纽防控恐怖爆炸的能力仍有提升的空间。近十年来，轨道交通在恐怖袭击的目标中约占30%，因恐怖袭击造成的死伤人数，轨道交通占到了近50%。[2] 恐怖分子之所以将城市地铁系统作为袭击的目标，是因为在地铁实施恐怖袭击造成重大人员伤亡的同时，更能引发"剧场效应"，对公众心理和社会秩序产生更为深远的伤害。

从防范恐怖爆炸的角度讲，各国都作了大量的努力，但总体的防控

[1] 该表数据由作者根据新闻报道整理得出。

[2] 刘启刚、曹雪飞：《我国应对地铁恐怖袭击的策略探析——从比利时布鲁塞尔遭遇恐怖袭击谈起》，载《公安教育》2016年第5期。

工作处于“敌暗我明”的大背景下，且反恐也不能因过度反应而削弱公共设施和机构原有的社会功能。因此，我们必须建立针对城市轨道交通安全综合化防控的一般模式，将防控恐袭置于日常工作之中，这也是我们开展此项研究的根本目的。

城市地铁、轻轨等轨道交通枢纽的特殊性，尤其是其在建筑设施本身的结构和功能方面的对外开放性、流动性、人员密集性等特点，决定了其易受攻击性。而现实情况表明，我们对于城市轨道交通枢纽的反恐预警和防范工作仍有值得总结、借鉴和改进之处。尽管从我国的情况看，我们尚未遇到以城市地铁、轻轨系统为目标的大规模恐怖爆炸袭击，但这并不等于我们可以放松警惕，更不能说明我们的防控措施已经万无一失。相反，这在一定程度上恰恰容易引起我们的松懈和麻痹，甚至对现有防控策略和措施的有效性作出错误的评估。因此，在科学分析城市轨道交通防控特点的基础上，从血的教训中汲取正反两方面经验，对进一步提升我国城市轨道交通枢纽防控恐怖爆炸袭击的能力具有重大的现实意义。

2. 城市防控恐怖爆炸的研究现状

在应对城市地铁系统恐怖爆炸方面，域外一些国家和地区基于其现实的受害经历及对既有防控措施的检验，积累了较为丰富的经验，形成了一套由情报主导，将技术检测与人员监控、有效的资源调度与部署、专业防控与日常服务、科学疏散和紧急救援于一体的综合对策体系。尽管难言完美，但类似的研究和经验总结给反恐防御和应对提供了科学指导和有效指引。美国学者詹姆斯·梅茨格（James Metzge）通过对全美各大城市地铁系统安防体系的考察，结合近年全球范围针对城市地铁系统的恐怖爆炸袭击案例总结出了“城市生态防御”理念及层次化警力布局的预防预警措施，旨在为以城市地铁系统为代表的公共交通体系加装立体防护。[1] 基于城市地铁内部空间结构及普通安保措施的相似性，该研究

---

〔1〕 James Metzger, *Preventing Terrorist Bombings on United States Subway Systems*, California：Naval Postgraduate School，2016，p. 25－26.

结论对其他国家有一定的参考价值。

在现实层面,我国在防控城市地铁系统恐怖爆炸袭击方面是成功的,但从另一角度看,这也意味着我们对此缺乏足够的警觉性,而经验总结和理论提升也相对欠缺,尤其是对新的反恐防爆技术和策略方法的应用,我们都有必要借鉴"他山之石"。

国内实务界和理论界对城市地铁防控恐怖爆炸的总结和理论分析还处于起步阶段,成果数量有限。如闵剑从对地铁防御和应对爆炸、纵火、核生化的视角探讨应急指挥体系、应急处置预案、应急处置队伍、技术应用和强化安检提出了框架性对策建议。[1] 尽管论及恐怖爆炸,但并非研究中心,因而提出的措施操作性稍显不足。张帆对全球六大都市地铁的安检措施进行了考察,用以对照和发现安检体系和措施的不足。[2] 周同伟从技术层面对城市地铁监控系统高效、灵敏、集约地应用于轨道交通安防提出了系统架构与具体方案,这对防御城市地铁恐怖爆炸具有技术支撑作用。[3] 还有学者从布鲁塞尔地铁爆炸案入手,探讨我国应对包括爆炸、纵火、核生化在内的地铁恐怖袭击的策略。

上述这些研究对于构建有效的城市地铁恐怖爆炸立体防御、提升我国公共交通反恐预警和处置能力有较大价值。但也应当看到,目前针对城市地铁的恐怖袭击主要以爆炸为手段,这从近年来的案例中可窥一斑。因此,地铁系统反(防)恐需要纳入社会防控体系,要借鉴"城市生态"理念,着眼于技战术和操作层面提升防范恐怖爆炸的直观效果,通过对现有资源投入和警力投入做策略性和技术性调整来有效增强防御能力。因此,本书从具体策略和技战术层面的探讨具有必要性。

---

〔1〕 闵剑:《地铁反恐怖策略初探》,载《江苏警官学院学报》2013 年第 5 期。

〔2〕 张帆:《全球六大都市地铁安检现状》,载《湖南安全与防灾》2014 年第 6 期。

〔3〕 周同伟:《视频监控在地铁运营和安防需求上的应用分析》,载《中国安防》2014 年第 6 期。

(二)城市地铁系统易受攻击性及恐怖爆炸防控重难点分析

1. 城市地铁系统具有潜在的易受攻击性

恐怖袭击实际上是恐怖分子“理性”的选择过程,是恐怖分子对目标的脆弱性及袭击的预期损失进行综合考量的结果。袭击伤亡程度、造成的社会恐慌度及媒体关注度是总体要素。恐怖行为易发生于城市的重要建筑、重要设施、重要交通线路、大型群众集会场所等。[1] 城市地铁系统之所以多次成为恐怖爆炸袭击的目标,是因为其符合目标选择时关于易接近性、袭击影响的重大性及恢复力弱的综合要求。

(1)城市地铁具有较高的易接近度。当前的恐怖袭击以大众化和非特定化目标为基本方向。城市地铁作为载体量巨大的大众交通工具,具有较强的易接近度。

首先,地铁系统的进出口多,环境安全管控难度大。从环境安全的角度讲,封闭性越强,安全管控的难度越小,反之开放性越大,安全风险就越大。对恐怖分子来说,多个进出口意味着他们可以选择的进出路线多,这对于其增强成功率降低失败风险是有利因素。同时,“这些交通工具上众多的相互陌生的临时旅客为恐怖分子提供了极好的掩护。而交通工具具备的昂贵设施、有限拥挤的空间、无组织秩序的乘客使恐怖袭击的杀伤性效果得到了保障”[2]。

其次,相比航空运输,城市地铁系统承载的人流量更大,且流动性更强。一方面,乘客无法承受长时间的安检时间成本,这在客观上导致安检工作无法做到像航空运输那样完全彻底;另一方面,地铁安检和安保工作专业性不足。

(2)地铁爆炸袭击产生重大影响性。城市地铁恐怖爆炸会造成巨大的经济损失,以 2005 年英国伦敦发生的地铁恐怖袭击案件为例,在恐怖

---

[1] 岳虹:《全球化背景下的城市反恐——以奥运安保为例》,华东师范大学 2009 年硕士学位论文,第 13 页。

[2] 刘汾:《试论城市中的恐怖主义:根源、特征与治理手段》,复旦大学 2008 年硕士学位论文,第 9 页。

袭击中造成4亿多英镑的损失。而且,由于人员众多且密集,加之专业应急处置和救援相对匮乏,每次针对地铁系统的恐怖袭击都可能造成大量人员伤亡及民众长时间的心理恐慌。作为地下空间,城市地铁具有封闭性,一旦发生恐怖爆炸,封闭环境就可能因恐慌而造成拥挤、踩踏等更为重大的二次伤亡。从一般心理分析,恐怖袭击造成的普通民众心理恐慌程度与袭击目标的特殊化程度成反比,即越是具有公共性的普通空间发生恐怖袭击,对民众的恐慌心理影响越大。这也是恐怖分子选择诸如城市地铁等公共交通枢纽实施爆炸的原因之一。

(3)地铁系统恢复力偏弱。作为地下公共空间,地铁系统具有的封闭性和隐蔽性,有时可能成为安全掩体,但这样的建筑空间在设计时"存在忽视预防和应对恐怖袭击威胁的安全设计考虑"[1]。一旦遭遇袭击,城市地铁系统可能需要花费数周甚至更长的时间才能恢复运营。同时,由于其对民众造成的心理影响,恐怖袭击可能在一定范围内影响民众对其他公共交通设施的安全信任,进而导致城市运转不畅,经济社会受损严重。

2. 城市地铁系统恐怖爆炸袭击的防控重点

作为城市交通枢纽,地铁系统实际上是由若干个相互独立且关联的部分所构成的。不仅如此,从"城市生态"理论看,作为城市重要公共交通枢纽的地铁系统实质上是连接其他城市重要建筑和场所的中转渠道。因此,从反恐立体防御讲,对可疑人员的监控、对爆炸物的探测和检查及对预谋性恐怖爆炸行为的技术防范等,都不能局限于"地铁站"本身,需要做合理的延伸防御。笔者认为,实践中,防御区域主要有三个层面,即地铁站台、站点周边区域及连接重要站点的交通工具。

(1)地铁站台

地铁站台是人们进出地铁车厢的必经区域,也是安全检查最为严格

---

[1] 王殿玺:《试论城市地下公共空间的反恐问题》,载《地下空间与工程学报》2012年第1期。

的区域。由于地铁站台承担人员交互和导流功能,使站台人员密集度极高、流动性大。从恐怖袭击的预期伤亡度看,站台无疑是他们袭击的重点目标,而地铁的封闭性则成为恐袭造成二次伤亡的重要因素。

从预警措施看,站台保护主要由进出口安检、固定视频监控、流动人员检查三个方面构成。站台的安全防控看似具有人防、物防、技防及固定防御和流动防御一体的特点,但事实上,当前绝大多数的地铁站台安全检查都有较多漏洞。

首先,抛开站台进出口安检的技术设备灵敏度等技术层面的问题不说,仅从当前的现实情况看,安检人员人为疏忽或主观过错方面的问题仍较多存在,其本身就是隐患之一。比如,尽管地铁安检有北京式的“逢包必检、逢液必检”或上海式的“大包必检,小包抽检”等方式〔1〕,但据笔者观察,每天高峰期的安检对随身行李的检查都有所疏漏,即并未做到对人员和行李百分之百的查验。

其次,地铁站台工作人员的人工安检未能给显在的、固定的技术安检提供足够的补充。技术安检是显在的、固定的防范环节,就恐怖爆炸袭击而言,恐怖分子有较为充分的时间选择规避方法,这就需要更为灵活的专业人员基于经验判断的安检作为支持。尽管地铁站台也警务巡逻,但在专业性、针对性方面仍显不足。尤其是对于可能的爆炸装置类型和外观包装、可能的携带方式、不同爆炸装置的掩护策略等,安检人员缺乏必要的识别技能。

最后,地铁站台的视频监控与图像分析的智能化和专业化程度有待提升。现有的地铁站台视频监控大多用于事后回放分析和图像证据资料搜集,难以满足恐怖爆炸预防的要求。对于视频图像的使用也未能配置经过专门反恐培训的人员,因而无法针对恐怖爆炸的行为人特征进行有效的预警识别和现场干预。

---

〔1〕 张帆:《全球六大都市地铁安检现状》,载《湖南安全与防灾》2014 年第 6 期。

(2)站点周边区域

相对而言,通过多层防御进入站台区域实施恐怖爆炸难度是较大的。因此,在有些案件中,恐怖分子就会退而求其次,在站点周边人群相对密集的区域实施爆炸,或者多点多次爆炸。

地铁站所处的位置不同,周边环境大不一样。而就恐怖爆炸袭击而言,伤亡预期、大众心理影响程度仍是他们考量的重点。因此,站台周边诸如商圈、公园、集市等区域都存在遭到恐袭的高风险。尽管存在有限的警务资源使用的问题,但有效的策略性资源调配及专业防范与日常管理相互融合的理念和做法必定能使防恐效益大幅度提升。因此,有必要按照区域协调的理念合理配置警务资源,将周边重点区域也纳入地铁系统安全防护的范围。

(3)连接重要站点的交通工具

从现实案例看,连接站点的交通工具如公交车,通常也可能成为恐怖分子在制造地铁爆炸时的响应点。这些交通工具的爆炸能与地铁站点爆炸形成呼应,从而最大限度地制造社会恐慌。从策略上讲,这部分交通工具安全属于日常安全防范的范畴,但如果我们能将其置于防控体系之中,则所形成的网格化多层次防控的效果必然更优。

(三)城市地铁恐怖爆炸立体化防控思路及技术策略

恐怖爆炸具备刑事犯罪的一般属性,因而,我们可以运用犯罪预防的经验。同时,这种理念也时刻提醒我们,在性质上反恐更多的应当是警务工作,而非军事行动。[1] 正是基于此,城市地铁系统恐怖爆炸防控的基本思路也是立体化犯罪防控理念的体现。

但因恐怖犯罪特殊性,对以城市地铁系统为目标的恐怖爆炸活动的预警、防范、处置和管控都需要总结和提炼更具针对性、操作性的策略措施,进而以务实的行动保障重点区域和目标的安全。因此,本部分将在

---

〔1〕 Clark Mc Cauley, *War Versus Justice in Response to Terrorist Attacks*, Oxford: Psychology of Terrorism, 2007, p. 44 -65.

论述立体化防控思路的基础上，重点结合城市地铁的特点，根据已有经验提出具体防范恐怖爆炸的技战术策略措施。

1. 立体化综合防控基本思路

(1)情报引导

高效而灵敏的情报引导是反恐工作的关键。有效的情报工作能为防范恐袭提供必要的时间和战机，降低恐袭的成功率。总体上，恐怖与反恐怖斗争处于“敌暗我明”的状态，但这并不意味着我们就对黑暗中的敌人的一切袭击都束手无策。目前针对城市地铁进行“冷兵器”式的袭击几乎难以实现，利用核生化等手段进行袭击也极大地受到条件制约，因此，防御爆炸形式的恐怖袭击将是重中之重。当然，进攻和防御是一个二元动态关系，恐怖爆炸袭击也受到诸多主客观因素的影响，从情报工作的层面把握其中的要素对于有效防御恐袭是极为有利的。

就城市地铁防控恐怖爆炸而言，首先，要充分利用国家层面的反恐情报体系，从宏观层面对恐怖活动发生的区域、目标、方式、行动特点等进行常态化评估和风险等级预警。对于不同城市、不同区域的地铁系统要根据相应的风险等级做好防范工作。当然，从国家层面讲，我们要通过与其他国家和地区的反恐情报合作及时准确地把握敌对恐怖组织和人员的动向，进而达到反恐预警的最佳效果。

其次，要以涉恐犯罪重点人物的社会关系网管控为中心，以恐怖爆炸所需的客观物质条件为线索开展特定的情报工作。

无论是恐怖组织还是个体恐怖分子，他们的任何破坏活动都无法脱离正常的社会关系网。尤其是恐怖分子准备爆炸装置、获取所需材料和信息、接受袭击指令等环节，都依靠特定的社会关系网络创造条件，须知这些活动本质上都可以用于防范的预警情报。要充分利用人力情报源和技术情报源两大优势。对重点区域的重点人员、与爆炸物品及原材料有关的重点行业均应以阵地控制的模式采取人力情报“盯守”的方式，必要时物色可靠特情。同时，要利用网络情报的搜索、筛查、模糊寻找功能，根据恐怖分子的网络交流规律、暗语使用等情况，发挥网络技术主动挖掘情报的价值，为恐怖爆炸的预警打下基础。

（2）多元立体监控

“多元立体监控”，是指要改变以往专门力量单一作战的理念，充分发挥城市地铁系统内所有人员和监控设施的异常状况识别和报告功能，从而构建起一个强大的恐怖爆炸嫌疑行为检测系统。

具体而言，一个完善的城市地铁监控系统由设备监控和人员监控两大部分构成。设备监控主要是安装以地铁站点为中心的视频图像监控，人员监控从广义上讲不仅应当包括地铁安保人员的专门监控，而且应当将一般地铁勤务人员、普通乘客等都纳入其中。

笔者认为，无论恐怖分子是采用自杀式还是非自杀式、遥控式还是定时式爆炸，他们都有较长时间出现在地铁人员的监控范围中。由于他们携带物品的特殊性，在外观、行为举止、面部表情上会有异常，同时，基于爆炸袭击与恐怖分子自身安全的必然联系，即便接受“圣战”极端意识“武装”的人也会有心理的波动。这些都可能外化为异于常人的表征。因而，加强对专门安保人员、勤务人员及普通乘客的观察辨识力教育具有重要意义。上述人员也能够成为立体监控的重要组成部分。

视频图像监控作为技术监控形式具有独特优势，一定数量的视频设备构成了城市地铁系统安全防范的重要保障手段之一。以伦敦地铁系统为例，它拥有超过 6000 个视频探头，并配有专门人员进行实时查看。[1] 从功能上讲，这些监控不仅可以作为安全事件发生后调查取证的来源，而且可以作为异常行为发现和恐怖活动防范的手段。数量庞大且布局合理的视频监控系统是恐怖分子谋划和实施地铁爆炸必须跨越的现实障碍。

当然，视频监控尽管能捕捉现场画面，但仍需大量人力辅助可疑画面筛查，其局限性也相对明显。基于此，一些国家在重点城市地铁系统

〔1〕 Michael Fickles. Preventing Mass Transit Terror Attacks，http://govtsecurity.com/mag/preventing_mass_transit/，2019 年 4 月 4 日访问。

内开始安装部署“智能探头”。例如，纽约警察局反恐部门在地铁系统所使用的IBM智能监控系统就是一种新技术的尝试。这种智能监控系统是将视频探头与电脑相连接，并对地铁环境异常行为与正常行为进行程序化处理，进而在捕捉画面时由电脑自动对异常行为进行识别报警，同时，有专业人员进行即时再确认，从而发现可疑人物和可疑行为。[1] 例如，该系统针对“背包炸弹”袭击将乘客背包的行为动作程序化，如果视频捕捉到某人将其随身背包放置于某处而离开若干秒后又取回，则是正常行为。如果他将背包卸下放置于某处后径直离开，则是可疑行为，电脑会自动报警，并由专业人员确认后，通知现场安保人员进行快速反应。相较于传统的监控，这种智能探头能起到初步筛查的作用，就恐怖爆炸预警而言，能提高效率和反应速度。

此外，普通乘客也是重要的监控资源。乘客们遍布于整个地铁系统的每个角落，是潜在最为广泛的情报信息来源。当前不少国家城市的机场和地铁系统都在发动旅客进行可疑行为的报告。以美国为例，在“9·11”事件后提出的“If you see something, say something”全民预警报告行动，要求每一个公民主动报告身边可疑的人、事、物。[2] 例如，在机场和地铁系统等候区，广播会不断提醒乘客注意行李物品不要离身，其目的不在于告诫财物安全，而是提醒广大乘客注意身边的可疑行李物品。一旦有人将背包、行李箱等留在某处独自离开，使其处于“无人看守状态”达到一定的时间，除智能监控外，乘客也会立即报告安保人员，进一步的疏散、查询、检查行动就会开始。

地铁系统的工作人员是更有条件辅助预防式监控的力量。他们每天在地铁系统工作、活动，更有能力分辨“正常”与“反常”。目前一些国家开展了专门针对这一人群开了恐怖行为识别训练课程。其中包括对

---

〔1〕 IBM Research Website. S3：Video Search Enhances Security and Operational Insight, http://domino. research. ibm. com/comm/research. nsf/pages/r. multimedia. innovation. 2007. html? Open&printable，2019年4月4日访问。

〔2〕 Peter Chalk. Tighten Up Mass-Transit Security, http://www. rand. org/commentary/082206ND. html，2019年4月4日访问。

预谋实施恐怖爆炸人员的行为特征的识别训练,使他们对恐怖分子袭击前的踩点预演环节的异常行为具有更专业的识别能力。目前,美国的地铁员工要接受一项“敌意行为监视监控”课程培训,主要是通过让员工了解一些潜在恐怖分子在现场可能出现的特征来进行可疑行为的识别。这些特征主要包括:嫌疑人有意识地观察安保人员和设施的位置;对进出口位置表现出异常的兴趣和关注;非必要地询问安保人员相关信息;对一些非观光点进行拍照或绘图;超长时间滞留站台[1]。

(3)立体式多层次警力部署

城市地铁预防恐怖爆炸需要综合的警力部署计划。以地铁列车本身及其进出站台为中心,以周边重要节点和主要道路为载体,合理部署警力预警并配合常规性检查也是日常防控的必要内容。

例如,我们可以某城市地铁为中心,将与之临近的站台区域、周边城市公园、商业街区纳入部署空间作为巡逻预防的警力节点,并以连接重要站点的道路为纽带作为定期、不定期常态化车辆检查的节点,从而设计警力分布的点、线、面的勾连和照应等。

警力部署应考量人口负荷、流动强度、警力点相互间的支援关系等,同时,也应使流动警力与固定警力点(公安局、派出所)保持合理的位置关系,形成外围预警、防范和应急处置的网络。这种常态与机动相结合的警力部署与巡逻巡查尽管是以一般性的异常行为、异常人员、异常物品为主要目标的,但对防范以爆炸为形式的恐怖袭击来说,同样有效。因为面对警力巡逻和查验,无论是何种形式的爆炸物与人的结合还是爆炸物、人、车的结合,都会出现一定的异常表现或反应,故而立体化多层次的部署和巡逻能对恐怖分子产生一定的预警、恫吓效果。

(4)有效疏散和救援

恐怖分子选择城市地铁系统进行爆炸袭击,目的就是要利用这一复

---

〔1〕 Peter A Winski, *A CompStat Counterterrorism Strategy to Protect Train and Subway System*, Monterry:Naval Postgraduate School,2008,p. 18 –23.

杂环境尽可能制造严重的人员伤亡和群体心理恐惧。从典型的城市地铁恐怖爆炸案例中可以发现,恐怖分子可能在短时间内多点实施爆炸,这就增加了疏散和救援的难度,同时也说明专业化应急救援处置的极端重要性。

传统上,城市地铁系统对于突发状况应急有相应的预案和力量配置,但就应对恐怖爆炸袭击而言这些配置显然是不足的。通常,城市地铁系统的应急处置都有地铁系统内部协调处理,其内容大体包括列车应急、人员疏散及救援,但就应对恐怖爆炸而言,这种应急处置的缺陷也是较为明显的。恐怖爆炸现场疏散和救援需要更为综合和专业的力量参与,至少在预案设计中应强化区域指挥员的角色并突出警察部门、消防力量和紧急医疗救护的作用。

针对城市地铁这一特定的目标区域,我们可以参照《反恐怖主义法》第六章"应急处置"部分所规定的"指挥长负责制"确定城市地铁区域的指挥长角色,统筹指挥各方面力量参与城市地铁爆炸现场的疏散和救援。指挥长最主要的职责就是要在爆炸发生后,综合现场情况及时确定疏散和救援的具体方案,并指令各参与力量协同落实。在这一过程中需解决的主要问题如下。

第一,确定爆炸影响范围内的地铁列车驶离危险区域,以就近原则组织调度车上乘客进入安全地带;在爆炸站点及时确定现场人员的疏散路线,利用广播系统由地铁安保人员组织引导带离危险区。

第二,组织警察力量及时赶赴现场,执行区域封锁和秩序维持,防爆、技术、侦查小组佩戴专有标记开展相应工作。

第三,组织消防力量在地铁运营人员协助下,根据爆炸及现场破坏情况组织对火情、毒气及毒物等救险处置。

第四,组织紧急医疗救护力量对现场进行救援。

此外,还应根据情况对爆炸现场周边的公共场所、公园、集市、公共交通工具发出警报,并通过城市广播系统引导人们进入安全区域。当然,根据恐怖分子有可能多点实施爆炸的特点,现场疏散和救援力量应有后备和机动,以便实施多点同时救援。

2. 城市地铁恐怖爆炸嫌疑人员监控和检查策略

城市地铁防控恐怖爆炸的综合应对措施既要有全面细致、科学有序的事后紧急处置,也要有技战术层面有准确灵敏、合法高效的监控和处置策略。正如前文所述,相比于机场安检,城市地铁系统由于进出口多、人口总数庞大、人员流动迅速等特点,其安检措施相对薄弱。而恐怖分子很可能利用上述特点成功实施爆炸。这就需要我们在日常防控中从犯罪者心理出发,总结他们行为的规律特点,强化监控和检查的策略技术,增强发现嫌疑、识别破绽和制止袭击的能力。

地铁环境的监控和检查属于常规性巡逻保护,一般不宜采用强制性、侵入性措施,因此,策略技巧的运用极为关键。此外,地铁站外围的检查防控也能在很大程度上起到外线防御和威慑的作用,因而,要坚持内外结合及常规检查与专门监控结合的策略。

(1)反恐防爆专门化检查

合理部署警力,提高民众见警率,不仅能提升群众安全感,也能起到防范恐怖袭击的作用。在预防城市地铁系统恐怖爆炸袭击方面,我们认为,下述措施是必要的。

第一,重点场所武装巡逻。在情报引导下对城市地铁站点及周边设施进行风险评估,并对这些重要场所和区域进行不设预定线路和时间的武装巡逻,其目的在于加大对这些范围的警力威慑。全副武装的警察巡逻首先能起到一种视觉冲击的效果,对于震慑潜在的违法犯罪分子、强化民众安全感具有直观作用。巡逻的具体时间和路线可以根据情报和分析评估的结果随时调整,使恐怖分子无法掌握其规律性。武装巡逻中可以通过对可疑人、事、物的询问调查进一步掌握这些区域的情况和动向,这也是搜集社会面情报的过程。武装巡逻在一定程度上能影响或改变预谋袭击的恐怖分子的原有部署和计划,迫使其作出调整,增加其暴露的概率。

第二,警车路线化巡逻。站点繁忙,人员众多的时候是恐怖分子选择的时机,因此,对于城市地铁的外围,要强化警察的常规训练。这种巡逻不需要投入过多的警力,但要确保巡逻的全面性,即提高民众的见警率。同理,这种方法主要也是通过随机检查来凸显预防的威慑力。

第三,随机背包检查。进入地铁站的乘客随身携带箱包行李众多,全面查验难度较大。从地铁爆炸案例看,背包炸弹是恐怖分子经常使用的袭击方式。因此,对于进入地铁站点区域(包括尚未进入地铁站的)的背包,可以采取随机性抽查的方式进行人工检查。这种检查要讲究方式方法,不能表现出歧视性,要以事先的观察、判断并发现异常、反常的迹象为基础。

根据背包炸弹的特点,随机背包检查的重要观测点主要是:背包者的行走路线不确定,四处张望监控点或躲避安保人员;背包者衣着休闲轻松,但面部表情紧张,可能以帽子、墨镜等遮掩;背包者行走步伐谨慎缓慢,对背包物品异常小心;大多一人独行;无人看守的背包。

第四,车厢登临检查。车厢登临检查是指由警察小组(6—10 人)分别登临特定路线行驶的地铁列车车厢,在内部开展随车检查。检查的重点仍是行李物品和可疑人员。这种检查是地铁安全防控的最后防线,带有随机性,没有明确固定的目标列车,但也需要一定的情报引导,即防止完全的盲目性。

第五,爆炸物探测。爆炸物探测的技术性更强、准确率更高。根据相关国际公约,在生产炸药的过程中,添加了"可探测性物质",使得任何可用于实施恐怖爆炸的装置都具有可探测性,因此,可利用先进仪器筑起防范恐怖爆炸的安全屏障。[1] 目前,一些国家在其重点城市地铁系统中进行反恐防爆检测时经常使用一些便携式的探测仪,例如,纽约警方使用的"军刀 4000"化学合成炸药探测仪和离子迁移光谱测定仪,前者能在 8—10 秒内探测化学炸弹,后者能从带电粒子的移动中探测电子爆

〔1〕 陈怀远:《城市预防和处置恐怖性爆炸路径分析》,载《江西警察学院学报》2013 年第 5 期。

炸装置。[1] 同时,传统的警犬探测在城市地铁相对局限的空间中也能产生不错的效果。巴黎地铁系统运用警犬探测的效果就很明显。[2]

这些措施在一定程度上能形成以城市地铁安全为核心的内外预警防控网络。将日常安保与专门检查、警力巡逻与技术检测结合起来,对实施恐怖爆炸者起到现实的威慑和防控作用。

(2)可疑人员表情及行为分析

尽管恐怖分子想方设法进行掩饰或伪装,但他们内心的紧张、焦虑、害怕等因素仍会释放潜意识的表情和行为异常。通过对处于特定场景下的人的长期观察,是能在一定程度上总结出正常与异常的表情与行为系统的。此外,判断者还可以根据行为人与特定气候、环境等外在因素的融洽度来判断其是否反常。

地铁环境人员众多,对人员表情和行为异常性的分析判断是采取进一步预防措施的基础。当今很多国家都根据对恐怖袭击行为人的表情和行为要素来分析辅助反恐预警巡逻和重点人员防控。

例如,美国联邦调查局根据城市地铁系统反恐防爆的经验总结了安保巡逻初步观察分析要点。[3] 地铁系统内初步观察的异常迹象主要有:被人发现后立即离开;询问安保事宜;在地铁站点内作记录;在地铁系统内拍照;多次重复查看站内同一地点;受到询问时理由牵强;2—3 人同行。上述行为一般出现在恐袭者的预谋准备期,这些异常表现的系统集合构成了初步嫌疑点。

针对恐怖爆炸行为的特点,一些国家的反恐情报和执法人员对以重点场所为目标的自杀式爆炸袭击者的表情和行为异常特征进行了总结,并将这些特征观察和分析的方法要领传授给城市地铁安保人员。例如,以色列反恐部门认为,下列行为要素可以作为判断嫌疑的直接依据:与

---

〔1〕 Sergeant Arthur Mogil, *NYPD Counterterrorism Division Explosives Expert*, Newyork: Author Interview, 2008, p. 28 – 43.

〔2〕 张帆:《全球六大都市地铁安检现状》,载《湖南安全与防灾》2014 年第 6 期。

〔3〕 Peter A Winski, *A CompStat Counterterrorism Strategy to Protect Train and Subway System*, Monterry: Naval Postgraduate School, 2008, p. 18 – 23.

特定季节不相适宜且异常宽大、不合尺寸的着装;过度使用香水掩盖身上异味;身上有裸露的电线;神情恍惚;对任何现场指令没有反应;面色苍白,且刚刮过胡子;新近刮过体毛;凝视远处。[1]

以色列反恐部门的总结并非一定适合其他国家和地区,但其出于有效预警的目的而开展的表情与行为分析的理念无疑是有借鉴意义的。我们在开展特定区域和场所反恐预警时,也要善于从对人的异常表情和行为分析的角度为具体情境预防提供依据。[2]

(3)非对抗询问技巧

非对抗询问,是指反恐执法人员或其他安保人员在发现上述异常行为要素时,通过策略性的接近且在不流露直接对抗意图的前提下,对目标对象进行试探和验证,以有助于进行实质性甄别。背包携带或随身携带(捆绑式)是恐怖分子常用的携带爆炸物的方式,但现实中我们难以通过外观、着装、表情等直接观察来准确判断,这就需要辅以策略性的接触询问。

非对抗询问的关键在于问话的技巧及进一步的细微观察。询问要体现例行程序性,即要让询问对象感觉到没有外在的针对性和敌对性,同时,询问主体要时刻具备内在的敏锐性和防备性,以避免猝不及防的后果出现。因此,整个过程要做到自然接近,开放问话,谨慎分析、果断行动。

在接近和询问的时机上,可以从无关的非目标对象开始,以此掩饰询问的针对性;在问话主题的选择上,可以选择与地铁环境或出行信息相关的问题为切入点。例如,发现不合时宜的异常着装,可以从与天气和身体状况相关的问题开始,也可以从目的地的询问、出行目的的询问开始,进而分析和发现被询问者是否存在隐瞒、欺骗的成分。

---

〔1〕 James Metzger, *Preventing Terrorist Bombings on United States Subway Systems*, California: Naval Postgraduate School, 2016, p. 25 – 26.

〔2〕 兰立宏:《铁路反恐怖的研究现状及对策建议》,载《中国刑警学院学报》2017 年第 5 期。

同时,要注意进一步观察询问当时的被询问人的微表情和肢体语言反应。从实践情况看,这些微反应可能包括:心跳加速后的紧张;对询问含糊不清或闪烁其词的回答;反应延迟;脸红;眨眼频率异常快速;眼睛看地面,回避眼神对视;肢体动作与言语内部矛盾;重复前一问题的回答;出现结巴表现;无故出汗;频繁清嗓子;说话音调变高;打哈欠等。如果综合各方面表现和异常反应认为被询问人嫌疑极大,则可以当场依法采取相应措施。

三、城市重要建筑物防控恐怖爆炸的技术策略

恐怖分子遵循一种所谓的"炸弹哲学",即他们往往首选爆炸这种成本低、破坏性大、感官刺激强烈、造成的心理恐惧感深远的方式来达到他们的目的。从全球看,以各种类型的炸弹(汽车炸弹、路边炸弹、自杀式炸弹、邮包炸弹等)为手段实施的暴恐活动占比不低,且因其本身巨大的杀伤性而受到恐怖组织青睐。恐怖分子使用简易爆炸装置,包括车载简易爆炸装置,是常见战术。这种袭击不仅能造成人员伤亡,而且破坏建筑物等物质结构,使建筑物在倒塌或毁损过程中造成更大人员及财产损失。同时,从恐怖主义本身的剧场效应看,"媒体对恐怖爆炸事件的报道比对其他手法的恐怖主义活动的报道更加生动"[1],这也更容易激发恐怖分子采用爆炸手法。在2018年全球恐怖主义指数记录的20起最致命的恐怖袭击中,有9起涉及使用爆炸物,其中8起由自杀式炸弹袭击者实施。在其余的袭击中,爆炸物是在塔利班袭击阿富汗主要城市加兹尼时引爆的。[2] 为此,除了从人员的角度,从城市建筑物的角度研究防范恐怖主义爆炸也具有特殊的价值。

---

〔1〕 See, Dale, Stephen F, *Religious Suicide in Islamic Asia: Anticolonial Terrorism in India, Indonesia, and the Philippines*, The Journal of Conflict Resolution, Vol. 32:1, p. 37 – 59 (1988).

〔2〕 Hafez, Mohammed M, *Suicide Bombers in Iraq: The Strategy and Ideology of Martyrdom*, Washington, DC: United States Institute of Peace Press, 2007, p. 89 – 93.

（一）恐怖分子实施城市恐怖主义爆炸的考量因素

有学者基于犯罪学理论及城市恐怖主义爆炸的实际案例得出结论认为，目标、武器、工具和便利条件是恐怖分子为从事恐怖活动而考量和利用的四个关键情境性因素。具体而言，“目标”涉及恐怖袭击发生的物理结构。在城市中，一些目标是是静态的，如一些暴恐案件以纪念碑和交通枢纽为目标，也有一些是移动的，如移动中的车辆等；“武器”是指恐怖分子在袭击目标时可以选择使用的手段，如炸药、枪支和刀具等；“工具”包括用于辅助实施攻击的日常物品，如钱、交通工具、各类证件等；“便利条件”是指能有助于恐怖分子实施恐怖袭击得逞的各种其他因素，如进入特殊建筑物的身份要件、熟悉的通道等。

从过往的针对城市建筑物发动的恐怖主义爆炸案件看，作为目标的建筑物多有如下特点：一是暴露的目标，主要是那些突出的和引人注意的目标，如高层建筑；二是重要性目标，如供电、供水、通信设施所在建筑物；三是对国家和社会具有标志性意义的建筑，如“9·11”事件中的双子楼，北京“10·28”金水桥案件中的天安门金水桥等；四是一般性的合法目标，比如基层派出所、军队哨所、基层政府办公场所等；五是相对更容易被暴力摧毁的目标，如俄罗斯别斯兰事件中的学校等；六是具有一定便利性的目标，如昆明“3·1”事件中恐怖分子就地实施暴恐袭击；七是容易攻击的目标，即那些容易进入并实施恐怖袭击，且很少或根本没有安全措施的目标，如幼儿园、养老院等。

（二）城市目标建筑防范恐怖主义爆炸的技术措施

1. 城市目标建筑的风险评估

对恐怖主义的防控尽管是一项实际工作，但也需要科学理论作指导。根据城市目标恐怖袭击的特点，创建一种风险模式，进而根据模型指示强化城市目标的防范是至关重要的。如前所述，从过往发生在城市的恐怖主义爆炸案件的统计情况看，恐怖组织选择什么样的目标是有系统性考量的。从防范的角度来看，城市目标遭受恐怖爆炸或袭击的风险程度也是不同的。为此，从防范的科学性，至少从理论科学性的角度来看,可以对城市目标基于其风险指数进行等级划分,进而根据预设或评估的风险等级做好相应的防御性措施。比如以 0—5 分为风险指数,对城市目标设定不同风险分析的参数进行赋分,将最易遭受攻击的目标的某一参数赋分为 5,将最不容易引发攻击的目标的参数赋分为 0,通过各方面参数的加权对城市目标进行风险指数的量化排序,进而指导反恐部门开展预防预警和防控处置工作。

笔者认为,具体参数指标可以参考前文所述的七个方面,例如根据城市目标的重要性对城市单位、建筑物、场所、环境等进行等级划分,例如城市供电、供水、网络通信设施、金融机构等属于重要性的第一档,可赋分为 5;又如从标志性角度看,城市中的一些重要纪念碑、纪念馆、重要场馆等可赋分为 5;等等。通过这项工作,就能够使我们对城市目标的恐怖爆炸防控有更直观的排序指导,同时基于风险评估本身的科学性,也可以增强我们对城市目标的恐怖爆炸防控工作更有针对性、有效性。

2. 采取措施强化城市潜在恐怖爆炸目标的防御能力

这里的“防御能力”主要包括两个方面:一是提升预警防范能力,使恐怖组织、恐怖分子难以实现对城市特定目标的爆炸袭击;二是提升爆炸抵抗的强度,使恐怖爆炸发生时减少其造成的各方面损失。简而言之,就是通过强化防御能力,达到不(少)发生和无(小)损失的目的。在具体措施层面,也可分为两类:一是强化措施,旨在使恐怖分子无法攻击目标,或者使恐怖分子认识到无法成功而放弃攻击目标[1];二是采取加固措施,即通过增加城市潜在目标的结构性整体稳定和抗击强度使其遭受爆炸后降低损失[2]。

---

〔1〕 Horowitz, Michael C., *Nonstate Actors and the Diffusion of Innovations: The Case of Suicide Terrorism*, International Organization, Vol. 64:1, 2010.

〔2〕 Weinberg, Leonard, *Observations on the Future of Terrorism*, in: James O. Ellis Ⅲ (ed.) Terrorism: What's Coming, The Mutating Threat. Oklahoma City, OK: Memorial Institute for the Prevention of Terrorism 2007, p. 41.

3. 强化城市目标多层补充的保护以降低伤害和损失

关于炸弹袭击，反恐专家梅耶（Meyer）通过研究提出了减少炸弹爆炸预期伤害的四种主要策略：一是降低攻击成功的概率；二是减少爆炸袭击造成的损害；三是减少袭击者从一次成功的攻击中获得的利益；四是增加袭击者的攻击成本。[1] 基于这样的层次性策略，就城市目标防控恐怖爆炸而言，应采取多层次相互补充式的保护措施，构成一个协调一致的体系，进而实现整体安全。如前所述，防御能力总体上包含两个层次和目的：一是通过威慑和预防减少恐怖袭击的可能性；二是通过加固和快速恢复减少恐怖袭击造成的影响。

比如为了降低恐怖分子对城市目标进行炸弹袭击成功的可能性，首先需要考虑如何采取措施来阻止和防止恐袭爆炸。从恐怖袭击使用的炸弹本身看，最常用的是邮寄炸弹和人为放置（包括自杀式炸弹）炸弹两种情况。

对于前者，除了要提高相关人员对简易爆炸物（包括其包装等附属物品）的识别判断能力，还需要在一些重点目标采用一些技术措施进行预警预防。比如在技术上可以强化炸弹嗅探犬和便携式爆炸物探测装置等的应用。还可以设置专门的邮件检查室，邮件检查室的位置应位于建筑物的外部，并考虑到在邮件炸弹引爆的情况下炸毁墙壁等的特殊情形的防护能力等。

对于后者，可以从场所管控程序和技术措施两个方面进行强化。“大多数炸弹都被放置在适当的位置，因此控制出入是保护目标最重要的事情。”建立一个有出入控制程序的安全缓冲区，通过缓冲区进行分流隔绝，可以防止恐怖分子进入，同时允许授权人员进入。具体而言，就需要设计一套关于场所管控的筛查程序，比如在入口处设置安检岗，要求访客向接待人员出示身份证件等，同时要保存记录访客和服务人员到达

---

〔1〕 Ganor, Boaz. n. d., *The Rationality of the Islamic Radical Suicide Attack Phenomenon*, in: Countering Suicide Terrorism. Herzliya, Israel: IDC Herzliya, Institute for Counter Terrorism, ICT, p. 8 –11.

和离开时间的详细日志。也可以为工作人员和访客使用易于区分的身份标识物,如徽章等,根据身份标识物的不同来规范访客和工作人员可以进入的不同区域。

4. 依托物理空间屏障和监控技术防范汽车炸弹

汽车炸弹是恐怖组织常用的针对城市目标实施恐袭的方法之一。鉴于恐怖组织实施汽车炸弹袭击的案例,应采取“用空间换时间”的思路通过强化物理空间屏障,降低恐怖爆炸及其破坏力。一是可以通过封路、限速、交通改道、中央分隔带和安全护柱等延缓车辆靠近重要目标的时间,使安全保卫人员有充分的机会做检查。二是可以通过重要目标的周围“自然”环境的改变,强化防范汽车炸弹等的能力。如通过强化建筑物周边植物(带)、街道设施、围栏等,增加自然和物理的阻隔力。三是可以采取一些低技术的措施,降低恐怖分子安置炸弹的概率,如将重要目标周围的垃圾桶改用透明材质,以防止恐怖分子利用垃圾桶等为掩护物。

智能感知技术,如车牌智能识别、智能人脸识别、智能行人监控等技术,除适用于一般场景下的反恐防控外,同样适合于防范预警针对城市目标的恐怖爆炸。

5. 通过城市目标建筑物的技术性改善降低爆炸破坏力

前述以空间隔离等技术,以空间换时间的思维,在很大程度上能降低城市目标遭受恐怖爆炸的概率,同时,我们也需要从最坏的角度考虑,一旦恐怖爆炸发生,如何通过技术性措施降低爆炸对人员和建筑物的伤害。这是需要将反恐置于建筑学角度加以考虑的,实际上也对反恐怖研究提出了交叉性分析的新要求。

从降低破坏力角度看,我们认为可以从如下方面作技术性改善。

第一,通过强化建筑物结构的延展性,降低遭受爆炸冲击后整体倒塌等情况发生的概率。城市目标遭受的恐怖爆炸一般威力较大,而从实践情况看,除爆炸本身造成的伤亡外,建筑物的坍塌等次生原因导致的伤亡也不小。为此,对于重要目标应通过增强其结构的延展性降低结构性倒塌,比如增加承重柱或承重墙的抵抗性,增加混凝土、钢板等材料在建筑物中的比例,同时,也可以通过强化混凝土层和支撑墙之间的连接来提升其载荷量。

建筑物的附属性设施的改造也能起到减轻爆炸破坏力的作用。比如使用夹层玻璃、防爆幕墙或者在重点墙面使用能够捕捉和容纳爆炸产生的射弹和弹片的网帘,以降低爆炸后的碎玻璃碎片造成的人员伤亡。在建筑材质方面,在现有玻璃上通过防碎膜技术或能够吸收能量的强力塑料或钢缆、钢条等能够“捕捉”爆炸冲击物的系统,也能起到一定的效果。在设计和建造新的重要建筑物时,从防爆或降低二次破坏角度,可以选择使用防爆和防火材料,或者在墙的内侧添加塑料层或薄板,使其成为具有冲击波屏蔽功能的防爆墙,替代现存的砖石墙等,这些都是可以通过适度有限的改良达到好效果的举措。

第二,疏散逃生路线,完善小型设施等的设计和应用,对于减少爆炸影响,降低伤亡的作用也很大。提供良好的疏散路线,包括良好的标志、安全避难区和应急照明,有可能减少炸弹爆炸造成的影响。比如,美国在1993年世界贸易中心爆炸后,总结经验改进了许多建筑物的内部安全疏散装置,包括改进每层楼的语音通信系统;为残疾员工提供个人疏散椅;在楼梯间设计使用发光涂料以标记台阶和扶手;在楼梯间的门上张贴发光标志;标明楼梯间的名称、楼层和最近的重返楼层;为应急系统增加备用电源;为楼梯间的应急灯增加电池组等。上述措施,尽管改造力度和成本不大,但实际收效却是非常明显的。未来,处于反恐及应急方面的功能需要,类似的设计都应当纳入行业标准化的应用之中。

第三,强化外围监控,提前预警预防。此类措施包括安保人员徒步和乘车巡逻,使用防爆视频监控系统等进行重点区域全覆盖全时段监测等。监控措施的应用其带来的预防预警效果是不言而喻的,但也有意见担心,城市空间中可见的反恐措施会引发恐惧,并导致公众过度焦虑。“反恐措施不断提醒用户或游客,该地区被视为潜在的恐怖袭击目标。”[1]但事实

---

〔1〕 Byman, Daniel, *Curious Victory: Explaining Israel's Suppression of the Second Intifada*, Terrorism and Political Violence, Vol. 24:5, p. 826(2012).

上,这些措施非但不会对居民产生负面影响,“可见的安全措施显然会让人们感到更安全”[1]。在具体策略上,采取诸如视频监控等措施也可以从公开和“伪装”两个方向进行操作,前者是指一般能让人看到的诸如监控探头设备等方式,后者是指将视频监控设备镶嵌在建筑物或景观设计中,以强化其隐蔽性的做法。当然,对于监测中通过人工智能自动识别比对人脸等到底是否侵犯了人的权利的问题,是可以在一定层面作法律探讨的。无论如何,从恐怖主义防控的技术效果看,强化外围监控是极其必要的。

---

〔1〕 Byman, Daniel, *Curious Victory: Explaining Israel's Suppression of the Second Intifada*, Terrorism and Political Violence, Vol. 24:5, p. 833(2012).

第五章　出入境环节及边境地区恐怖主义防控策略

当前的恐怖主义具有地缘性和跨境流动性双重特点，出入境管控是形成境内外反恐合力的必要举措。暴恐分子有“合法”和“非法”两种出入境方式，“合法”方式常以伪造的证件为条件，“非法”方式多以陆路边境地区为突破口。暴恐分子跨境迁徙常有以互联网为媒介的事前勾连，以极端思想为跨境的理念认同基础，跨境迁徙与其他国际犯罪相交织。应从恐怖主义预防的整体效果出发，在范畴上，须以“出入境”为中心节点，将管控措施向“前后延伸”，即对涉恐嫌疑人员出入境前后的行踪动向加以掌控，并形成涉恐情报体系的重要组成部分；在力量使用上，须以“出入境”管控为主要发力点，形成境外反恐与境内反恐的双向合力，国际反恐合作与国内反恐的深度融合；在措施上，须将法律资源的拓展与技术手段的应用相结合，提升全流程预警、监控和打击的效果。鉴于昆明火车站2014年的“3·1”恐怖袭击也与边境恐怖主义防控有密切关系，本章将立足调研，以云南边境地区为例，探讨防控恐怖主义的技术策略。

当前的恐怖主义日益呈现地缘性和跨境流动性的双重特点。一方面,任何性质的恐怖组织都要以一定的地域为重心拓展他们的影响,强化他们的势力,最终谋求他们邪恶的政治目的。他们需要以一定的地缘为土壤,形成其破坏力量的基点。另一方面,受美国“反恐战争”负效应的影响,伊拉克、阿富汗等国变成了国际恐怖势力的聚集地,也客观上演变成了地缘性恐怖势力跨境勾连的目的地。国际恐怖分子的跨境勾连在一定程度上实现了恐怖组织的人力交互和资金流动,增强了其破坏能力和反恐人员对他们的追踪管控难度。在反恐背景下,“运动中的个人”已经成为非传统安全中的一个重要组成部分。[1] 从国籍国的角度来看,当今国际恐怖势力在跨境流动上主要有出境“圣战”和回流“圣战”两种形式。其中出境又以伊拉克和叙利亚为主要目的地。有关国际恐怖分子流动情况的研究报告指出,在叙利亚与伊拉克的外国恐怖主义参战人员中,有 10%—30% 返回了来源国或者滞留在中转国[2],进而成为影响各国国家安全的不稳定因素之一。可以说,国籍、疆界等各主权国家固守多个世纪的藩篱在国际恐怖分子面前已显得无力[3],反恐亟须从以主权疆界为主的模式转变为跨疆界合作的模式;“合作安全”的理念和机制在反恐背景下显得尤为重要。

就我国而言,早在 2010 年,公开报道中就已经显示,新疆地区的恐怖活动与活跃在阿富汗、巴基斯坦以及中亚等国的国际恐怖组织有千丝万缕的联系,有相当数量的中国公民在境外接受“基地”组织等恐怖组织

---

[1] 戴长征、王海滨:《国际人口流动中的反恐问题探析》,载《中国人民大学学报》2009 年第 2 期。

[2] See Tom Keatinge, Identifying Foreign Terrorism Fighters: The Role of Public-Private Partnership, Information Sharing and Financial Intelligence, at http://icct.nl/publication/identifying-foreign-terrorist-fighters-the-role-of-public-private-partnership-information-sharing-and-financial-intelligence/.

[3] 叶俊:《国际恐怖主义犯罪人引渡的法律困境》,上海人民出版社 2015 年版,第 49 页。

的训练后，伺机潜回中国境内，组织、策划恐怖活动。[1] 近年来，随着我国境内反恐力度持续加大，恐怖分子在我国境内虽仍有潜藏和生存的土壤，但已受到极度挤压，因而迁徙式暴恐活动已成为新的特点和趋势。我国境内的恐怖分子也已利用伪装和掩护在境内移动，并伺机非法出境。有研究表明，目前我国境内的恐怖势力在一定程度上形成了“新疆→兰州→西安→南阳→边境或国内其他地区”的秘密迁徙路线。[2] 除在我国境内迁徙流动外，国际国内恐怖分子跨境交互的趋势也日益明显，目前具有“由外入内”的回流与“由内往外”的出境“圣战”并存的恐怖主义风险。“东突运”组织依托其在境外一些国家和地区的合法地位遥控指挥和组织、策划对我国境内目标的袭击。特别是随着“伊斯兰国”在中东地区的败退，恐怖分子的“外溢”效应显现，相对应就形成了“回流潮”，入境中国实施暴恐活动的风险极大。同时，随着我国国内打击恐怖主义和去极端化工作的不断深化，境内恐怖主义势力的生存和隐藏空间日益狭小。而目前，伊拉克、阿富汗、叙利亚等国仍盘踞大量国际恐怖主义势力，这也成为国内暴恐分子的主要出境目的地。大量实例表明，在境内实施恐怖活动日益困难的情况下，“出境”已成为恐怖分子的首选策略之一。

在恐怖分子境内外勾连不断加深、迁徙流动式暴恐活动成为其重要行动模式的背景下，将反恐防御的阵线前移就有了切实的必要性。有效的出入境管控尽管并非根除恐怖主义的方法，但对于切断恐怖分子的移动和勾连路线，进而降低遭受暴恐袭击的风险，仍有极大作用。由于长期以来我国的反恐主要立足国内，对迁徙移动式暴恐活动的规律研究和认识不足，对如何做好出入境环节的反恐预警预防工作缺乏系统思考，对境内外一体化反恐合作的机制建设尚处于探索阶段。因此，以恐怖主

---

〔1〕 李微敖：《2013 反恐：有新疆公民在境外接受恐怖组织训练》，载《21 世纪经济报道》2013 年 12 月 30 日。

〔2〕《抓住“去极端化”的窗口期》，载新浪网，http://news.sina.com.cn/c/2015-06-04/045431911395.shtml。

义预防为目的,探讨出入境管控的相关问题具有重大的价值和意义。

一、当前暴恐分子出入境的途径和特点分析

我国境内的恐怖势力与包括“伊斯兰国”在内的境外恐怖势力有着千丝万缕的联系,从当前的反恐形势看,可以说中国恐怖活动的根源在境外。在“一带一路”倡议深入推进的背景下,中国反恐实际上要从原来的境内中心转化为境内外双中心。而境内外恐怖势力要完成勾连对接,进而实施对我国境内外目标的破坏袭击,必然要选择出入境的现实途径。对他们的出入境途径和特点进行分析有助于提升应对策略的有效性。

(一)暴恐分子出入境的途径分析

在宏观层面,暴恐分子有“合法”和“非法”两种方式出入境。所谓“合法”方式,是指在符合国家出入境相关要件、取得出入境证件的基础上,从国家法律明文规定的出入境关口通行。在这种情形下,尽管通关渠道本身具有合法性,但也存在恐怖分子通过非法手段获取“合法证件”或利用伪造的证件进行通关的情况。比如,国际恐怖主义参战人员前往伊拉克和叙利亚参加ISIS,其中不乏一些通过合法渠道辗转出境前往目的地的。〔1〕 就我国而言,同样面临恐怖活动人员利用合法渠道出入境的情况:一是境内人员利用合法身份申请出境,并通过第三国转道前往伊拉克和叙利亚等目的地;二是境外“东突运”组织利用其在一些国家的合法身份获取入境中国的“合法手续”而进入中国境内。由于在上述两种情况下,相关人员可能既无违法犯罪案底,又具备合法出入境的要件,因而增加了管控的难度。基于此,我们需要强化情报信息主导的重点人员研判,在“宽出严进”基本策略的指导下采取有效的管控措施。

“非法”方式,是指暴恐分子通过非法偷越国边境的方法,即从非法

〔1〕 周振杰:《欧盟国家防治外国恐怖主义参战人员对策研究》,载《中国刑事法杂志》2015年第6期。

定国边境通关口出入境。众所周知,中国拥有漫长而复杂的海上和陆上边境线,尤其是陆上的毗邻国家众多。基于自然环境和条件等原因,陆上边境可能成为恐怖分子出入境的突破口。当前,从区域恐怖活动活跃程度和热点地区的分布看,与我国新疆地区接壤的中亚和南亚国家、地区,以及与我国云南、广西接壤的东南亚地区都是国际恐怖组织较为集中的地区和主要活动地。中国与上述地区国家的陆路边境地带环境复杂,边境管控的基础薄弱,加之一些国家本身国内局势不稳,这给恐怖分子偷越国边境提供了条件。

在应对策略上,对于非法偷越国边境实施跨境恐怖活动的,我们需要在进一步强化出入境边防管控的同时,有效利用包括大数据在内的多源情报信息,提前研判分析恐怖分子的行为活动轨迹及异动状态,对他们进行严密防范和严厉打击。

(二)暴恐分子出入境的特点分析

无论是作为个体的恐怖分子抑或是作为整体的恐怖组织,其采取特定形式的恐怖活动都是基于理性计算的,因此可以说任何形式的恐怖活动都有一定的规律和特点。分析其特点,揭示其规律,是我们开展反恐怖工作的基础。从近年我国发生的暴恐分子出境"圣战"及回流的情况看,主要存在以下方面的特点。

1. 以互联网为媒介的事前招募和勾连是前提

境内外恐怖势力的勾连必须要有一定的基础,其间也有一个从接触、试探到信任的过程。特别是在跨境的背景下,恐怖分子的联络会受到语言障碍等因素的影响,而互联网作为虚拟空间和跨境联络的重要平台为恐怖组织招募人员及相互联系提供了隐蔽的途径。从国际恐怖主义活动的大环境看,境内外恐怖分子本身具有通过互联网进行双向互动的需求。当前,"东突运"势力在境外一些国家仍拥有合法地位,他们有条件利用互联网,通过定向或不定向方式发布暴恐音视频,一方面宣扬极端暴力思想,蛊惑民心,扩大其知名度和影响力;另一方面起到联络和招募境内潜在暴恐分子的作用。从现实情况看,目前我国境内有不少不法分子通过“翻墙”、网盘下载等途径获取暴恐音、视频等非法宣传资料，也存在利用 Tiwtter 等国外社交软件与境外暴恐分子联络并接受极端暴力思想或接受招募的情况。境外“东突运”势力常通过网络渠道不定向地发布和推送暴恐宣传资料吸引境内潜在对象，一旦出现意向性目标对象，便会进行“点对点”招募，发展成员，进而蛊惑怂恿他们实施境外遥控指挥下的非法出境。

2. 以宗教极端思想为组织认同和群体融合的基础

我们当前所面临的恐怖主义是极端宗教、民族分裂、暴力恐怖三位一体的。其中极端伊斯兰宗教意识形态是思想根源，它以“东突运”恐怖势力所炮制的“泛伊斯兰主义”“泛突厥主义”为宣传的核心命题，对外排斥“异教”，搞民族分裂和暴力恐怖，对内笼络人心，成为恐怖组织实现组织认同和群体融合的话语基础。

在具体实施方法上，境外恐怖势力在完成与境内潜在对象思想上和行动上的对接后会逐步诱导他们出境参加“圣战”。从这一特征上我们可以发现，境外“东突运”势力的互联网宣传和招募策略仍带有一定的“目标导向”性，即以有一定极端宗教思想或民族分裂意图的人为重点对象。因此，这也在一定程度上使我们更加明确了出入境管控的基本方向，即要以境内潜在招募对象的特性及具有极端宗教势力组织和力量根基的境外目的地为重要考量，谋划具体的管控和应对措施。

3. 以陆路边境非法偷渡为主要手法

中国与邻国之间有漫长的海上和陆上边境线，理论上都可能成为暴恐分子非法偷渡的选择路径。但从近年来的实际情况看，鉴于海上偷渡的高危性以及境外极端宗教势力恐怖组织盘踞地的状况，从陆路边境偷渡成为其首选。

从现有研究看，在陆路边境出入境的具体选择上，主要有两条热点路线。一是暴恐分子从我国新疆边境地区出入境，可通往中亚五国、阿富汗、巴基斯坦等地。由于境外恐怖势力在上述国家的一些地区具有较强的实力，也有一定的生存土壤，因此这一路线对境内暴恐分子有一定的吸引力。但随着中国与上述国家的反恐合作不断深化,边境的日常管控和对非法出入境行为的打击力度不断加大,加之从我国西北边境非法出境会受到严酷的自然环境限制[1],这也致使暴恐分子出入境的成功率较低。二是以我国云南、广西等西南边境为出入境通道,将东南亚国家中以穆斯林为主要人口组成的国家和地区为目的地,进而转道前往伊拉克、叙利亚等国。目前,从我国西南边境前往东南亚诸国已成为暴恐分子出入境的主要方式。

4. 与其他跨国境犯罪相互交织

恐怖主义是当今世界的"毒瘤",其本身没有任何底线可言。由于国际恐怖主义组织需要巨额资金维持运转,许多恐怖主义组织无法从正规渠道弄到巨额资金,毒品、武器交易、走私、海盗就成为他们获取巨额资金的重要渠道。[2] 出入境本身是其他一些跨国犯罪的条件或行为方式,因而暴恐分子的非法出入境往往与其他以跨国境为特征的犯罪活动交织在一起。一方面,非法出入境成为暴恐分子获取实施物资装备的重要渠道,为境内实施暴恐活动做准备。同时,暴恐分子也通过非法出入境渠道从事诸如石油和文物走私、贩毒等犯罪活动以实现资金积累。[3] 这就要求我们正确认识恐怖分子跨国境犯罪与其他跨国境犯罪的关系,尤其是在情报信息研判等方面,不能将一般跨国犯罪与恐怖活动犯罪截然分割,在特定情形下必须谋划对相关犯罪活动的一体化预防和打击策略。

---

[1] 比如暴恐分子要穿越瓦罕走廊进入阿富汗,或翻越天山山脉进入中亚都会面临边防检查和自然条件的双重阻隔。我国警方曾破获一起暴恐分子预谋非法出境的案件,他们利用七八月气温相对偏高的条件试图翻越天山,在境内网购御寒服时被警方利用大数据分析技术发现线索,进而查获归案。

[2] 戴长征、王海滨:《国际人口流动中的反恐问题探析》,载《中国人民大学学报》2009年第2期。

[3] 比如有报道指出,ISIS 在占领叙利亚古城巴尔米拉等地时就大肆掠夺和破坏古城文物,并通过跨国的非法文物交易来获取资金。同样,在伊拉克等地,通过走私占领地的石油获得资金也是其融资的主要方式之一。

二、反恐背景下我国出入境管控存在的主要问题

当前，中国反恐在战略上正在迎来调整期，即从以新疆为主战场的境内中心向境内外双中心转变。这一战略调整与近年来国内反恐所取得的成效及“一带一路”国际合作深入推进实施中海外利益保护的现实需求相契合。但这一“双中心”反恐的实施还处于起步探索阶段，特别是对于境外反恐，虽有国内法作为依据，然则细化不足，操作性欠缺。因而在反恐出入境管控上仍存在不少现实问题，亟待破解。

1. 对出入境环节在我国反恐战略中的重要性认识不足

当前，中国反恐已经进入了一个新的阶段，总体上体现为由局域反恐向全域反恐转变，由境内反恐向境内外协同反恐转变。在法律层面，《反恐怖主义法》第 69 条、第 70 条和第 71 条对我国边境地区相关部分开展跨国境区际反恐合作，开展境外反恐提供了法律依据。在实践层面，经过近年综合施策的反恐打击和治理，我国国内的恐怖主义势力生存空间被极度压缩，但由于“东突”等恐怖组织在境外一些国家有合法地位作支撑，恐怖主义的境外“种子”并未被铲除，因此境外反恐将成为我国今后治理恐怖主义的重要内容。

出入境环节是衔接境内外反恐的重要基础，出入境管控是切断恐怖组织人员及物资跨国境流动的重要举措。但是，由于出入境本身承载的功能具有特定性，传统的合法出入境事务重服务轻管控。尽管近些年我们加大了反恐边防管控的力度，但在总体上无论是相关法律机制的建设，还是一体化情报支援，抑或是专业人才培养和技术设备投入等，都与全面防控恐怖主义的要求有一定的差距。

2. 反恐出入境管控的情报支援力度有限

相比于普通刑事犯罪的防控，反恐更需要精确的情报引导。特别是面对“伊吉拉特”迁徙移动式的暴恐活动时，恐怖活动的隐匿性、动态性对反恐情报提出了更高的要求。正如前文所述，暴恐分子有合法和非法两种方式完成出入境，实现跨国境勾连，而上述两种情形对反恐情报支

援的需求有差异。就实际工作而言，当前我国对通过合法渠道的出入境者主要侧重基于法律文件的形式审查，缺乏对可疑出入境人员进行实质审核的情报和信息来源。《环球时报》记者曾在伊拉克作过调查，发现土耳其政府“发放空白护照让‘东突’嫌犯入境”，这些嫌犯在土耳其入境后辗转赴伊拉克和叙利亚参加“伊斯兰国”等极端组织。[1] 在这种情形下，仅根据护照、签证等法律文件将无法有效审查出入境人员的真实身份。同时，在对非法出入境进行管控时，现有措施在时空上也仅立足于边防边检及边境区域的“点”上管控工作，未能形成涵盖出入境前的可疑情况、出入境时的可疑状态和出入境后的可疑动向等“前后延伸”一体化情报应用体系，也就无法提供充分的反恐情报支援。比如我国目前仍缺乏对申请入境人员的信息在国内外职能部门间传递共享的机制，“涉及外国人服务管理的信息和数据不能在日常工作中被及时传递和共享，更难以实现信息的预警作用”。[2] 这种局面可能导致情报信息供给与出入境反恐实战脱节，鉴于情报信息的欠缺与恐怖活动管控的疏漏成正向关联，因此增大了出现“漏网之鱼”的可能性。

3. 出入境环节预防性人身管控法律机制有待完善

根据《反恐怖主义法》第 39 条的规定：“出入境证件签发机关、出入境边防检查机关对恐怖活动人员和恐怖活动嫌疑人员，有权决定不准其出境入境、不予签发出境入境证件或者宣布其出境入境证件作废。”但正如前文所述，有些恐怖活动人员具有“形式”合法的相关手续和证件，因此基于“形式”的或以相关“证件”为依据的核查将较难产生预防效果。实践中，除“形式核查”外，出入境边防检查机关也会根据携带物品、行踪轨迹等进行综合研判以确定出入境者是否具有恐怖活动嫌疑。但我们认为，具体的核查处置措施仍有不足。比如，《反恐怖主义法》第 40 条规

[1] 参见《“东突”分子如何潜入 IS. 土耳其涉嫌乱发假护照》，载中国青年网，https://news. youth. cn/jsxw/201412/t20141211_6226214. htm。

[2] 张惠德、王莉、刘华：《论反恐维稳背景下的出入境管控》，载《中国人民公安大学学报（社会科学版）》2018 年第 1 期。

定:“海关、出入境边防检查机关发现恐怖活动嫌疑人员或者涉嫌恐怖活动物品的,应当依法扣留,并立即移送公安机关或者国家安全机关。”此外,《出境入境管理法》也规定,对于具有外国国籍且边防检查机关认为“可能危害国家安全和利益”的时候,执法机关享有一定的限制其人身自由的权力,这些限制人身自由的措施包括当场盘问、继续盘问、拘留审查、限制活动范围、遣送出境等。[1] 尽管现行法律明确了在出入境环节可以采行的措施,但可以预想到,在迁徙式恐怖活动日益复杂化的背景下,恐怖活动人员的交互回流隐蔽性极强,在很多情况下,反恐调查可能更多依据情报主导的判断,出入境调查无法达到采取刑事司法措施的证据程度。同时对于潜在恐怖活动人员而言,极为有限的盘问和拘留审查措施并不足以真正起到“主动预防”的效果。目前亟须根据反恐预防的特殊需要设计法律机制,更好地针对涉恐嫌疑人进行人身控制和审查。

4. 出入境环节的反恐国际合作有待加强

反恐出入境管控涉及跨国境的法律合作机制,跨国境合作涉及主权及不同国家法律体系本身的差异性问题。很多情况下,反恐国际合作机制的缺失成为可供暴恐分子利用的机制漏洞。在主体上,反恐出入境管控涉及出境国和入境国承担反恐责任的相关机构的合作;在内容上,它涉及以出入境通关为核心环节的上下游情报信息共享与司法协作;在方式上,它可以涵盖情报交流共享、跨境联合侦查、证据材料互认、引渡等具体合作机制;在方向上,它必须根据一国面临的跨国境恐怖活动规律选择重点合作对象国开展工作。因此,反恐出入境管控的国际合作牵涉因素众多。

从反恐国际合作的地缘条件看,我国西北边境的出入境管控跨境合作已经进入到较高水平。而反观西南边境,尽管我国与东南亚各国之间的经贸合作发展迅速,但在包括反恐在内的非传统安全领域,我们共同建立的常态化法律机制较少,反恐合作的需求极大。东南亚各国都存在

---

〔1〕 参见《出境入境管理法》第58条、第59条、第60条。

恐怖主义和极端主义问题,因此,我国西南边境面临的迁徙式恐怖主义威胁巨大,亟须强化与东南亚相关国家以出入境管控为主要内容的反恐国际合作。[1] 事实上,我国与东南亚有关国家已成功开展过针对国际犯罪的联合执法,最为典型的是湄公河案件的联合侦查工作。这一工作尽管与跨境反恐合作有一些制度上的差异[2],但中、老、缅、泰四国在湄公河流域的联合执法为中国警务力量参与境外联合执法作战提供了模式借鉴。未来也可以在此基础上进一步推进在防止恐怖活动犯罪双边或多边共识的基础上的跨国境合作,以"合作安全"保障国家安全。

5. 出入境通关中的反恐技术应用程度有限

出入境边防检查有特殊的工作要求,尤其是就预防涉恐人员跨境流动而言,不仅要在通关环节极其有限的时间内准确核查证件的真伪、甄别人员的身份,还需要具有察言观色的微表情阅读能力和非常态举止的综合分析和研判能力。而在出入境通关人数众多,且涉恐人员隐蔽性、伪装性不断提高的情况下,出入境环节的人力查验会遭遇巨大压力。从某种意义上来说,对恐怖主义的防御没有容错率可言,因此如何提升查验核实的准确率和效率是亟待解决的问题。从目前的实践情况看,现代大数据、人工智能等新兴技术手段在反恐中的应用不断深化,极大提高了反恐识别的灵敏度和战斗力。但遗憾的是,在出入境管控环节,技术手段应用的普及性和深入度都不高。首先,入境人员身份识别的技术应用不足。出入境不仅要查验法律文件的真实性、有效性,而且需要对持有者的真实身份进行核实。欧美许多国家将诸如指纹信息等可用于身份识别的信息录入进相关出入境文件中,可快速查验身份。但这种智能化出入境证件在我国尚未完全付诸实施。其次,在出入境通关环节缺乏异常行为识别预警的技术应用,未能发挥技术辅助的违法犯罪行为预防

---

〔1〕 张惠德、王莉、刘华:《论反恐维稳背景下的出入境管控》,载《中国人民公安大学学报(社会科学版)》2018 年第 1 期。

〔2〕 恐怖活动犯罪的侦查打击涉及恐怖活动组织和恐怖分子的认定问题,各国的联合执法必须基于对特定组织或人员的共识性认定,这是其与针对杀人、抢劫等自然犯罪的联合执法的最大区别。

作用。最后,缺乏对重点可疑人员入境后的数据关联和轨迹分析。对于一些从涉恐热点区域入境或到过涉恐热点区域的重点可疑人员,应发挥技术手段对他们入境后活动轨迹分析研判方面的作用。上述技术手段应用的缺陷可能导致我们对一些入境重点人员在真实身份确定、可疑状况识别和活动轨迹把控上的不足,影响反恐预警预防的效果。[1]

三、基于恐怖主义防控的出入境管控措施完善

恐怖势力的跨国勾连和跨境移动将是今后恐怖活动的重要趋势和特征之一。就国际环境而言,随着"基地"组织和 ISIS 实力的削弱及中心地位式微,其对全球恐怖组织和人员的吸引力正在下降。一方面,现有恐怖势力亟须通过对外勾连形成新的核心力量;另一方面,一部分恐怖分子也在主动改变行动策略。他们开始陆续离开以伊拉克和叙利亚等地为中心的恐怖势力集中地返回国内,这种"回流潮"给各国反恐带来了新的巨大压力。就我国国内而言,近年来持续的高压反恐日益压缩了"东突运"势力的藏身空间,采取迁徙式活动策略并伺机出境参与"圣战"已成为恐怖分子重要的选项之一。基于此,在人员流动上,境内外恐怖势力的勾连必然以出入境为关键环节。然而,也应当看到,出入境管控仅是针对防控境内外恐怖势力勾连的措施体系中的一环。从恐怖主义预防的整体效果看,在范畴上,须以"出入境"为中心节点,将管控措施向"前后延伸",即对涉恐嫌疑人员出入境前后的行踪动向加以掌控,并形成涉恐情报体系的重要组成部分;在力量上,须以"出入境"管控为主要发力点,形成境外反恐与境内反恐的双向合力、国际反恐合作与国内反恐的深度融合;在措施上,须将法律资源的拓展与技术手段的应用相结合,提升全流程预警、监控和打击的效果。[2]

---

〔1〕 孙频捷:《技术情报在反恐工作中存在的难题及对策研究》,载《情报杂志》2019 年第 3 期。

〔2〕 刘炯:《"亚洲安全观"下的中国—东南亚反恐合作》,载《亚太安全与海洋研究》2019 年第 5 期。

（一）提高对出入境环节在预防恐怖主义工作中特有价值的认识

从总体国家安全观的视角看，影响国家安全的要素和因素都是动态的，国家安全保障也必须随着安全因素和要素的变化而调整。在反恐议题上，我们也必须用发展变化的眼光看待出入境管控对预防恐怖主义的价值和意义。目前，中国在由境内为主向境内外联动反恐转变的过程中，尤其需要重新审视和定位出入境管理工作承载的特殊反恐功能，应将其从服务和一般监管上升到总体国家安全导向的特别管控上。基于此，我们需要围绕出入境的核心工作在情报信息一体化、犯罪防控立体化、反恐联动化等层面加强制度设计、力量投入和技术辅助，以切实提高出入境环节的反恐实效。

（二）以"出入境"管控为中心，强化"前后延伸"的情报支援力度

众所周知，出入境通关环节的审查甄别受到时间和场景条件的制约，且一般多以形式审查为主。要真正发挥其在预防恐怖主义中的实质性作用，就必须强化对出入境环节的情报支援力度，实现情报驱动的精准管控。这就要求我们在实际工作中，做好出入境管控与入境前的情报信息核查、入境后的人员行踪轨迹研判之间的一体化衔接。

1. 对涉恐嫌疑人员入境的情报搜集与支援

具体而言，在境外层面，我国驻外使（领）馆应充分利用签发签证时的数据信息搜集、核查功能形成基本数据库，并与境内相关职能部门，特别是公安机关等实现可疑人员信息传递和共享。要综合申请人的基本情况、所到国家（地区）、入境目的涉恐风险等级预警以为出入境管控提供方向性指引。

在境内层面，应加强对可疑重点入境人员的监控与情报搜集，落实情报引导的人员管控。要结合入境前的前端情报信息研判与入境通关时的综合表现确定入境人员涉恐风险等级指数，围绕重点嫌疑人员在境内的人际网络关系、居住及行踪情况、物品购置及持有情况、境外联系情况等进行情报搜集与研判，形成"境外信息—通关情况—境内活动"一体化的情报支援体系，使对涉恐嫌疑人员监测管控工作向纵深延展，切实

增强预警预防的严密度。

2. 对涉恐嫌疑人员出境的情报搜集与支援

境内层面,应当针对出发地、国内过境地、非法出境地三者在迁徙运动中的特点,积极利用包括大数据等在内的信息技术条件,增强情报研判的准确性,实现“摸得明、控得牢、打得准”的效果。

第一,在出发地即以新疆地区为代表的潜在暴力恐怖分子潜藏的地区,应分类梳理重点区域及重点人员,严密监控相关人员的日常行踪、社交关系、人员往来、线上线下的物品购置情况、异动情况等。一些潜藏较深的极端分子、暴恐分子可能没有任何违法犯罪记录,日常表现也并非异常,因此要通过一定的技术手段,加强对他们利用网络等隐蔽渠道进行内外勾连、接受境外恐怖组织指令等的监控。比如一些暴恐极端分子为了逃避监控常利用包括 Facebook、Tiwtter 等境外社交软件,一些人也会利用某些特殊场所为掩护进行策划准备。因此,要善于从常态的基础情报中分析研判异动状态,在具体反恐情报分析中也要有大数据思维,将常态信息作拓展关联、反差关联等。在暴恐分子“出发地”要夯实基础情报的搜集工作和重点人员、场所的管控,同时积极发挥技术条件在情报工作中的优势作用,提供情报支援。

第二,国内过境地在暴恐分子迁徙途中具有重要作用,他们会利用过境的内陆各省、市反恐防控力度相对较弱的条件进行物质资源的补给。同时也可能在途对他们所接触的“同乡”“同族”等实施人员招募。在具体过境地活动方式上,暴恐分子可能会采取化整为零、分散行动的方式,并以旅游、经商、务工等为掩护,因此要在“流动”监控和“阵地”监控两个方面做好行踪控制和异动监控工作。

“流动”监控要把握人员迁徙的全方位动向,比如有无重点地区来的人员进入、其人员结合和联络的具体方式和内容、流动的人员随身物品及其变化的情况等,尤其要对其落脚点、对接联系人员的情况有准确掌握。从迁徙流动人员一侧尽可能全面地进行动态监控,掌握其目的地。

“阵地”监控要发挥社区工作人员、社区警务人员、商会等行业协会人员、专门情报人员等对出租房、酒店服务业、复杂场所、特殊宗教场所的监控作用,搜集相关人员异动情况以供分析研判。在暴恐分子过境地城市,要在利用和对接出发地反恐机构提供的情报信息的基础上,强化对特定人员的集中聚居区、特定的宗教活动场所的监控,要在租车行、出租车行业等从业人员中收集可靠的特情,以发挥他们在异常人员监控中的特殊作用。要加强对社区人员的特征识别和应对能力的培训,规范出租房管理,建立人屋联动的管理机制,充分发挥智能化手段在社区人员动态监控中的作用。[1]

第三,非法出入境地在一定程度上是暴恐分子的目的地,但实践表明,一旦出现出境遇阻的情况,暴恐分子就会转而改变行动策略,甚至采取就地袭击的方式完成"圣战"。因此,要建立有效的跨省市情报联动机制,特别是对于陆路边境线路线长、地形复杂、边防巡逻监管难点多的地区,更要落实情报导向的常态监控,并结合对特殊时间节点、特殊边境线段和特殊异常人群的特别监控,以全面掌握动向为基础,一手防非法出入境,一手防就地"行动"。对于暴恐分子非法出境的防控要与伺机就地袭击的防范有效结合,避免出现顾此失彼的错误。

在出入境环节防控恐怖活动,应注重日常情报信息分析对特定防控行为的有效引导和支撑。在暴恐分子整个迁徙移动过程中,反恐情报要注意分析研判的侧重点,进而从一般信息中发现疑点和重点。例如,在暴恐分子的出发地要注意搜集暴恐分子与境外恐怖势力事前勾连预谋的情报、关于暴恐分子结伙联络的情报以及路线选择的情报;过境地要搜集他们的行踪路线情报、接触的人事物方面的情报、购置物品的情报;非法出境地要重点分析研判其是否针对出境地环境条件进行工具准备、服装准备、便携式的凶器准备等行为。[2]

---

〔1〕 安璐、葛鑫:《反恐怖主义情报信息工作关联资源及其配置研究》,载《情报科学》2019年第8期。

〔2〕 刘智、陈明:《试论反恐战略决策与情报良性互动的障碍及我国应对之策——以美国2003年发动伊拉克战争决策失误为视角》,载《情报杂志》2018年第4期。

（三）建立出入境反恐预防性羁押制度，拓展涉恐线索审查的法律资源

正如前文所述，出入境环节的审查核实受到时间及执法环境的限制，因此要发挥这项工作在预防性反恐中的作用，不仅需要工作人员具备发现可疑线索的能力，也需要在法律上给予他们更大的限制嫌疑人员自由以备进一步审查的程序权限。暴恐分子往往对出入境做了充分的准备，且可能具备“形式合法性”的条件。在很多情况下，反恐调查可能更多依据情报主导的判断，出入境调查无法达到采取刑事司法措施的证据程度，同时对潜在恐怖分子来说，极为有限的盘问和拘留审查措施并不足以真正达到主动预防的效果。欧美一些国家出于反恐的需要，在其规范出入境的法律中设计了预防性人身羁押制度，即在符合一定的证据要求的前提下，可以对涉恐嫌疑人员进行一定时限的羁押，以便执法机关进一步审查。

比如新西兰和加拿大都通过相关立法，创设了一种“移民羁押制度”。〔1〕该制度的核心要义在于通过立法授权安全机构负责人基于情报线索和证据材料签发“安全风险认证”，证明某个人对国家安全构成威胁，并据此对该涉恐嫌疑人员实施一定时限的人身羁押。在羁押期间，执法机关可以对嫌疑人员进行“询问”等取证措施，以进一步根据证据情况分流处置。这是根据出入境环节开展预防性反恐的实际状况进行涉恐嫌疑线索审查的程序性羁押，它以情报信息为导向，赋予执法人员一定的行政执法裁量权。根据上述两国的立法，作出羁押决定的事实基础有两个：一是有涉嫌恐怖主义的客观证据；二是嫌疑人属于非本国人或无国籍人。〔2〕

我国当前在反恐出入境管控中面临的问题与其他国家具有一定的同质性，上述两国在出入境环节“预防性羁押”的制度实践也给我们提供

---

〔1〕 分别参见《新西兰移民法》第114条C款（2）（b）项和《加拿大移民和难民保护法》第77—85条。

〔2〕 从某种角度看，这也容易导致反恐中基于国籍的双重标准，因而我们应该对此进行修正。

了一定的制度参考。我们也可以围绕出入境环节的反恐需要,设置特别羁押制度,强化反恐预防效果。具体如下。

第一,坚持以反恐“安全风险”为判断依据,强调执法中的“风险认证”程序。我们必须坚持以安全风险为唯一依据,无论是本国籍还是非本国籍人员,只要有合理依据认为他们具有恐怖主义嫌疑,构成对中国国家安全威胁的,就都应依法依规处置。在具体操作上,鉴于出境和入境的不同效果,可以采取“宽出严进”的基本策略。但对于有重大恐怖主义安全风险的出境人,也可进行羁押审查。

第二,给予被羁押人必要的程序权利,贯彻“或释放或起诉”的处置原则。在整个羁押操作过程中,应给予嫌疑对象必要的知情权,即及时告知人身控制的基本事由并通知其家属;给予他们自我陈述和辩解权等。羁押期间允许调查机关展开询问,但禁止采用酷刑等非法手段。在继续羁押的后续处理中,如果排除嫌疑的应及时释放,并给予赔偿;如果符合刑事逮捕标准的,应及时起诉,不得进行无限期羁押。对于不符合入境条件其他情况者,可以在羁押后驱逐出境。

第三,重视行政羁押与刑事诉讼的程序衔接。在性质上,出入境预防性羁押是行政羁押,不具有惩罚性,其目的是根据出入境环节的安全风险判断给予执法机关进一步审查嫌疑的时间。一旦经过调查执法机关认定嫌疑人构成恐怖活动犯罪,则应当及时移交案件使之进入诉讼程序。而此前行政调查中的证据材料经过认证具有可采性。

(四)强化以反恐出入境管控为主要内容的国际合作

随着国际交往的不断深化以及安全问题国际化程度的加深,国际人口流动已突破了传统的经贸领域而演化成为重要的政治与安全问题。恐怖主义全球化使得跨境反恐合作的必要性和价值日益凸显,“‘运动中的个人’已成为非传统安全中的重要组成部分”[1]。中国的境外反恐要

---

〔1〕 戴长征、王海滨:《国际人口流动中的反恐问题探析》,载《中国人民大学学报》2009年第2期。

筑牢出入境关口这道防线，但鉴于恐怖势力流动性的基本特征，我们必须确立“合作安全”的新安全观，加强与国际社会的合作，形成内外反恐合力。

笔者认为在当前条件下，跨境反恐国际合作要把握“突出重点、错位发展、稳步推进”的工作基调。

首先，跨境反恐合作要根据当前我国面临的恐怖势力出入境的可能方向和途径以及可能涉及的境外国家地区的情况，突出跨境合作的重点。从陆路边境的情况看，我国陆路边境线长，有10余个接壤国家。陆路口岸从朝鲜对岸的丹东开始，以逆时针行，经俄罗斯、蒙古国等国，南至北部湾沿岸的广西东兴。除合法口岸外，超长的陆路边境线给恐怖势力跨境流动提供了一定的便利条件。在上述陆路邻国中，阿富汗、巴基斯坦、印度等国都有大量恐怖势力盘踞，加之上述国家中有一些地区局势不稳，动荡较多，恐怖势力在当地的影响力较大，因此也是我国境内恐怖势力进行内外勾连的重要目的地。目前，我国与陆路各邻国之间在区域反恐合作上的水平存在差异。总体上，依托上合组织，我国与中亚诸国的反恐合作基础厚、程度深、合作广，内容已涵盖情报信息交流、联合执法及司法协作、跨境联合反恐演练等方面，取得了不小的成效。因此，在未来反恐国际合作的地缘重点上，应以西北陆路边境的阿富汗以及与我国云南、广西等地接壤的西南边境邻国为主。这也更加符合从现实案例分析得出的恐怖势力跨境勾连的趋势。此外，鉴于国际恐怖主义活动的热点分布规律及地缘政治形势的综合研判，我们还应加强与尼日利亚、马里、索马里等恐怖主义形势严峻的北非国家的反恐合作。尽管我们与上述国家并不接壤，但国际恐怖主义的跨国联动性无疑需要我国与上述国家进行更广泛意义上的跨境合作。

其次，要根据现有与他国的反恐合作基础，确立以操作性、可行性为导向的错位发展机制，即与不同邻国建立不同的反恐合作框架和实施步骤。笔者认为，目前可以根据不同的合作基础区分三个层次的合作渠道：一是开展恐怖组织和恐怖分子名单互认工作，这是针对特定恐怖势力开展出入境联合管控的法律基础；二是反恐情报信息交流共享，主要围绕涉恐嫌疑人员跨境流动的情报信息开展双向通报，以供分析研判跨境的人员、路线、方式等具体情况；三是开展跨境联合反恐执法和司法行动，即实施超越主权限制的合作。上述三个层面的跨境反恐合作层次有高低，但符合当前我国与陆路边境邻国之间反恐合作基础具有差异性的现实，既体现针对性，也体现逐步深化的发展规律。[1]

（五）深度应用智能技术提升精准识别与管控水平

传统上，出入境管控工作具有"劳动密集"的特点。无论是合法关口的出入境通关管控，还是边防巡逻检查工作，都需要大量人力的投入。据统计，2017 年全国边防检查机关共检查出入境人员 5.98 亿人次，同比增长 4.76%，其中外国籍人员有 0.58 亿人次，同比增长 3.24%。[2] 人口流动本身是强化恐怖活动人员联系的重要社会条件，而他们也善于利用庞大的跨境人流进行伪装掩护，这更增加了执法人员在出入境环节有限的时间条件下核查身份、发现嫌疑和预警预防恐怖活动的难度。随着大数据、人工智能以及生物技术等新兴技术手段的成熟应用，反恐工作也应该确立向科技要战斗力的理念，强化在出入境人员管控中的技术辅助，进而提升预警预防、嫌疑识别、嫌疑人员监测监控的灵敏度和精准性。在技术手段的具体应用场景上，笔者认为，可以参照"延伸式情报支援"的基本思路，以签证环节、出入境环节和日常管控环节为重点，分别强化使用生物识别技术、涉恐分析预警技术和基于大数据的可疑轨迹跟踪技术。

运用生物识别技术，强化签证环节的个体信息留存和证件植入，提高入境人员源头性管控水平。比如"9·11"事件之后欧美国家在签证环节开发和使用了有助于入境人员身份识别的生物信息技术设备[3]，在

---

〔1〕 傅小强：《统筹反恐推进海外利益保护》，载《现代国际关系》2017 年第 12 期。

〔2〕 2017 年出入境人员和交通运输工具数量持续增长。参见中华人民共和国公安部网，http://www.mps.gov.cn/n2254996/n2254999/c5977788/content.html，2019 年 9 月 18 日访问。

〔3〕 张惠德、王莉、刘华：《论反恐维稳背景下的出入境管控》，载《中国人民公安大学学报（社会科学版）》2018 年第 1 期。

此基础上将驻外使领馆与其国内出入境管理形成反恐情报信息的融合体。日本也通过修改《出入国管理及难民认定法》部分内容,要求外国籍人员在登陆时需提供个人识别信息,以此作为配套国内反恐措施的组成部分。[1] 欧盟也在"9·11"事件后创立了一个"欧洲签证信息系统"(VIS),要求所有的签证申请者必须提供两种生物统计学数据,即数码照片和指纹存储在VIS里,以供更准确地进行人身识别。[2] 上述措施和做法已经成为国际社会基于反恐的需要进行延伸式出入境管控的重要技术手段,因此,我们也可以在签证环节予以借鉴。同时可建立重点范围、重点人员的签证签发评估机制,有针对性地开展境外预检,建立技术辅助下的高危人员辨别处置联动机制。

要运用人工智能支撑的涉恐分析预警技术,强化出入境通关环境下的"临场"异动研判。囿于通关环节的时间限制,出入境执法检查人员难以全面把握"临场"异常情况。从心理学角度看,涉恐嫌疑人员面对出入境检查必然会因心理紧张等而出现一些细微的反常表现。但鉴于这种异常反应时间短、不易察觉,因此有必要借助以人工智能为辅助的分析预警技术。笔者认为,我国应主要依托视频监控技术,开发智能识别和报警系统,发挥这些系统在异常状况识别和预警中的作用。当前,许多国家在重点复杂场所内安装部署"智能探头"。比如纽约警察局反恐部门在其地铁系统所使用的IBM智能监控系统就是一种新技术的尝试。这种智能监控系统是将视频探头与电脑相连接,根据异常行为与正常行为建立特征库并进行数据化、结构化,进而在捕捉画面时由电脑自动对异常行为进行识别报警。[3] 实践中,可以将基于人像的3D图像识别、

---

〔1〕 杨娜:《日本出入境管理中的反恐措施及其启示》,载《上海公安高等专科学校学报》2007年第6期。

〔2〕 B. Hayes, SIS Ⅱ: fait accompli? Construction of EU's Big Brother Database Underway, *State-watch Analysis*, p. 6. available at http://www. statewatch. org/news/2005/may/sis Ⅱ-analysis-may05. pdf.

〔3〕 IBM research website, S3: Video search enhances security and operational insight, http://domino. research. ibm. com/comm/research. nsf/pages/r. multimedia. innovation. 2007. html? Open&printable.

语音语义识别、可疑物品探测识别等融为一体,强化出入境环节的反恐技术应用水平。

当然,作为类似技术设备实战应用的前提,我们必须通过搜集分析历史案件中相关涉恐嫌疑人员的“临场”异动情况,科学构建特征数据库,以增强系统识别的准确性。

针对入境的重点涉恐嫌疑人员要充分运用大数据条件对他们进行可疑轨迹跟踪,以准确掌握人员动向,作为出入境管控工作的延伸。实践中,针对个别通过情报研判和“临场”分析确定的重点人员,可以将其所留联系电话、入境住宿情况、入境交往情况等作为线索,拓展大数据信息关联,掌握其在境内的活动轨迹。

四、边境地区防范跨境恐怖主义对策——以云南边境为例

云南地处祖国西南边陲,与越南、老挝、缅甸等澜湄国家接壤,边境线长,边境环境复杂,已经成为极端分子陆上潜入潜出的重要通道。2014 年发生在昆明火车站的“3·1”事件在很大程度上反映了我国在边境地区防控恐怖主义方面存在的问题。同时,还应当看到,近年来受国际反恐局势的影响,“东突运”恐怖组织化整为零,蛰伏在我周边东南亚各国,伺机派遣人员回流实施恐怖袭击的意愿日益强烈,从云南、广西等边境地区的输入性风险呈上升趋势。因此,诸如云南等典型的内陆边境地区面临的反恐形势依然非常严峻复杂。

(一)云南边境地区的反恐形势

云南地处中国西南边陲,与越南、老挝、缅甸接壤。近年来,“三股势力”在云南频繁组织人员偷渡,并在昆明发动就地“圣战”,制造“3·1”事件。[1] 云南成为国内暴恐团伙潜入潜出的重要通道,也成为我国堵截

---

〔1〕“3·1”事件是指 2014 年 3 月 1 日 21 时 20 分左右,在云南昆明市昆明火车站发生的一起以阿不都依木·库尔班为首的新疆分裂势力一手策划组织的严重暴力恐怖事件。该团伙共有 8 人(6 男 2 女),其中现场被公安击毙 4 名,击伤抓获 1 名(女),其余 3 名落网。此案共造成 31 人死亡,141 人受伤。

"三股势力"的最后一道屏障。云南处于全国反恐斗争的前沿,因为云南的地理位置特殊,已成为当前我国反恐怖斗争中的主要战场。

云南与缅甸、老挝、越南接壤,其中有 8 个州市 25 个县与缅、老、越接壤,11 个县市与邻国隔江相望。边境地区大多无天然屏障,口岸和出入境通道众多。边境两侧边民同宗同源、联姻互市、交往频繁,边民往来的小道、便道不计其数。从周边环境看,中越边境越方管控较严;中老边境老方管控能力较弱,基本处于放任状态;中缅边境缅方一侧较为复杂,由缅甸军政府和民族地方武装控制。近年来,缅甸部分地区战乱不断,局势动荡。总体而言,云南边境呈现"对方有边无防,我方有边难防"的状况,由此带来一系列边境管控问题,其难度不言而喻。

(二)边境地区恐怖主义立体化防控措施体系的完善

1. 加强反恐情报信息工作

情报工作是反恐怖工作的重中之重,在反恐工作中起到核心作用。鉴于边境地区恐怖主义的特殊情况,应充分发挥技术情报和人力情报的作用。在反恐情报的搜集上,一些国家的做法值得我们借鉴。比如有欧洲国家尝试吸纳回流的"外籍战士",发挥其情报源或打入恐怖组织内部的作用。这些回流人员在情报搜集方面有独特优势,如具有"圣战"经验、熟悉恐怖组织运行、了解恐怖分子的沟通方式、与其他恐怖组织或恐怖分子存在既有联系等,通过对这些人员进行征募逆用,为国家打击恐怖分子及其组织获取情报。[1] 此外,中国应利用边境地区与周边国家交流互动的便利条件加强反恐情报合作。特别是要与澜湄国家及东盟建立反恐情报交流机制。在国家主导下,包括云南在内的边境地区要积极参与跨境地区安全合作,定期召开反恐怖情报交流会,建立反恐信息数据库。在反恐形势研判、线索核查、情报共享、反恐能力建设、反恐联合

---

〔1〕 Conuter Extermism Project. "Jesse Morton", https://www.counterextremism.com/extremists/jesse-morton.

训练、人员培训等方面开展协调并提供相互支持。[1] 同时,也要坚持以我为主的方略,综合利用人力、技术等手段,不断加强对境内外,尤其是活跃在我国周边地区的恐怖组织的监控和情报搜集,搜集诸如"东突运""伊斯兰国""基地"等组织的动态性、预警性、内幕性、行动性线索情报,为反恐防控工作提供有效支撑。

2. 坚持源头治理,积极开展"境外清源"专项行动

联合国第2178(2014)号决议在一定程度上为国际社会采取相应反恐措施应对"外籍战士"回流问题提供了国际法依据。以美国为首的西方国家自2014年8月就组织了打击"伊斯兰国"的国际盟军,在伊拉克、叙利亚开展军事行动,通过空袭和派遣特种部队对"伊斯兰国"进行清剿。[2] 中国的反恐不仅要着眼于内防和内部打击,而且要有步骤地向外作适度拓展。就西南边境而言,我国应在情报工作基础上,积极开展境外联合行动,应通过外交途径或警务合作,协调与缅甸、老挝、越南、泰国等东南亚国家的联合反恐行动,对盘踞在我国西南地区周边国家的危害我国国家安全和利益的恐怖组织、骨干人员等进行清源行动。力争实现对东南亚"东突运"等恐怖组织的成员的抓捕、遣返、引渡等行动,切实清除恐怖主义危险源。

3. 加强边境管控,严厉打击偷渡违法犯罪

为了加强边界管理,有效识别和拦截回流的"外籍战士",欧盟启用"智能边界"管理系统。除加强自身能力建设外,欧盟还致力于增进与其他多边机制合作拦截和打击"外籍战士"的力度。如2015年10月,欧盟与东盟启动了"欧盟—东盟移民与边界管理项目",通过提高东南亚国家的边界管理能力,以更有效地防范和打击"外籍战士"回流和跨国有组织

[1] 卢光盛、周洪旭:《东南亚恐怖主义新态势及其影响与中国的应对》,载《国际安全研究》2018年第5期。

[2] 曾向红:《欧盟与其成员国对"外籍战士"回流的应对研究》,载《云南大学学报(社会科学版)》2018年第6期。

犯罪。[1] 面对严峻的恐怖主义回流之势，我国需要进一步加强同周边国家的战略合作，通过联合行动强化边境管控措施的落实有效，应借鉴与越南、老挝、缅甸等国建立的“湄公河联合巡航执法”机制，建立以反恐为导向的常态化双边国境线巡查管控机制。同时，鉴于恐怖主义与其他类型违法犯罪交织呼应的现状，还应严厉打击偷渡、走私等行为。要坚持人防、技防、物防相结合，构建边境一线的立体防控体系，加强陆路、水路、空港口岸的防控联动，打造边境线上的安全屏障。

4. 加强边境地区的重点行业监控管理，强化反恐阵地建设

具体而言，一是加强对有暴恐嫌疑人员的聚居区、边境口岸、沿边村镇、边境小道等重点区域的管理，在边境一线和重点区域大量物建阵地控制特情，发挥秘密力量眼线和耳目的作用，随时掌握边境外来人员情况。二是加强特种行业管理，加强对宾馆、酒店、网吧、出租屋、加油站、黑车、清真饭店等特种行业的管理，对特种行业开展定期执法检查，发现并堵塞安全漏洞，不给恐怖分子可乘之机。

5. 加强边境地区的反恐宣传教育，构建反恐人民防线

要针对边境地区及跨境恐怖主义活动的特点，加强对边境地区广大人民群众的反恐宣传教育，增强广大民众识别、分辨恐怖主义和防范暴恐活动的意识和能力。要根据边境地区的特点，建立反恐激励机制，引导鼓励人民群众参与反恐怖斗争，切实构建起反恐人民防线。

---

〔1〕 Tanya Mehra, *Foreign Terrorist Fighters*: *Trends*, *Dynamics and Policy Responses*, Hague: International Centre for Count-er-Terrorism-The Hague (ICCT), ICCT Research Paper, IC-CT Report, December 2016.

第六章　涉恐资金跨境流动的监管制度及查控技术研究

涉恐资金查控是防控打击恐怖主义的重要内容。涉恐资金的跨境流动因其跨域性导致执法协同难度大,因此应完善相关国际立法,强化协同查控。同时,鉴于恐怖组织借助各种传统与现代、人力与技术交叉融合的方式进行资金的募集、流动、使用等情况的特点,尤其是恐怖组织往往利用网络衍生的虚拟渠道和新形态“货币”开展相关活动,增加了查控难度。本章将从恐怖主义较为严重的部分国家在涉恐资金跨境流动查控方面的实际情况出发,总结梳理恐怖组织募集资金的行为模式及特点,进而立足我国近年来在涉恐资金查控方面的制度和技术应用情况,提出完善的查控方向和具体措施。

资金是恐怖活动和恐怖组织的生命线。全球范围的恐怖主义之所以能持续存在并能在局部形成愈演愈烈之势,与其能获得源源不断的资金支持是分不开的。从恐怖组织的资金来源看,恐怖分子的非法收入几乎包括了所有经济领域,从毒品走私到股票投机都可能成为恐怖分子的融资渠道。具体而言,涉恐资金主要有如下来源。一是通过势力范围内的贸易所得。如“伊斯兰国”在伊拉克、叙利亚占领区通过控制的石油等资源交易,获得大量的资金。二是通过贩毒、绑架等犯罪活动获得维持组织运转的资金。如“基地”组织在阿富汗通过组织广泛种植鸦片,进行地下毒品交易等获得大量资金;西班牙的恐怖组织喜欢通过敲诈勒索获利,即在本地企业和个人身上敲诈钱财;拉美和高加索恐怖组织通过绑架获得赎金。[1] 三是通过各种方式和手段募集资金捐赠。如通过网络等渠道向同情者、支持者群体募集资金,或以修缮宗教场所等活动名义募集资金。[2] 当然,恐怖分子特别是像本·拉登那样的“富翁”,本身就拥有大量的个人财富,这也是恐怖组织资金的来源之一。[3]

恐怖组织除资金要具备特殊且较为稳定的来源外,还需要利用合法或非法的金融机制和工具进行资金的大范围流转,以此实现资金有效利用的目的。因此,如何有效切断恐怖组织的资金来源,削弱其活动力和破坏力,一直是包括联合国在内的国际社会需要重点解决的问题。因此,一方面,国际社会在法律上给“恐怖融资”下了一个宽泛的定义,以使其能够发挥最广泛意义上的价值。根据联合国的定义,恐怖融资(terrorist financing)是指任何人以任何手段,直接或间接非法且故意地为恐怖主义活动提供或募集资金,其意图是将全部或部分资金用于恐怖主义活动,或者明知全部或部分资金将用于恐怖主义活动。[4] 这就从性质

---

〔1〕 [法]让-弗朗索瓦·托尼、王鲲:《打击洗钱和恐怖主义融资的斗争》,载《国家检察官学院学报》2009 年第 4 期。

〔2〕 比如在“9·11”事件的调查中发现,每月有 3500 美元通过 2 名住在圣迭哥的沙特学生转交给“9·11”事件中的 2 名劫机犯。而这 2 名学生是从沙特驻美国大使的夫人、费萨尔公主的账户上得到这笔钱的。当然,从技术上要区分人道捐赠和恐怖融资的界限是十分困难的,也没有人能最终控制那些捐赠的“最终受益者”。参见乔锐:《恐怖融资揭秘》,载《国际视线》2003 年第 1 期。

〔3〕 根据美国中央情报局的专家估计,本·拉登所拥有的财产总值约为 2.5 亿美元,其中大部分由继承所得,小部分是从全球商业运作中赚得。拉登家族的财产估计高达 50 亿美元。参见乔锐:《恐怖融资揭秘》,载《国际视线》2003 年第 1 期。

〔4〕 朱杰进:《G20 与中国反恐怖融资体系建设》,载《外交评论》(外交学院学报)2011 年第 3 期。

上对恐怖融资作出了界定,便于从法律上进行规制及执法合作。另一方面,鉴于融资、资金流动、跨境转移和洗钱本身的技术性,打击恐怖融资的活动也需要大量金融技术和特殊查控手段的运用,可以说这是一个只有通过法律、策略、技术全面融合才能达到最优效果的过程。

从全球实践看,当今国际恐怖主义问题的重心和焦点主要集中于伊拉克、叙利亚、阿富汗、土耳其等国家。其中,伊拉克、叙利亚、阿富汗是当今全球最不稳定的国家,这使这些国家成为国际恐怖主义的"洼地"。恐怖组织和恐怖势力在谋求生存的过程中不断累积各方面经验,同时,面对不断强化的国际反恐措施,他们也逐步形成了更具策略性的生存和发展壮大的方式方法。就反恐而言,恐怖主义"洼地"在某种程度上为反恐提供了最好的实战样本,因此,以一些国家的实践为视点,总结梳理和分析研究恐怖组织在融资、洗钱等层面的现实做法,弄清涉恐资金在地下、暗网等渠道的流转路径和方式,进而探索反制性措施,对中国来说不失为一种可取的"捷径"。况且,中国当前所面临的以"三股势力"为主的恐怖主义与境外极端宗教势力恐怖组织有着千丝万缕的联系,在恐怖活动方式方法上也存在大量向其借鉴吸收的现实案例。因此,这样的比较研究能将国际视野和中国问题紧密结合起来,并在立足中国反恐形势的基础上制定出有效的解决方案。

涉恐资金的跨境流动给全球打击恐怖主义带来了极大的困难和挑战,尤其在网络技术发达、电子支付系统纷繁多样以及传统手法与现代手法相互交织运用的当下,在恐怖融资问题最为严重和典型的一些国家中,恐怖组织的相关活动也呈现出复杂化、技术化、多样化的特征。这些国家特殊的宗教文化、地缘政治、经济活动传统及特色化的金融制度,一方面为涉恐资金流动提供了现实条件,另一方面给国际性涉恐资金查控合作的开展带来了障碍,因此导致其成为全球恐怖活动的重灾区。反观现实情况,鉴于当今全球恐怖主义势力极端宗教势力组织的背景,每年有大量的涉恐资金从一些国家流向全球各地,同时也有大量的海外资助恐怖主义的经费回流到这些国家,最终绝大多数都落到恐怖组织手上,进而形成涉恐资金双向流动的态势,为恐怖组织的生存提供了不竭土壤。为此,本章将选取沙特、土耳其、埃及、叙利亚、伊拉克等国家,围绕这些国家金融支付体系、涉恐资金跨境流动现状、涉恐资金跨境流动监管的规制体系以及涉恐资金跨境流动监管中存在的问题进行比较性研究,再立足中国实际,对我国开展涉恐融资查控的机制、策略和技术运用提出对策建议。

一、国际恐怖主义融资和涉恐资金流动的主要方式

2001 年“9·11”事件以来,国际社会日益加大了对国际恐怖组织的非法融资和洗钱活动的跟踪研究和针对性查控。但实践也同样表明,恐怖组织为了满足资金需求,达到获取全球范围内资助并利用资金进行人员、技术和武器等准备的目的,也越来越表现出强大的适应性和机会主义的敏锐性。反洗钱金融行动特别工作组(FATF)曾指出:“恐怖分子可能利用任何方式筹集和转移资金。”经验表明,世界上可以移动资金的所有机制中都存在一定程度的危险。[1] 当然,恐怖组织和恐怖分子除利用一般意义上的金融工具和渠道外,还会利用一些极为特殊的渠道。这些渠道既可能是最为原始的,也可能是最具技术先进性的,总之,都是为了逃避监管,实现涉恐资金的自由流动。

恐怖融资传统上被认为是恐怖组织和恐怖分子筹集和转移资金的方式。然而,近年来,对恐怖融资的研究已经结合反恐实务拓展到了更广泛的内容上,包含了恐怖分子存储、管理和隐藏资金的相关行为。[2] 这种认识对于防范打击恐怖融资是极为重要的。因为从实践看,像 ISIS、“基地”组织这样的恐怖组织不仅有复杂的融资结构和体系,组织

---

〔1〕 童文俊:《论恐怖融资的资金筹集与资金转移》,载《金融理论与实践》2012 年第 1 期。

〔2〕 2015 年,金融行动特别工作组(FATF)在《新兴恐怖融资风险》报告中对恐怖融资的描述包含了创收、资金的流动和使用以及资源的管理等方面,足见对恐怖融资在行为内容上的拓展和深化。http://www. FATF-gafi. org/media/FATF/documents/reports/Emerging-Terrorist-Financing-risks. pdf.

中同样具有一些具备复杂和专业的资金管理技能的“人才”。这些资金管理技能包括恐怖分子如何储存和管理筹集的资金，特别是在投资中保护他们免受通货膨胀的贬值影响，并确保恐怖组织能够在未来需要资金的任何时候能顺利便捷地得到所需资金。恐怖融资概念的这种演变是对恐怖融资活动认识的提高，是对恐怖融资的深入研究以及对融资活动多重面相的深入理解的自然反应。。

在研究恐怖融资问题时，除了解恐怖融资的各种机制和途径之外，还必须注意参与恐怖融资的主体之间的区别。恐怖分子（无论是“基地”组织、基层组织还是个人）根据其目标，采用各种战略，以不同的方式募集资金。不同恐怖组织主体对资金的需求量非常不同，使用资金的方式大有差异。从操作或技术层面看，恐怖融资行为通常采用相同或相近的方法和技术来筹集、使用、储存、转移、管理和隐藏资金，但在范围和规模上有所不同。因此，当我们分析研判恐怖分子融资和所涉及的机制时，还应当从不同主体类型的角度进行思考。

目前，大量的涉恐资金跨境流动是通过各国的金融支付体系完成的。从具体类型看，这些金融支付体系主要包括“地下钱庄”和其他金融体系等。此外，在个别国家还存在利用某些金融体系完成资金的跨境转移。上述金融支付体系和渠道各有特点，在恐怖融资和跨境资金流动中的作用也不尽相同，一些方式还带有强烈的地方特色和文化属性。因此，对这些基本方式及其运行情况进行剖析，有助于提升对国际恐怖组织融资和资金流转情况的把握，进而有利于准确查找监管中的制度和技术漏洞，为强化防控，切断涉恐资金提供有效的行动方案。

（一）地下钱庄

地下钱庄（Underground banks）本身并非专门的法律术语，在不同国家和地区也有不同表述。比如在亚太反洗钱小组（APG）和金融行动特别工作组（FATF）等组织的文件中其又被称为“替代性汇款体系”“非正规汇款体系”“非正规价值转移体系”等。[1] 它是指非经官方授权，未取得官方执照的货币汇款机构及其运行系统，是一种“藏于地下”的非法金融机构。有的“地下钱庄”游离于金融监管体系之外，利用或部分利用金融机构的资金结算网络，非法从事资金存储、借贷、非法买卖外汇、跨国（境）资金转移等非法金融业务。

有的“地下钱庄”主要从事国家所禁止的某些非法金融活动，其主要实施的非法金融活动包括以下几类。一是跨境汇兑，即不法分子在某国境内与境外人员相勾结，协助他人进行跨境汇款、转移资金的活动。此种手法又被称为“对敲”，即资金在境内外实行单向循环，没有发生物理流动，通常以对账的形式来实现“两地平衡”。二是非法买卖外汇，即不法分子在国内外汇黑市进行低买高卖，从中赚取汇率差价。此类活动通常规模不大，现钞交易较多。三是非法支付结算，即不法分子通过设立空壳公司，采取网银转账等方式协助他人将对公账户非法转到对私账户、套取现金等进行非法支付结算。此类犯罪手法隐蔽、快速、交易量大，迎合了一些人非法转移资金、套现等需要。

“地下钱庄”主要通过境内外协助，资金各自循环。“地下钱庄”一般不问客户的身份，也基本没有审批环节，运作中多采用境内外双方主体“对敲”的方式。如“客户”想把境内的钱打到境外账户，便将钱交给“地下钱庄”，“地下钱庄”境内操作者则通知境外合伙人按照汇率将相应数额的外币打入“客户”的境外银行账户。而如需将境外账户的钱打到境内账户，操作过程则相反。

为了增强通过“地下钱庄”进行洗钱和非法资金流转的成功率，不法分子也往往会部分利用合法的金融结算体系或在形式上建立起合法的外衣，进行非法掩盖。目前，掩盖的方法主要有两种：一是通过设立在本国的空壳银行以及外国的空壳银行在本国的分支机构或代表处来达到掩护和掩盖的目的，利用“银行”本身所具有的“合法”金融工具和功能

---

〔1〕 参见师永彦：《美国如何打击“地下钱庄”》，载《金融法苑》2008 年第 3 期。

来实施非法活动；二是“幌子公司”，即通过设立并无实体的所谓“公司”，开设对公账户，将其作为进行涉恐融资和资金流转的掩护。这些所谓“银行”或“公司”其实并没有诸如营业网点和办公场地等的实体存在，仅仅是利用这些外壳获取表面合法的金融工具和金融功能。由于这些所谓的“银行”或“公司”具备一定的隐蔽性、保密性和难以追踪、取证等优势，恐怖组织也非常愿意将资金依托这些“银行”或“公司”进行隐藏或流转。同时，有些“地下钱庄”也以“银行”或“公司”的名义保护涉恐个人、企业或其他实体的身份。这样，“地下钱庄”就具备了便利性和保密性的双重要求，成为恐怖组织跨境进行资金流转的重要渠道。比如苏丹的某银行曾被用来做成一个空壳银行，并在“9·11”事件发生之前被本·拉登的“基地”组织用来向亚利桑那州的一家银行转账 23 万美元，用以资助恐怖主义活动。

鉴于“地下钱庄”对于国家财政税收的消极影响，以及国际支付系统可能会为此承担额外风险，各国对地下钱庄大多采取禁止的态度。例如，巴勒斯坦在 2001 年通过了反洗钱和打击资助恐怖主义行为的 20 项决议，其中涉及到金融业务的透明度以及金融机构和非金融企业的义务等内容，严厉打击地下钱庄。土耳其《银行法》禁止以下五类业务外包：一是收取存款；二是发放贷款；三是服务广告；四是财务报告；五是可能需要银行业董事会或内部制度专门执行的。此外，为了使国内标准与 FATF（金融行动特别工作组）制订的与洗钱和资助恐怖主义有关的标准相协调，土耳其法律明令禁止在土耳其设立空壳银行和外国空壳银行的分行或代表处。

（二）某地下金融体系

1. 该体系的定义

对于这个地下金融体系有一个最简单的表述，即“没有货币流动的货币转移”。也就是利用货币等价物的属性，将货币流动建立在人的跨境空间关联和高度的人际信任关系基础上。该系统在资金的转入地、转出地均设有代理人，是一种秘密的非正式金融网络汇款体系，建立在匿名的信用和“非正式”的金融关系的基础之上。在表现上，它的交易方式极为简单，即在A国和B国有存在匿名信用关系的代理人，当A国的恐怖分子想将资金转给B国的恐怖分子时，一方“客户”可将资金交给A国代理人，基于匿名信任与合作关系，B国的该体系代理人则会将扣除手续费后的剩余资金转交位于B国的对应“客户”。这样，涉恐货币资金作为等价物实际上从一个国家被转移到了另一个国家，而货币资金实物却没有流动。此种形式的涉恐资金转移不需要借助任何的金融机构或金融工具，从而不仅避免了诸多资金流转中的复杂手续，而且使得对涉恐资金查控缺少了可以循线介入和追踪的着力点，并且对恐怖组织和恐怖分子来说，这个过程的风险极小，汇率和手续费也最低。因此，该体系被称为“替代汇款系统”的典范，也成为中东地区主要伊斯兰国家和地区的恐怖组织经常利用的资金流转方式。

2. 该体系的运行机制

正如前文所述，相较于正规的金融渠道和金融体系，该体系更具有乡土气和碎片性，也更具有隐蔽性和操作的灵活性。与银行等正规金融体系相比，该体系主要的特点表现为如下方面。一是不设立银行账户。该体系的本质是利用人的跨境空间位置条件，进行涉恐资金的跨境转交。因此，它不需要利用银行等金融机构的账户，也就无须相关人员的合法身份等证明材料，执法司法人员对相关款项的流动也就较难掌握其线索。正如有学者所总结的，“钱还在国内，但是通过这个中介网络，其资金使用权转移到了马来西亚、索马里或者世界上其他国家。这个机制通常被恐怖组织使用”。[1] 二是资金流动的机制便捷，且隐蔽性极强，适合于涉恐活动等跨境的犯罪活动。该体系以人际信任为基础，主要借助类似于密码效果的“口令”，或者用一些鲜为人知的符号或方言完成交易。将涉恐资金在国家间流动而不留下姓名、账号等信息线索。三是汇

[1] [法]让-弗朗索瓦·托尼、王鲲：《打击洗钱和恐怖主义融资的斗争》，载《国家检察官学院学报》2009年第4期。

款记录难以查证,给资金的流向追踪带来了极大困难。涉恐资金的发出者只需根据既定约定和渠道将钱交给境内的特定“收款人”,“收款人”通过中间人,由处在境外的人员将资金交给接收人。在这一过程中,实际意义上的货币资金的流转仅发生在一国境内。从资金的跨境查控角度看,它是不存在跨境表现的。即便是境内的资金流动,恐怖分子也可能以现金方式替代金融工具转账,这就更加难以捕捉线索。

与其他的货币支付体系相比,该体系在中东,特别是叙利亚、伊拉克等地区不仅使用范围广,而且具有深厚的历史延续性。在历史源头上,该体系已经深深扎根于叙利亚、伊拉克等国家几个世纪,目前仍有大量当地商人使用该体系辅助完成跨境贸易。同时,通过该体系进行跨境资金转移的佣金和汇率显著低于正常金融渠道。该体系的上述特点和优势使其成为恐怖分子进行资金跨境流转的重要工具选项。

受历史、宗教、文化等因素的影响,该体系长期并广泛地应用于中东、北非的伊斯兰国家,在一些地区几乎成为通用的资金转移体系。但正如前文所述,该体系对一国的金融和税收监管体系造成了破坏,也由于其被广泛运用在恐怖组织的地下钱庄和洗钱活动中,因此,目前已被沙特、埃及等较多伊斯兰国家禁止。比如沙特将该体系的行为视为涉嫌“洗钱罪”。而在伊拉克,由于国内政局本身的动荡,加之对金融监管等缺乏有力的措施支撑,该体系仍被广泛用于合法和非法目的。事实也表明,目前在伊拉克发生的涉恐资金流转,绝大多数都是通过该体系完成的。

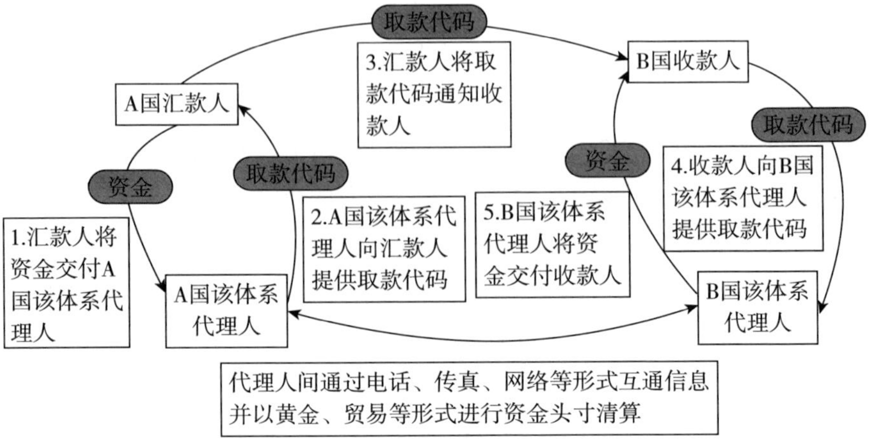

图 6－1　某地下金融体系运行示例〔1〕

（三）易货贸易

以物易物是人类历史上最早发生的价值交换方式。从经济学的角度看，在出现等价交换物之前，人与人之间出于对不同物品使用价值的追求，都是通过物物交换的方式来进行的。人们用自己拥有的服务和商品交换其他的服务和商品。物物交换的价值也可以与对方协商。这就是原始的易货贸易。在等价交换物，特别是货币产生以后，易货贸易日益显现了其在交易便利性方面的弊端，因为易货贸易的参与方必须正好是对他方拥有的服务或商品的需求方，这就使得易货贸易有了限制性的条件。

但是，正是由于易货贸易是物物交换，不涉及金融机构，而且在现有的国际反洗钱制度体系下，易货交易通常并不接受审查和报告的约束。因此，这种方式是以贸易为基础的洗钱活动的重要途径，被广泛用于洗钱和资助恐怖主义。一方面，易货贸易能有效切断货币资金的链接，使得资金性质的追查失去源头；另一方面，恐怖组织可以直接通过易货贸

〔1〕 刘磊：《经济全球化背景下恐怖融资与反恐怖融资研究》，中共中央党校 2019 年博士学位论文，第 99 页。

易获得其所需要的各种物资,实际上发挥了货币购物同样的效果。与此同时,由于物物交换不涉及金钱,而这一点正好成为恐怖组织和恐怖分子逃避政府货币监管的优势之一。因此,在世界各国广泛利用基于货币或金融工具的金融监管体系进行涉恐资金查控的背景下,易货贸易就衍变成了一种为涉恐融资和恐怖主义资金流动的新方法。恐怖组织和恐怖分子可以通过交换他人已经拥有且不再需要的物品来购买其他物品,这种方式的交易常常是通过在线拍卖和外汇掉期市场完成的。

目前,易货贸易在一些国家的民间和政府层面都大量存在。在民间层面,例如叙利亚由于连年战乱,易货贸易无论是在国内小额交易还是对外交易都有广泛空间。一方面,由于连年战争,叙利亚货币持续贬值,居民之间的易货交易发生率持续走高,他们大量出售自有土地生产的商品以换取自身需要的其他基本食物,由此减小货币贬值对生活的影响。另一方面,叙利亚的一些公司在开展对外贸易时也选择物物交换的形式,比如一些叙利亚公司用石油交换的方式从俄罗斯进口小麦和面粉,也有的公司用叙利亚的磷酸盐与伊朗公司交换食物类商品。沙特阿拉伯政府也与许多国家签署了易货贸易协议,专门用以从境外购买粮食,以确保沙特的粮食安全免受货币价值动荡的影响。此外,诸如土耳其、伊朗、马来西亚和卡塔尔等国也已经或正在考虑通过物物交换的方式进行黄金交易,以规避国际社会可能对它们发动的经济制裁。总之,受国内和国家间经济货币政策及安全局势的影响,用易货贸易规避相关风险的做法在很多地区大量存在。

尽管易货贸易的方式没有货币流转的过程,但对恐怖组织和恐怖分子来说,通过物物交换能够在客观上实现他们获取所需物品的目的,同时由于易货贸易不需要借助货币及金融工具,而是物品以物理形态承载的使用价值的流转,因而也更有利于恐怖组织和恐怖分子逃避金融监管和打击。

特别需要注意的是近年来大量兴起的运用“钻石贸易”“石油交易”进行恐怖融资的形式。比如资助恐怖组织的人员先通过合法途径使用派生的基金等购买钻石,然后将钻石转移给恐怖分子或者恐怖组织,让后者换取武器等物资或通过其他渠道出售变现。在钻石贸易中将钻石作为货币是国际惯例,它改变了犯罪分子或洗钱者使用现金或支票支付的方式,利用钻石交易商的账户作为一个渠道转移资金,使得钻石经销商可以在更少的监管情形下进行洗钱和恐怖融资。同样,石油作为战略能源资源在国际市场上也具有一般商品不具备的流转功能。例如,“伊斯兰国”曾将其在伊拉克和叙利亚占领区开采的石油作为易货贸易的筹码,在国际市场上兑换其维持组织运行所需的各类物资。

(四)某国际汇款公司

某国际汇款公司是国际汇款公司的简称,是世界上领先的特快汇款公司,迄今已有 150 年的历史。该公司拥有全球最大、最先进的电子汇兑金融网络,其代理网点遍布全球近 200 个国家和地区。利用该公司进行跨境资金交付方式简单直接,卖家只需要在汇入行开立银行账户,并给国外买家提供汇款线路(具体汇款线路汇入行会提供),国外买家即可到当地银行按照提供的汇款线路办理国际汇款。与普通国际汇款相比,该公司汇款有比较明显的优点。它们不需开立银行账户,1 万美元以下业务不需提供外汇监管部门审批文件;汇款在 10 分钟之内就可以汇到,简便快捷。而普通国际汇款需要 3—7 天才能到账,2000 美元以上还须外汇监管部门审批。

作为功能强大,代理网点众多的跨境汇款服务商,某国际汇款公司在中东等地区的国家中具有重要影响力。比如在伊拉克,该公司是其境内最便捷的转账服务之一,其代理机构遍布伊拉克大部分大城市,包括巴格达、巴士拉和希拉。代理商可以帮助被代理人更快地提取现金转账,或将钱发送到收件人的银行账户上。作为合法的金融服务,西联汇款遵守伊拉克中央银行和 FATF 的反洗钱和反恐怖融资相关规定,并依法提供其客户的完整信息。在巴勒斯坦,西联银行与巴勒斯坦境内的金融机构签署了一项协议,向西联银行提供转账服务。在沙特,该公司被认为是符合沙特金融监管当局和金融行动特别工作组要求的专门从事跨境和跨货币资金流动的公司。在土耳其、埃及等国家，西联汇款也都是合法的，绝大多数情况下都在所在国设立代理商，合法开展相关业务。

鉴于某国际汇款公司的快捷便利性，且无须外汇监管部门审批的汇款资金上线达到 1 万美元，因此该公司系统也是经常被恐怖组织利用的跨境融资渠道之一。尽管该公司作为合法的机关，受到各国国内监管机构的严格管控和审查，但由于汇款特别是小额汇款本身不需要审批，实际上给涉恐资金跨境流转带来了极大的便利。

（五）网络快捷支付

网络快捷支付是在互联网背景下应运而生的新兴交易方式，它将传统金融加密支付功能与互联网等新兴技术相融合，实现依托网络的资金快速转移。通常情况下，使用网络快捷支付的用户需完成实名的网络注册，并根据网络金融代理上和相关金融监管机构的要求提供本人的身份信息和手机信息、银行账户等，实现金融卡（账户）—人（密码和口令等）—网络信息（手机等移动终端）的主体同一化。在此基础上，依靠网络实现资金快速流转。这种方式将传统的依托金融机构及其衍生工具的资金流转与网络无限联通及信息快速流通的特点相结合，实现了金融首付款终端的移动化、便捷化和智能化。实践中，用户在完成注册后即可通过属于自己的终端完成资金转移。当前，网络快捷支付已经衍生出移动服务、在线游戏、在线投注、数字银行和非卡形式的 ATM 交易等诸多使用场景和形式。

随着互联网的全球普及化及快捷支付技术的发展，大部分国家都开发出了适合本国的网络快捷支付工具和平台，这提升了金融及经济生活的便利化程度，使生活中的支付方式更趋多元化、快捷化，但由于其自身存在一些为了便捷快速而给予的监管层面的松绑或由于新机制新技术运用中必然存在的疏漏等，其在提供便捷服务的同时，也容易给不法分子，特别是恐怖组织提供可乘之机。

而从现实情况看，网络快捷支付服务的功能性吸引力极强，世界范围内几乎所有的国家和地区都在快速发展和应用这样的服务体系，中东地区虽为当今恐怖主义最为泛滥、社会秩序相对不稳定的地区，但网络快捷支付在这些地区的发展和运用丝毫没有障碍。

以中东地区的国家为例，在沙特，有 3 个网络快捷支付系统是经国内金融监管局同意使用的，这也构成了沙特国内最为重要的且具有代表性的快捷支付系统。一是 SARIE（Saudi Arabian Riyal Interbank Express）支付体系。该体系是实时结算（RTGS）系统，于 1997 年正式在沙特启用，以沙特阿拉伯里亚尔为货币单位。SARIE 体系连接沙特国内所有 ATM、EFTPOS 终端、电子证券系统以及电子票据提交和支付系统，因此在沙特国内有重要影响力。二是 MADA（前称“SPAN”）系统。它是国家自动取款机和销售点网络，连接所有沙特银行，并向客户提供共同服务点，客户可以使用电子方式在任何银行联网获取资金。该体系为客户提供一个共同的服务点，并允许客户通过电子或网络方式在沙特境内的任何地方获取所在银行账户的资金。三是 SADAD 系统。该系统于 2004 年启动，主要用于电子票据的提交和支付，允许个人和企业通过银行分行、自动取款机、网上银行和电话银行支付账单。[1]

在土耳其，网络快捷支付系统相当发达，游戏支付、在线支付、移动支付等多种方式并存。具体而言，土耳其盛行的快捷支付系统主要有以下几种。一是 E-pins 系统。该系统实质上是会员制的在线游戏平台，总部设在土耳其。它提供了一个在线游戏货币化平台，用 E-pins 代码作为一种支付方法。二是 PayPal 在线支付体系。它使用户能够在不共享财务信息的情况下发送金钱或进行在线购物。支付者可以将其银行账户或储蓄卡绑定系统并预留一定余额在系统中，即可通过该系统进行资金交易。三是 Visa、Master Card、American Express 等全球知名的在线支付和信用卡品牌。上述支付系统在全球范围内都较为常见，其特点是支持的货币种类多，应用范围广，在全球 200 多个国家和地区拥有超过 3500

---

〔1〕关于沙特的网络快捷支付的内容，参见 https://mp.weixin.qq.com/s/DTxxb1XnSWMMvRU_cRHtrgo。

万个接受地点。[1]

相对上述两个国家,伊拉克近年来由于持续战乱和动荡,国内社会和经济状况也不好。即使在这种背景下,依托网络的快捷支付方式仍然能在伊拉克盛行,并成为青年人的时尚。目前,伊拉克较为普遍使用的快捷支付方式主要有两种。一是 Fast Pay 系统。该系统是伊拉克境内的一种移动支付钱包,客户能够运用移动互联网的方式转移金钱并实现网上购物。二是 Taife Wallet 系统。该系统是一个 App 程序,客户可在手机上完成支付和接受款项,类似我国的支付宝快捷支付。[2]

在埃及,最重要的快捷支付方式是移动支付交易。埃及目前最重要的快捷支付是被称为 Fast-Moving Consumer Goods(快速移动消费品)的支付体系。越来越多的埃及商家依赖该体系的供应商所提供的"移动钱包",与消费者运用同一个支付渠道完成商业交易。它的基本运作模式是:卖家和买家支出和收取款项均是依靠该体系的"移动钱包"来完成的,简化了交易过程。此外,还有一种被称为"Mobile merchant payment"(QR code)的支付模式,即客户将资金储备在该系统的账户中,商人用一个独特的"QR"代码链接到客户在该系统的账户,以此完成交易,这类似于中国的微信或支付宝的"二维码"交易。虽然网络快捷支付在埃及社会发挥着巨大的作用,但埃及缺少必要的监管规制,使得快捷支付为反洗钱和反恐怖融资带来了极大的风险。为此,埃及政府在 2016 年出台了 AML/CFT(反洗钱和反恐怖融资)的法律规定,制定了新的移动支付交易规则,由银行承担客户移动交易尽职调查的职责。在使用的覆盖面上,目前,75% 的埃及银行向 140 万注册账户提供互联网银行服务。

在叙利亚,多数民众没有个人银行账户,也很少有人使用信用卡或支票,甚至 ATM 机在叙利亚的使用历史也并不长。在日常生活中,叙利

---

〔1〕 关于沙特的网络快捷支付的内容,参见 https://mp. weixin. qq. com/s1/Fy-gTTaTLXmckfYxaW6tFg。

〔2〕 关于沙特的网络快捷支付的内容,参见 https://mp. weixin. qq. com/s/AraDajTSiWryGd1q3aaZtQ。

亚的日常资金流动最大的特点是“小额交易”“种类频繁”，以现金转移、信贷等传统甚至古老的方式为主，依托网络的快捷支付在现有条件下几乎没有存在的基础。相较而言，叙利亚尚未形成体系化、规模化、网络化的快捷支付系统。而近些年来“伊斯兰国”组织也在积极利用互联网条件，一方面通过社交媒体、专门网站等进行恐怖主义宣传、招募等，另一方面以网络为技术支撑，通过网上捐赠、预付费卡等方式筹措资金，实现恐怖融资和涉恐资金的跨地区流动。

在巴勒斯坦，经巴勒斯坦货币管理局（PMA）授权的金融服务公司可开展网络快捷支付业务。经授权的金融服务公司在巴勒斯坦境内不同的城市和乡村设立代理机构由后者提供电子支付工具、移动金融服务、预付卡以及电子钱包等服务。任何巴勒斯坦公民无须提供银行账户，只需要采取电子订阅的方式，将特定电子交易工具加载到智能移动设备上，通过访问该金融服务公司的代理机构，完成注册和数据验证后即可实现金融交易。

（六）其他方式

上述五种金融支付手段或工具在一些国家的应用较为普遍，既是普通民众金融交易的惯常渠道，也是容易被恐怖组织利用来进行跨境资金转移的潜在工具。目前，在中东等恐怖主义相对严重的地区，涉恐资金的跨境流动除利用“地下钱庄”等工具类型外，恐怖组织等犯罪团队还在积极利用网络带来的技术便利和监管中的漏洞，开发或使用一些更具隐藏性、更难以捕捉和监控的支付手段。这里仅就典型工具作简要介绍。

1. 比特币

比特币（Bitcoin）又称“比特金”，最早是一种网络虚拟货币，可以购买现实生活当中的物品。它的特点是分散化、匿名、只能在数字世界使用，不属于任何国家和金融机构，并且不受地域的限制，可以在世界任何地方兑换它，也因此被部分不法分子当作洗钱工具。

和法定货币相比，比特币没有一个集中的发行方，而是由网络节点的计算生成，谁都有可能参与制造比特币，而且可以在全世界流通，可以在任意一台接入互联网的电脑上买卖，不管身处何方，任何交易人都可以挖掘、购买、出售或收取比特币，并且在交易过程中外人无法辨认用户身份信息。作为一种虚拟货币，比特币数量有限，但是可以用来套现，即可以兑换成大多数国家的货币，也可以使用比特币购买一些虚拟的物品，比如网络游戏当中的衣服、帽子、装备等。从理论上讲，只要有人接受，比特币就可以用于购买现实生活中需要的物品。从某种角度看，比特币作为新的虚拟数字化的等价交换物，既不需要以实物形态存在，也不需要借助现有的金融流通体系流动，还难以对其持有、使用者等信息进行追踪。因此，恐怖组织和其他各类犯罪组织和人员常常使用比特币进行非法交易。比特币体系在一定意义上也是依靠"信用"关系建立起来的，正如有学者所指出的，作为比特币基础技术的区块链通过内含的共识机制实现不同节点之间建立信任、获取权益。[1] 与前述某金融体系一样，比特币有便捷的功能和隐蔽的特性，但与前述某金融体系不同的是，比特币交易将区块链作为传递的中介机构，运用网络阻断了任何试图召回比特币交易的尝试。区块链是比特币的一个重要概念，它本质上是一个去中心化的数据库，同时也作为比特币的底层技术。区块链是一串使用密码学方法相关联产生的数据块，每一个数据块中包含了一次比特币网络交易的信息，用于验证其信息的有效性（防伪）和生成下一个区块。[2] 这意味着除非收件人将货币送回发件方，否则货币一旦交易将不可撤销，并且基于比特币特殊的生成机制，普通金融监管无法对其产生实质影响，因此，从恐怖分子角度的来说，比特币比某金融体系更加符合"金融安全"的要求。就目前的实际情况而言，比特币作为交易工具或交易模式已经在世界上许多国家存在，尽管绝大多数国家的正常金融体系尚无法与其对接，但由于其本身所具有的交易功能和隐蔽属性，其被恐怖组织运用的可能性也是存在的。当然，由于有区块链这一"分布式记

---

〔1〕 任仲文编：《区块链——领导干部读本》，人民日报出版社 2018 年版，第 7 页。
〔2〕 任仲文编：《区块链——领导干部读本》，人民日报出版社 2018 年版，第 7 页。

账”功能的存在，一旦比特币交易被发现，则其相关的完整信息链也是保存最为完善的。正是基于此，目前还尚未发现比特币被大规模运用于恐怖主义融资和跨境资金流动领域。“CNAS 报告中提供的一个时间表强调，从 2015 年到 2017 年，涉及恐怖主义融资的比特币仅有 7.929 个。”“他们发现银行系统中监管规定和全球标准并没有部署实施完全，使用无照经营无人监管(sic)的货币服务商(MSBs)，或者干脆直接进行现金交易。”[1]尽管如此，但对于一种新的数字技术融合的“货币”而言，谁也不敢担保其未来不会为恐怖分子广泛所用，正如网络技术本身一样。

2. 寿险信托体系

近期，一些国家频繁出现依托寿险信托体系洗钱，以此实现涉恐融资的案例。寿险信托是以投保人或被保险人为委托人，与信托机构缔结基于人寿保险契约的信托合同，后者受托为前者代为投保、代交保费或者按约取得前者的保险金后对其加以管理、运用，并将受托财产及运作收益按合同商定的方式交付信托受益人的金融交易。[2] 在金融行动特别工作组建立的反洗钱及反恐融资国际标准中，寿险信托属于“信托与公司服务提供者”，主要是充当或安排他人充当受托人，其他法人组织的代理人、合伙人、高管职员、名义股东以及提供注册地、办公地和营业场所等。[3] 依托寿险信托的洗钱或恐怖融资主要有两种方式。一是利用投保方洗钱或恐怖融资，即寿险信托中的“实际利益所有者”通过控制投保方签订保险合同、设定信托交易，然后自己在背后实际操纵从而达到洗钱或融资目标的过程。二是利用信托机构的洗钱或恐怖融资，即寿险信托中利用信托机构洗钱，就是“实际利益所有者”使用黑钱出资设立、兼并收购或间接控股信托机构，将其作为前台公司去经营表面合法的寿

---

[1] 《CNAS 报告显示：2015 年起只有 7.929 个比特币涉及恐怖主义融资》，载比特币资讯网，https://www.bitcoin86.com/news/14655.html。

[2] 熊海帆：《FATF 规则下寿险信托洗钱与恐怖融资风险防治》，载《金融理论与实践》2014 年第 10 期。

[3] FATF, International Standards on Combating Money Laundering and the Financing of Terrorism & Proliferation: the FATF Recommendations, 2012, p. 20.

险信托业务,借机完成洗钱或融资过程。[1] 无论上述何种方式,其实质内容都是恐怖分子向保险信托公司提供大量资金,然后在短时间内通过购买保险单和支付保险费用的方式从中提取保险费,在短时间内保险单被取消,通过支票扣除保险费用后获得的保险金快速进入保险公司的账户,以此完成恐怖融资。

3. 伊斯兰银行体系

伊斯兰银行是阿拉伯、伊斯兰国家依据《古兰经》禁止利息的原则在国内建立的金融信贷机构的统称。按照《古兰经》和伊斯兰教法规定,利息属于不合法的收入,必须禁止。[2] 故伊斯兰银行的信贷不计利息,即贷款不收利息,存款不付利息。其资金来源主要靠客户存款、政府无息贷款。伊斯兰银行不是按照传统商业银行模式经营的,而是根据《古兰经》教义来运营管理的,在日常管理、利息支付、经营领域、风险控制和与贷款人关系等方面均与传统商业银行有所区别。[3] 正因为伊斯兰银行与普通商业银行的这种差异,使伊斯兰银行极易被极端宗教势力恐怖组织利用来进行非法金融活动。从实践情况看,部分伊斯兰银行已被证实为"基地"组织提供涉恐融资服务。

此外,恐怖分子还必须为了达到组织恐怖袭击的目的来储存和管理他们获的资金。[4] 从实践角度看,恐怖组织可能利用一个或多个人来管理他们的资金,有些恐怖组织还设立专门的"委员会"或"小组",以集体形式来监督管理他们的资金。大多数恐怖组织都有人负责计算明确所需募集资金的数量,并设计获得这些资金的策略,在某些情况下,他们还负责在不引起执法部门或安全部门注意的情况下获得实施恐怖袭击所

---

〔1〕 熊海帆:《FATF 规则下寿险信托洗钱与恐怖融资风险防治》,载《金融理论与实践》2014 年第 10 期。

〔2〕 伊斯兰教禁止一切形式的利息,不论多少,真主都是不允许的。"真主褫夺利息,增加赈物。"参见《古兰经》,马坚译,中国社会科学出版社 1981 年版,第 33 页。

〔3〕 "伊斯兰银行"相关信息参见 360 百科网,https://baike. so. com/doc/5336738 - 5572177. html。

〔4〕 这里的"储存"和"管理",前者是指对资产实物或资金进行物理层面的保管,后者是指从资本运营的角度对所募集的资金进行经营,以保障其价值。

需的物品。此外,对涉恐资金进行组织管理的挑战来自资金本身的保值和增值,巨大的资金能产生大量财富或资源,同时还要规避通货膨胀等原因带来的贬值。正如前文所述,资金的储存通常以现金或利用正规金融部门来完成。恐怖分子还会将他们的资金通过掩护手段投资于房地产、企业,甚至股票市场等,以确保他们的资产不致贬值。为确保他们资金的安全性,恐怖分子还往往选择在其盘踞地之外进行资金投资,以保护他们免受当地反恐融资措施的影响。

恐怖组织还会使用各种方法来掩盖相关资金的来源以防止资金性质及其潜在用途被反恐部门识别发现。从筹集资金到资金的流动、使用、管理和储存,恐怖组织会一以贯之地执行这种掩盖策略。比如,在技术上他们开始越来越多地使用加密货币和其他更具匿名性的金融工具和技术,甚至通过对一定规模金融实体的控制,以确保资金安全。从一些案例看,恐怖组织还利用中介、第三方、虚假身份以及慈善和非营利组织等来隐藏他们的资金来源和使用目的地。在某些情况下,恐怖分子特别利用女性作为资金持有人,甚至在金融交易中专门使用女性姓名,因为他们认为女性姓名较少受到银行的反恐融资审查。

二、一些涉恐资金跨境流动的现状

(一)资金规模

钱是恐怖主义的生命线。根据《经济学人》杂志的数据显示,IS 的武装人员每月工资为 400 美元,3 万人的武装力量一天支出为 40 万美元,再算上其他恐怖活动开支,一天得支出 100 万美元才能维持 IS 的正常运行。[1] 这笔庞大的开销大多用在恐怖组织训练恐怖分子、传播作战方法、宣传恐怖事业、实施其他组织犯罪、资助外围组织方面的花费,而实施恐怖活动本身的花费往往只占一小部分。“在 2015 年巴黎系列恐怖

---

〔1〕《年收入 29 亿美元,IS 的钱从哪里来?》,载腾讯网,https://news.qq.com/a/20151130/010220.htm。

袭击案中，据法国财政部长米歇尔·萨班称恐怖分子在这一事件中花费不超过3万欧元，而且他们以'极小金额'的方式聚集钱财，还使用快捷信用卡支付，以致无法追踪。"[1]需要特别留意的是，近些年来，加入中东地区的"圣战"组织，只需要几千美元的"入门费"，大量"低成本""小额资金流动"的恐怖主义开始在伊斯兰国家蔓延，这也为查找恐怖组织资金的线索、有效监控恐怖融资设置了障碍。

1. 新兴的"低成本恐怖主义"资金规模

近年来，叙利亚开始出现所谓的"低成本恐怖主义"（low-cost terrorism），即通常只要交出几千美元即可参加"圣战"组织，而这些资金通常通过实施轻微的犯罪行为所得或者是来自家庭的一般性收入，从源头上很难被发现。另外，在叙利亚，除大规模的恐怖组织是通过控制领土和石油资源获得资金外，大部分的"低成本恐怖主义"均是通过少量、分散、多渠道的资金流动完成的。就这种小额涉恐资金流动而言，政府当局目前的做法是将焦点集中在检测并阻断资金流动上，而非追查涉恐资金的来源。比如，在2015年巴黎恐怖袭击案发生之后，调查人员发现袭击者通过预付信用卡将若干笔小钱聚少成多。而在法国一些预付信用卡充值无须身份证明，不能多次充值的预付卡一年额度可达250欧元，可多次充值的预付卡一年累计充值额度可达2500欧元。[2] 因此，尚难确定这部分资金的规模总量。

2. 犯罪所得的资金规模

正如前文所述，恐怖组织的融资渠道很大一部分来自绑架勒索、洗钱、走私、贩卖人口、贩毒等犯罪行为，上述涉及人身与财产的犯罪行为为恐怖分子的资金来源提供了巨大的支持。

其一，绑架勒索获得的巨额赎金。在伊拉克战败后，"伊斯兰国"开

---

〔1〕 翟潞曼、朱佩：《恐怖分子发动巴黎恐怖袭击事件仅花费3万欧元》，载环球网，http://world.huanqiu.com/exclusive/2015-12/8120035.html。

〔2〕《法财政部长：巴黎恐袭资金来源显"小微化"》，载新华网，http://news.xinhuanet.com/world/2015-12/05/c_128500449.htm。

始更多地通过绑架勒索赎金的方式来获取资金。仅 2017 年,他们就通过绑架获得的赎金就达到 4500 万美元。有报道指出,“伊斯兰国”通过绑架当地平民获得赎金的标准在 500—20 万美元。而如果是外国人质,赎金的要价会增加到 500 万美元甚至更多。据美国《纽约时报》2014 年 7 月报道,自 2008 年以来,“基地”组织及其分支机构以赎金形式收获至少 1.25 亿美元。[1]

其二,洗钱、走私等犯罪活动转移的巨额资金。恐怖组织通过与有组织犯罪团伙以及金融机构合作,通过洗钱、走私等方式转移大量的涉恐资金。据报道,“伊斯兰国”在伊拉克和叙利亚战败后,仍向土耳其和其他国家走私了 4 亿美元维持恐怖组织的日常开销。据英国《金融时报》(*Financial Times*)报道,尽管“伊斯兰国”遭受到美国领导的国际联盟以及俄罗斯方面的空袭,也缺乏技术熟练的石油工人,但这一地区 2015 年 10 月的原油日产量仍然达到 34000—40000 桶。按照油品质量,每桶价格从 25 美元到 45 美元不等。在联军空袭之前,“伊斯兰国”每天能获得 150 万美元的收入。[2]

其三,非法毒品交易产生的巨额资金。目前,大量的毒品走私在土耳其、叙利亚和约旦边境进行。非法毒品的跨境走私交易可产生 10 亿美元的年交易额。这些资金在土耳其、叙利亚和伊拉克边境流转,为“基地”组织的日常开销和实施恐怖活动提供了巨额资金支持。

3. 网络筹集、私人和慈善机构捐赠的资金规模

根据美国的国务院官方数据显示,支持“伊斯兰国”和有关“基地”组织的私人捐款,排名前三的国家是卡塔尔、沙特阿拉伯和土耳其。据美国官员透露,曾经有一段时间每月有超过 200 万美元的私人捐赠转移到“基地”组织。此外,还有一些涉恐资金的捐赠来自一些未经注册的慈

---

[1] 《美国遭绑架两年记者获释卡塔尔帮忙 据说没付赎金》,载搜狐网,https://www.sohu.com/a/272332_100555。

[2] 宋博、包澄章、许志宏:《“伊斯兰国”兴亡启示录》,载国观智库,http://infadm.shisu.edu.cn/_s63/61/ba/c3991a90554/page.psp。

善组织,这些组织常常以“人道主义”的名义向“基地”组织提供大量的资金。同时,也有部分慈善机构资金被滥用,流向了恐怖分子的腰包。相比于世界其他地区,慈善捐款在一些国家非常普遍,这源于一些国家的历史传统。2013 年英国灾难应急委员会启动了“叙利亚危机救援”项目,此后该项目共募集了约合 19.6 亿元的善款,但该委员会承认,“许多善款流向了叙利亚,毫无疑问,其中部分被极端组织拿走了”。据英国媒体透露,英国慈善委员会自 2012 年起,将全英一些慈善机构列入“潜在极端激进主义”名单,并对这些慈善机构进行秘密监控,自 2013 年起对多达 17 个相关慈善机构展开调查。〔1〕 实际上,在慈善机构知情或不知情的情况下,部分以“慈善”名义募集的资金遭到了滥用,被用于支持恐怖活动。此外,还有一些支持恐怖活动的个人或组织打着慈善的名义在网络上筹集善款。例如,在美国登记的非政府组织曾募集捐款 500 万美元。资金筹措途径是在瑞士联合银行的账户上汇款 140 万美元到美国账户,剩余金额与其他支持宗教极端组织的汇款汇合到一起进行二次分配。

(二)涉恐资金来源情况

涉恐资金的来源渠道纷繁多样,总体上概括起来可以分为“合法”和“非法”两大类别。在“合法”类别里,可以细化为三小类:一是国家、组织和个人的资助,既包括本国政府也包括外国政府、慈善组织、非营利组织和个人;二是利用某些商业活动,包括控制土地、石油以及前台商业公司的正常经营活动筹资;三是来自投资和“回流”,例如炒股、期货交易等。部分组织采用新媒体招募人员向欧美国家“回流”,利用这些“回流”人员为其带来资金。在“非法”类别里,通常可以细化为如下小类:毒品走私、货币走私、洗钱、绑架人质索取赎金、敲诈勒索、非法移民等。

具体而言,在当今恐怖主义最为严重、恐怖势力最为集中的地区,除

〔1〕 张凯文:《穆斯林慈善机构被英视为“潜在威胁”已被秘密监控》,载环球时报,http://world.huanqiu.com/exclusive/2014-11/5205713.html。

前述常见的融资渠道外,还表现了一定的区域和国家特色。

比如,在叙利亚,除像“伊斯兰国”这样的超大规模恐怖组织的资金筹措主要依靠其对“领土”和“石油资源”的控制外,其余小规模的恐怖组织的涉恐资金渠道来源多样,资金流动的数额往往很小,更难以被监控。目前在叙利亚,除“伊斯兰国”组织集中化和领地化地自筹资金外,还存在一些通过少量资金、分散资助或融资的方式和渠道。特别值得注意的是,近年来有数量较大的外国人恐怖分子和极端分子前往叙利亚或者伊拉克参加“圣战”。他们多采用传统、自筹资金的方式筹措资金,实质上也为当地恐怖组织进行了融资。这部分“少量资金”的来源主要有三个途径。其一,个人的合法收入。这部分资金由于没有任何法律上的问题,而且一般而言资金规模较小,不容易引起重视,也难以有效追踪。分析一些案例发现,有的外国恐怖分子或极端分子在毫无征兆的情况下,变卖个人所有合法资产,只身辗转前往叙利亚,其携带资金都是合法的。其二,来自家庭和亲朋的友好资助。当然,这部分资金在性质上也属于合法,但在来源表现上有两种不同情况。第一种是在赴叙利亚之前,通过借贷等方式筹措资金或接受有相同的“圣战”意图,但未能亲自实施者的资助。第二种是在到达叙利亚后,通过秘密方式与亲友等取得联系,再以“隐蔽”途径接受资助。后一种情形,从实际的案例中也发现,这时的资助较多情况下都是为了在生活上接济在叙利亚的“恐怖分子”。其三,来自贩卖毒品、走私等非依托恐怖组织来完成的传统犯罪活动。上述融资活动的特点在于融资规模较小、资金运转灵活、也较多都属于合法来源,因此在管控和源头治理上有较大难度。

相较于叙利亚,“伊斯兰国”“基地”组织等恐怖势力在伊拉克的涉恐资金来源渠道更为多样化,更具复杂性。除前述获取恐怖资金的主要方式外,还表现了如下特点。

第一,古董文物走私交易已成为恐怖组织敛财的重要方式。伊拉克地处两河流域,是世界古代文明的发祥地之一,有着丰富的文物藏品。而劫取文物并通过非法交易获取资金,已成为当地恐怖组织的重要经济来源。在数量上,文物走私已成为恐怖组织第二大资金来源。从实际流向看,文物、黄金及其他大量珍贵物品被走私到土耳其和约旦。比如土耳其的加济安泰普是著名的走私文物集散地。据俄罗斯调查人员的报道,“伊斯兰国”在占领巴尔米拉期间,靠走私文物就净赚2亿美元。[1]

第二,运用新兴网络社交媒体筹措资金。目前伊拉克有大量未经注册的慈善机构伪装成“人道主义慈善捐款”,通过新兴和廉价的网络技术,如Facebook,WhatsApp等社交媒体在世界范围内筹措资金,与各方迅速建立联系,快速实现资金的融措与转移。

第三,依靠某种教义的“布施”文化,向本国及外国人募集资金。在恐怖组织,特别是诸如“伊斯兰国”“基地”组织等大型恐怖组织的管辖领地,这种依托某种教义、教法进行的资金筹集较为普遍。

从实际情况看,在一些涉恐犯罪活动中,收益排名在前的主要是非法贩卖麻醉药品和精神药物、贩卖盗版产品以及走私、诈骗等。此外,与伊拉克的情况相似,通过利用某种宗教的慈善文化筹集涉恐资金也是重要渠道之一。沙特政府近年来也意识到,国内一些人道主义活动和慈善组织挪用资金资助恐怖活动的情况,政府也通过立法及强化打击对此进行有效治理和防控。

(三)涉恐资金的流转渠道

目前,在全球打击恐怖主义力度加大的情况下,涉恐资金呈现小额资金流动的特点,较难被发现和阻断。除依靠本章第一部分所介绍的“金融支付”体系实现跨境资金转外,在一些国家出现了涉恐资金多种灵活隐蔽复杂的流转渠道。

1. 实体商业银行等金融机构渠道

依托合法的实体商业银行体系进行资金转移仍是恐怖组织进行资金流转的选项之一。特别是在为实施某一特定恐怖袭击做准备的过程

---

〔1〕《伊斯兰国走私文物敛财》,载新浪收藏网,http://collection.sina.com.cn/hwdt/2016-04-12/doc-ifxrcizu4020655.shtml。

中,“小微化”的银行资金流动既能满足所需,又可利用“合法”渠道作掩护。正如前文所述,恐怖组织真正在实施某起恐怖袭击上花费的资金其实并不大。“9·11”事件等恐怖袭击一再表明,银行等合法金融系统被利用于涉恐资金流转的可能性仍然存在。在银行卡或者信用卡被普遍推广的情况下,恐怖分子通过ATM机,就可以非常方便的完成小额资金的跨国境流转。此外,恐怖组织利用某些特殊银行等金融机构实现资金跨境转移的情况也较为多见。与此同时,西联汇款作为全球领先的汇款体系,在全球广泛设有代理机构,也成为涉恐资金转移的重要渠道。在复杂精密的商业银行体系中,支票、银行卡、银行贷款抵押、跟单信用证等均有被用作涉恐资金跨境流动工具的现实可能。

2. 非正式的汇款转账系统

正如前文所述,某金融组织和比特币是两种极具代表性的资金流动工具,前者是古老而原始的金融工具代表,而后者是数字时代的创造,其共同点则是:承载的交易机制没有任何电子贷记或借记体系,均是建立在匿名信用和非正式关系之上实现资金的匿名转移。在恐怖主义盛行的中东地区,这两种看似处于两个极端、具有完全差异性的金融工具却都较为广泛地被应用于涉恐资金的跨境流动活动中。

3. 现金经过实体运输后转移到合法金融体系

当今世界,现金仍为人们进行经济交易活动的重要金融支付工具。现金的跨境实体运输(Physical Transportation of Cash)既很古老,也有现实存在的空间。当前,现金的跨境实体运输仍然是洗钱、涉恐资金流动的方式之一。这种资金转移方式危害巨大,一旦现金转移到目的地,它们将进入合法的金融体系,并将在银行和其他金融机构中循环。例如,在沙特阿拉伯,走私实体货币的犯罪行为发案率较高,犯罪行为人往往借某大型宗教活动之机,利用上百万人短时期的跨境流动窗口期进行现金运输。此外,反恐实践也有大量案例发现,东南亚地区也有越来越多的青年借助赴中东一些国家留学之机,违规携带大量现金的情况。在另一个地缘方向上,近年来也出现某些欧洲人在赴叙利亚、伊拉克参加“圣战”过程中携带大量现金，通过土耳其转运到叙利亚或伊拉克，或者将叙利亚和伊拉克境内的资金经由土耳其转运到其他国家。由此可见，传统的跨境现金流动并未因为数字技术等现代金融工具的革新而被恐怖组织弃用，在特定情境下反而具有其特殊的跨境流动优势。这种情况值得我们在涉恐资金防控中予以重视。

4. 通过伪装的“慈善”

近些年来，以“基地”组织为代表，大量的恐怖组织打着“人道主义”的旗号，利用一些群众的朴素互助情感，通过互联网等社交媒体开展多种形式的慈善筹资，然后通过注册的慈善组织以“合法”方式跨境转移资金为全球范围的分支或恐怖分子个人所用。此外，还有一些未经注册的慈善组织，打着“慈善”的旗号大量募集资金，再以“施善”的名义通过网络快捷支付方式将资金跨境流转到恐怖分子手中。以沙特为例，某些组织已被沙特政府列在禁止向海外汇款的慈善机构名单中，上述组织已被证实向沙特以外的极端主义分子提供涉恐资金。

（四）涉恐资金的主要用途

资金是恐怖主义的生命线，但资金对不同规模和形态的恐怖组织和恐怖分子来说，其具体的用途有所差异，这也进而影响资金的动态流向。就诸如“伊斯兰国”“基地”组织等大规模的恐怖组织而言，其日常运行就需要庞大的经费支持，因此绝大部分涉恐资金都被用于维持成员招募、恐怖主义宣传和日常开销，真正用于实施具体恐怖袭击的资金量实际上比较小。诚如前文所述，“基地”组织策划实施“9・11”事件也仅花费了几万美元。除这些基本用途外，涉恐资金主要被用于如下几方面。

一是专门的军事活动开销，主要包括购置和维护武器装备、人员训练、情报购买等。比如在叙利亚、伊拉克等地存在的规模较大的恐怖组织机构严密，功能完备，很多恐怖组织都有专门的“预算部门”负责军事活动方面的经费开支预算。就具体的个案而言，比如在 2015 年美国圣贝纳迪诺袭击事件中，调查发现 2 名袭击者使用恐怖组织提供的经费购买并制造了简易爆炸装置，2 支手枪、2 支突击步枪、1700 发子弹，并租了

1 辆 SUV,上述物资均在恐怖袭击中被使用。[1] 据不完全统计,在叙利亚,恐怖组织每周实施恐怖袭击及用在所谓“战场上”的弹药花费就需要大约 100 万美元,这部分开支占据了涉恐资金的大部分。从侧面也可以发现,从军火的黑市交易入手追踪和查控涉恐资金是重要的路径之一。

二是恐怖组织在网站制作和维护、新闻宣传和依托网络的恐怖分子招募等方面的支出。新生代的恐怖组织和恐怖分子越来越擅长利用网络传媒和社交软件进行恐怖主义、极端宗教等的思想意识形态传播。比如,鼎盛时期的“伊斯兰国”组织了专门团队进行网站建设和维护,他们通过网络渠道发布消息、传播涉恐音、视频、制作电子阅读物,甚至通过开发网络游戏等对青少年进行意识形态灌输和成员招募。他们在招募和培训媒体技术专门人员方面舍得花费重金,同时大量跟踪摄像头、隐性摄像机、特效软件等最新的软硬件设备被广泛应用于此,这无疑也是涉恐资金的重要去向之一。根据 2016 年美国的一份报告,“伊斯兰国”仅在当年就制作了将近 15000 份不同内容的宣传资料,包括视频、多语言期刊(包括汉语在内)等,这需要较大花费,同时也为恐怖组织扩大影响力提供了条件。如何从恐怖组织的宣传产品,特别是网络传播及人员招募的路径进行资金使用的反向查控,也可成为涉恐资金查控的一种可行思路。

三是在恐怖分子的教育培训方面的开支花费。恐怖组织,特别是规模大、实力强、对地区影响力显著的恐怖组织往往会将一定比例的资金用于新生代力量的教育培训上。这种所谓“教育培训”实质上以“宗教学校”或地下非法教学经场所为载体,是对潜在恐怖分子或新招募的恐怖组织成员进行意识形态极端化和暴力恐怖化的洗脑过程。在这个教育培训过程中,恐怖组织不但不收取任何费用,而且会免费承担食宿、训练等方面的所有费用。这种方式对恐怖主义形势严峻且经济社会发展极

---

〔1〕 Epatko, Larisa, Everything we know about the San Bernardino shooting, PBS News Hour, 3 December 2015, https://www. pbs. org/newshour/nation/everything-weknow-about-the-san-bernardino-shooting.

度落后的地区的部分民众具有较大的吸引力。在伊拉克、叙利亚、巴基斯坦等国的一些地区，诸如此类的教育培训数量较多，参与人数也不少，已经成为恐怖组织培养后备力量的主阵地。

四是为外国恐怖主义战斗人员和恐怖组织提供购买服务。在叙利亚、伊拉克的反恐战场上，经常有所谓“外国恐怖主义战斗人员”的身影。诸如“伊斯兰国”“基地”组织等，通过网络向域外国家，甚至欧洲发达国家招募恐怖分子。尽管如前文所述，有部分被招募者不仅不需要资助，反而能为恐怖组织提供自己所有的任何资产。但对有经济困难的被招募人员，恐怖组织有时也会允诺给予其一定的资助条件，如提供路费、办理虚假护照及其他证件、提供沿途中转的联络服务等。这实际上是他们招募恐怖分子行为的一种延续，目的是让潜在的外国恐怖分子真正成为“圣战”参与者，为此，恐怖组织不惜在经费上提高花费。

五是在谋划和实施具体恐怖袭击中的成本支出。尽管“低成本”恐怖袭击越来越受到恐怖组织青睐，有时对恐怖组织自身来说，一次恐怖袭击的象征意义要大于实质价值，但它们还是会不遗余力地策划与实施。除发动恐怖袭击所需要的直接费用外，对于参与恐怖袭击，特别是在袭击中的伤亡者，恐怖组织还可能给予一定数额的物质性“抚恤”或奖励，以此在恐怖组织成员内部彰显其“仁爱”以博取更大的精神支持。

三、涉恐资金跨境流动监管查控的工作体系

涉恐资金跨境流动的管控对反对恐怖主义来说具有极为重要的价值。正如前文所述，涉恐资金本身具有极强的隐蔽性，加之在一定区域范围内资金跨境流动的合法、非法甚至是“灰色”渠道多元，如何有效进行监管和查控都不仅需要一国构建完备的制度体系，形成有力的查控机制和手段方法，而是需要针对资金跨境流动的具体形态和特点开展国家间合作。鉴于涉恐资金跨境流动主要存在于恐怖主义形势严峻、恐怖组织和恐怖分子相对集中的地区。本部分将主要从比较考察的角度对典型地区涉恐资金跨境流动的监管和查控工作进行梳理，进而总结现有经

验和有效做法,为提升涉恐资金跨境流动的整体治理效能提供可行思路。

从整体看,当前涉恐资金跨境流动的监管和查控工作体系主要包括三方面的内容:一是在 FATF(金融特别行动小组)指导下建设有针对性的法律规则体系;二是建立高效的监管查控运行机制;三是建立便捷灵活、低门槛的国际合作渠道。

(一)涉恐资金跨境流动监管查控的法律规则体系

依法打击恐怖主义已经成为国际社会的广泛共识,涉恐资金跨境监管和查控也必然要纳入法治的轨道,使相关制度规范成为打击恐怖主义法律体系的有机组成部分。涉恐资金监管查控与其他涉及资金监管查控的犯罪,如走私、洗钱等的法律规范具有相似性,同属于犯罪资金查控的范畴。因此,这部分法律规范主要分为两种情况:一是通过反洗钱相关立法进一步发挥反洗钱措施在查控涉恐资金跨境流动方面的作用;二是根据涉恐融资及资金跨境流动的特点,结合本国实际制定专门性立法。

目前,沙特形成了以《反洗钱法》(包括《反洗钱法实施条例》)以及《反洗钱和反恐融资法条例》为主干,以沙特金融监管机构制定并施行的行政规章和伊斯兰法中涉及的金融监管和反恐融资相关内容为辅的多层级法律规制体系。

在具有本国特色的法律制度内容中,较为典型的是由沙特的中央货币监管机构制定的《沙特重要金融支付系统的体系性标准》。该标准对金融支付体系和金融支付服务供应商的相关权利义务和职权职责等作了明确规定。在内容上,该标准对重要的支付系统作出了体系性的分类规定,进而根据支付系统可能存在的涉恐融资风险及涉恐资金跨境流动的风险进行防控。

从沙特的这一立法看,以风险类型对支付系统本身的分类主要包括四种:一是任何在银行间或客户间完成支付,可能对金融稳定构成威胁的支付系统;二是按日累计金额和支付金额计算的主要支付系统;三是在其他具有重要金融管理系统中用于实现结算制度的系统；四是由于参与者的数量和类型，市场渗透率以及缺乏替代方案的系统。这些系统对金融支付的基础设施和客户信心至关重要。此外，沙特的货币监管部门还在银行业、保险业、金融财务领域、金融信息情报领域制定了相关的部门反洗钱法律规定。

沙特的上述立法在很大程度上是基于国际金融特别行动工作组关于打击恐怖融资和国际反洗钱的40条一般建议和9条特别建议的要求进行的回应性立法，更多的也是履行国际义务的一种表现。沙特的这种立法，以《反洗钱法》《反洗钱法实施条例》《反洗钱和反恐融资法条例》《制止和资助恐怖主义国际公约》《非法贩运麻醉药品和精神药物公约》《联合国打击跨国有组织犯罪公约》以及以联合国安理会关于打击资助恐怖主义行为的相关决议的精神为立法意旨，重点强调对个人账户、慈善机构、公司及海外分支机构和海外财产所适用的"尽职调查"相关政策和具体程序性措施。对涉恐资金跨境流动的监管查控，整体上既依托于反洗钱的大框架，又在立法中突出涉恐资金本身的特点。

沙特的立法更加注重通过经济惩罚和监禁刑的综合运用达到预期立法目的。比如根据沙特《反洗钱法》第27条的规定，如果行为人以如下方式实施洗钱犯罪的将受到3—15年的监禁，并处或单处不超过700万里亚尔：(1)有组织犯罪；(2)使用暴力或武器；(3)公职人员利用职权影响力；(4)贩卖人口；(5)剥削未成年人；(6)利用慈善或教育机构或社会服务机构；(7)在沙特或其他国家有洗钱的犯罪前科。

根据沙特《反洗钱法》第30条的规定，如果行为人向主管部门提供了相关信息，协助完成以下行为的，可将总刑期减少到1年以上7年以下：其一，防止其他洗钱犯罪或者限制限制洗钱犯罪的效果；其二，确定或者起诉其他行为人；其三，获取相关洗钱证据；其四，剥夺犯罪组织权利或控制资金。在犯罪资金查控难度相对较大的情况下，通过此类规定强化证据获取的渠道来源也是有效的立法策略。

根据《反洗钱法》第31条的规定，任何洗钱犯罪都将受到不超过

5000 万里亚尔和不少于相当于 2 倍的所有犯罪资金的罚款。法人将被直接或间接永久或临时禁止从事某些许可活动,或被命令永久或临时关闭与违法行为相关的办公室,或被命令清算该业务。

以另一个中东大国土耳其为例,由于土耳其长期受到恐怖主义威胁,该国的反恐法律体系也相对较为完备。就其涉恐资金监管查控的规范性文件的制定而言,鉴于这项工作本身涉及经济安全和反恐怖主义等非传统安全的诸多方面,也有与其他犯罪资金监管查控存在相互交织的情况,为此,土耳其建立了涉及范围广泛的涉恐资金跨境流动监管法律体系。其主要以反洗钱的法律规则体系为依托建构基本制度框架,再结合具体涉恐资金跨境流动的特点进行补充性立法。具体而言,这些立法主要包括以下五个方面:一是第 5549 号法律即《运用犯罪收益洗钱防治法》;二是第 6415 号法律即《涉恐融资防范法》;三是《关于防止运用犯罪收益洗钱和资助恐怖主义的措施条例》;四是《反洗钱及遵守打击资助恐怖主义义务的程序条例》;五是《关于执行防止资助恐怖主义法律的有关程序和原则性的规定》。

相对而言,伊拉克由于连年的战乱加之国内政局动荡,并没有形成体系化的跨境资金流动监管制度。根据公开资料,在美国归还主权给伊拉克政府前,驻伊联盟临时管理局(Coalition Provisional Authority)制定了《反洗钱法》,该法于 2004 年在伊拉克议会上通过。这部法律被认为是伊拉克目前唯一的"反洗钱"法律,同时也是伊拉克赖以开展涉恐资金监管查控唯一的法律资源。但是,由于该法并没有将洗钱行为独立进行犯罪定性,因而在伊拉克,根据此法并不能对洗钱行为进行起诉,并施以刑事制裁。根据伊拉克的相关法律,目前它是将洗钱类的犯罪作为一种附属性的犯罪来对待的,即只有必须同时有更为严重的上游犯罪行为发生时,政府才能追诉其洗钱行为本身。

当然,深处恐怖主义泥潭中的伊拉克政府也十分清楚,这种立法上的缺陷对于本国反恐带来了重大不利影响。因此近些年来,伊拉克政府也积极配合国际金融工作特别行动组以及联合国安理会,按照上述机构的要求致力于从以下几个方面进行改革，以力图完善立法，构建完备的反恐融资和监管查控涉恐资金制度体系：一是对洗钱和资助恐怖主义活动充分而独立的定罪，从刑法罪名体系上进一步严密法网，使洗钱、涉恐融资等行为能最大限度受到刑事法关注和制裁；二是为查明、追踪、冻结恐怖主义资产建立更加规范、科学、有效的法律框架，针对本国恐怖主义的特点及涉恐融资和资金流动的规律性，组建专门机构和力量体系，赋予这些机构和力量体系有效的执法权限，使对恐怖主义资产的查控更加严密高效；三是学习国际社会的有益经验，依托国内金融机构及国家间合作，落实有效的客户尽职调查措施；四是建立全面有效运作的金融情报组织，为涉恐资金监管查控给予有力的情报支撑；五是为金融部门建立反洗钱监管措施和监管计划。

总体而言，伊拉克目前按照联合国及国际金融工作特别行动组的要求及基本的国际标准改进了本国对反洗钱活动及涉恐资金的监管现状，为形成更为有效的体系化规制框架奠定基础。

(二)涉恐资金跨境流动监管查控运行机制

涉恐资金的跨境流动有其区别于一般犯罪资金的特点，因此，需要设计具有针对性的资金监管查控运行机制。综合有关国家的现实做法，对于涉恐资金跨境流动的查控机制主要涉及专门机构、查控措施和特殊司法制度等方面。

1. 专门机构的设立

绝大多数国家针对犯罪资金流动设立了专门的机构，涉恐资金跨境流动的监管查控也属于此类机构的业务范围。这样的专门机构主要有三种类型。一是由反洗钱工作部门一并承担针对涉恐资金跨境流动的监测、查控职能。就绝大多数国家而言，针对反洗钱设立的专门机构历史较为悠久。自 21 世纪以来，特别是“9·11”事件以后，各国日益认识到阻断涉恐资金对于反恐的极端重要性，基于此，各国都对原反洗钱机构的职能进行了扩充，将反恐融资也纳入监管查控的范围。比如作为金融监管制度极为发达的瑞士，也在 2001 年 FATF 通过《反恐融资 8 项特别建议》(后扩充为9项)后,将用于恐怖活动的资金纳入反洗钱的范围,进而开始针对涉恐资金跨境流动实施专门性监测、识别追踪及查控处置。[1] 二是设立综合性的反恐机构,由其承担作为反恐工作一部分的反恐融资业务。比如埃及政府设立了“国际反恐合作委员会”(National Committee for International Cooperation in the Field of Combating Terrorism),专门负责执行与打击恐怖主义有关的各项活动。该机构是根据埃及第847号总理令设立的,它由司法部长或其他总理授权的任何人来领导,其成员包括司法部、内政部、国家安全局和埃及的反洗钱机构,以综合型机构来应对涉恐资金问题,发挥跨领域跨行业的协调作用。

为了有效对恐怖融资及涉恐资金流动进行监管查控,土耳其构建起了庞大的跨部门、跨领域协同机构体系,为反恐,特别是针对恐怖主义资产的追踪、拦截和处置提供了坚实的组织力量和行动力量。

土耳其的国家机构体系中,涉及涉恐资金监管查控职能的主要包括以下几个主体。一是检察机关,主要协助反洗钱和涉恐融资调查以及相关的法律诉讼和监督程序,实际上是其检察和诉讼职能在反洗钱和涉恐融资及涉恐资金案件中的具体表现或延伸。二是财政部,主要从公共资产管理和监督保险专家和精算师在反洗钱法律规制下完成审计和监督义务,协调相关金融保险机构做好反洗钱及反恐融资相关工作。三是金融犯罪侦查局,这是土耳其的法律机构体系中较为特殊且专业的代表,在反洗钱系统中发挥着统筹协调的作用,一方面负责制定有关金融犯罪打击惩治方面的宏观政策,为立法机关准备专门性的法律草案;另一方面通过金融反侦查具体业务的开展,确保各机构之间的协调。四是打击金融犯罪协调委员会,该委员会负责协调有关机构的活动,并对制定有关犯罪预防的政策、规章制度提出建议,其成员均来自与反洗钱相关的政府机构。五是司法部,主要职责是监督法院和其他司法机构,制定与国外相关的司法协助程序并制定相关的立法草案。六是外交部,主要从

---

〔1〕 王新:《探析瑞士反洗钱立法之发展》,载《学海》2009年第4期。

事国家合作、国际协定和国际公约的谈判及批准工作以及评估从其他国家收集到的关于恐怖主义的金融情报。七是土耳其中央银行,主要职责是对支付服务、电子货币和外汇市场等进行监管,维护金融体系的安全。八是银行监督和监管机构,主要职责是对土耳其境内的所有银行、金融租赁公司、保险理财公司、金融消费公司、电子支付系统及其提供商的业务进行授权和监管。九是资本市场委员会,主要负责土耳其证券市场的监管,对一级市场、二级市场和金融中介进行监管。

就机构体系而言,土耳其无疑属于构建较为完备的国家,各机构也都从自身职能和功能发挥的角度共同助力于反洗钱和反恐事业。但事实上,土耳其的机构体系也存在职能交叉、各自为战的不利状况,缺乏权力顶层的有效统筹和调配,特别是面对日益跨部门、跨领域、跨行业、跨国界的涉恐资金流动,任何单一机构都显得力不从心,基于此,有的机构有时也以此作为推卸责任的理由。

就整体综合国力及国内遭受恐怖主义威胁的程度而言,埃及也是中东地区的典型国家之一。

目前,埃及国内针对涉恐融资的风险防控措施主要分为两个部分:一是针对金融机构,尤其是银行机构制定的“可疑金融识别报告”制度;二是针对非金融机构,主要是个人和其他非金融领域组织从事涉恐融资行为制定的风险识别和审查制度。

首先,针对银行业为主的金融机构制定的审查制度。在21世纪初,埃及金融领域实施了一项全面的改革计划,要求银行业金融机构加强执行2002年《反洗钱法》和反恐怖融资的相关规定。埃及政府要求所有银行的具体业务实施条例必须在《反洗钱法》通过后的一年内发布,并定期更新。埃及政府会每年定期对银行业为主的金融机构发布可疑金融风险的评估报告,目的在于加强对每家银行内部的流程及其实际面临的可疑性风险的关注。虽然埃及绝大多数金融机构均在埃及金融监管部门的监督下被告知风险评估的结果,但是目前仍然有三家金融机构,即阿拉伯国际银行、爱尔兰联合银行、纳赛尔社会银行,并未被伊斯兰金融机构真正纳入到埃及金融风险监管体系的范围内。因此,该监管框架依然是存在重大缺陷的。

其次,针对赌场等合法的非金融管道设立专门的审查制度。尽管目前《反洗钱法》和埃及的《反垄断法》及相关的行政法规均未涉及对赌场的规制,但是赌场的外汇业务确实是涉恐资金跨境流动的重要方式。为此,埃及政府针对赌场部门专门设立了管制措施,以遏制相关的恐怖融资风险。例如,针对外国人允许赌场提供有限的服务,必须登记外国人的身份信息和保留护照的副本,以此确保埃及金融监管当局能够对可疑人员进行风险识别和追踪。尽管《反洗钱法》中没有对赌场外汇的相关规定,但是埃及政府仍然在 2008 年依照《反洗钱法》以“高风险的海外涉恐融资转移”为理由关停了当地的一家赌场。从实践看,埃及赌场的合法性并不意味着从赌场流转的资金的合法性。埃及的情况与其他很多将赌博视为合法的国家一样,赌场有其资金合法流转的渠道,当然,更多的是通过其特有的“地下钱庄”等非法渠道和方式进行流转,其直接目的只是规避高额征税。但正是基于此,大量的涉恐资金也在利用赌场资金流转的通道进行跨境流动,因为对恐怖组织或恐怖分子来说,即便从中“损失”掉较高的佣金部分,也能确保主要资金流转的安全,仍不失为可取的选择。

2. 可疑资金审查及追踪

涉恐资金在特征上可从源头性质和流向性质两个方面进行判断,因此,在涉恐资金跨境流动的监管查控方面,各国也基本形成了基于源头的资金性质审查和基于流向的资金追踪查控两个基本思路。在具体行动策略上,涉恐资金跨境监管和查控所采取的措施与反洗钱措施基本属于“一体两用”。比如沙特在这方面确定了四方面的工作重点。

一是开展金融调查与收集金融情报。恐怖组织和恐怖分子利用金融系统或工具的漏洞进行资金流转的情况较为频繁,涉恐资金流动与异常的金融活动关系密切。因此,将涉恐资金跨境流动置于金融异常及金融违法犯罪的大框架下展开也是一种可行的思路。通过一般性的金融调查能够发现异常，进而为涉恐资金监管查控提供线索。沙特开展常态化的金融情况搜集不仅着眼于经济和金融层面，也有明显的犯罪防控和打击的意图。恐怖活动犯罪，特别是涉恐融资及资金跨境流动都有其特殊表现，情报的积累有助于不断拓展与涉恐资金跨境流动相关的特征库，进而对具体行动形成有针对性的指导作用。

二是没收犯罪所得收益和犯罪工具。这是从制裁角度确定的重点工作内容，也是各国普遍的通行做法。沙特构建起了"行刑"贯通的"没收"程序，涉恐资金一经查明，既可通过行政手段和程序予以没收，也可以依托刑事制裁程序予以没收。这极大地提高了针对涉恐资金的执法司法效率，增大了恐怖组织的资金流转成本。

三是针对本国重要性的金融支付体系和金融体系供应商制订系统性的活动规则。一方面，从国家层面强化制度完善，设计更加科学高效的金融服务和监管规则，堵塞规则漏洞；另一方面，针对金融工具日益升级的科技应用程度，沙特不断用提升技术规制防制犯罪活动的水平，从技术规则的角度构建防控涉恐资金流转的体系。

四是对调查和起诉洗钱活动的执法机关制定行动准则。正如前文所述，"行刑"融合是有效监管查控涉恐资金流转的制度和措施理念。除制度和技术的针对性提升外，沙特在执法司法方面也不断完善针对恐怖融资、涉恐资金流转特点的行动策略，特别是针对线上资金跨境流转以及通过虚拟数字货币进行涉恐融资和跨境交易的活动，沙特不断积累执法司法经验，提高执法司法效率。在调查重点方向上，特别强调增加对个人账户、慈善机构、公司以及海外分支机构和海外财产的"尽职调查"政策和具体措施的适用强度。

尽管伊拉克常年战乱，但伊拉克政府也深知对涉恐及其他违法犯罪可疑资金进行审查及追踪，并对其进行控制没收等，对于其恢复国内经济、保障反恐工作成果的重要性。为此，为了使本国的涉恐资金查控工作达到国际标准，伊拉克也采取了许多措施致力于反洗钱和反恐怖融资活动。

其一,建立有效的客户尽职调查措施体系,落实对可疑涉恐资金的调查工作。2015 年伊拉克发布了关于《反洗钱法》实施问题的 39 号法律,主要涉及打击洗钱和恐怖分子的融资活动。该法对“客户尽职调查”措施有详细的规定,具体包括对客户的身份识别和验证,对客户财产所有权及登记业务的跟踪、记录和报告与恐怖主义融资活动相关的可疑操作。39 号法律的颁布被国际社会认为是对伊拉克原《反洗钱法》的修正,使得其在应对涉恐资金流转方面有了更加充分有力的法律制度措施保障。

其二,通过建立冻结涉恐资金专门委员会,强化对涉恐可疑资金的监管查控的领导体制,发挥冻结机制的作用。2016 年,伊拉克议会通过了 5 号法令,决定在伊拉克中央银行的领导下设立专门冻结恐怖主义资金的专门委员会。该委员会由伊拉克中央银行副行长作为主席,各部门代表和执法机构作为该委员的成员。由于在伊拉克境内流转的涉及境外恐怖组织的资金复杂且数量庞大,这一冻结机制的贯彻落实被认为是对国际反恐行动的重要支持。

其三,在证券交易领域,2017 年伊拉克证券委员会发布了涉及证券交易客户尽职调查法律规定。该规定对恐怖融资、基金、客户和“直接高风险人”、犯罪收益等作出了明确的定义,并针对每种“职业”、每种不同属性的资金性质和特点等详细规定了调查的具体措施,调查主体的法定职责及违反后果等,在致力于恢复重振国内经济的同时,将反恐措施作为保障经济安全的重要举措,严格落实。

其四,在海关监管方面,伊拉克政府规定了跨境资金进出境申报的制度要求和审查措施体系。一方面要求进出境旅客或商贸主体及时填写报关单,主动提供有关资金来源和用途的细节信息,进而将相关信息提交洗钱和反恐融资办公室汇总形成系统数据,形成可疑资金的大数据,有利于常态化分析研判。另一方面,伊拉克政府还针对海关工作人员在出入关监管过程中发现并查控现金、无记名票据宝石、贵金属等做了措施体系的安排,伊拉克海关总署定期将监管查控情况公布在其官方网站上,以起到警示、震慑作用。

尽管巴勒斯坦地区属于当今世界最不安定的地区,但是巴勒斯坦政府也在积极响应国际社会倡议和号召针对涉恐资金的跨境流动,采取一系列有效的措施。其中针对资金的措施的重点主要在于发现、追踪和阻断其流转。

其一,在发现涉恐资金方面,巴勒斯坦政府以 2007 年通过的《反洗钱法》为法律依据,明确了通过要求财务主动申报、相关行业主体尽职调查账户及执法司法主体对相关资料查阅及调取的方式实现对洗钱活动发现和监督。

其二,在追踪涉恐资金方面,根据 2015 年通过的《反洗钱法》和《反恐怖主义融资法案》,巴勒斯坦政府设立了金融后续行动跟踪部门,致力于洗钱和恐怖融资的活动。根据该法案第 23 条规定,该部门有权依法向接受《反洗钱法》约束的所有个人或组织调取信息资料并分析所获取的金融信息情报。根据该条款所实施的措施具有司法属性,相关调查情况可直接向司法部长报告,并由后者根据调查所得结果组织相关力量进行金融行动有效跟踪,以切实明确相关资金性质。

其三,在阻断涉恐资金流转方面,《反洗钱法》第 5 条规定,金融后续行动跟踪部门可以从资本市场管理局获得与恐怖主义相关的受益者的所有权信息、交易的业务性质、相关收入以及资金的来源等,并根据实际情况实现对涉恐资金流动转移的阻断。根据相关立法规定,这些信息的获取及相关措施都可以秘密开展。

3. 特殊的司法制度

鉴于涉恐资金监管查控在反恐中的重要性,一些国家不仅在《反洗钱法》等专门法律的修改调整中增加了若干有效的行政执法措施,还根据涉恐资金跨境流动的复杂性和特殊性进行了专门的司法制度设计,以强化针对涉恐资金跨境流动行为法律运行的一体化效果。其中较为典型的是叙利亚的做法。

目前,叙利亚形成了包括军事法庭和反恐怖主义法庭在内的特殊的涉恐司法审判体系。特别是针对恐怖活动犯罪,该国的立法赋予了法庭特殊的审判规则和证据规则。反恐怖主义法庭专门负责处理包括平民和军方在内的所有恐怖主义案件,运用的是非常规的审判和执行程序。相关立法内容中,有部分条款是和涉恐资金跨境流动的监管查控及司法处理直接相关的。比如,2012 年叙利亚颁布的第 63 号立法令授权叙利亚政府在案件判决或审判前,司法官可以根据《反恐怖主义法》的规定,对涉及恐怖主义案件的嫌疑人、被告人采取包括扣押动产、不动产以及实施旅行禁令在内的一系列措施,并且规定了相较于普通程序法更低的证据和证明标准要求,为涉恐资金的监管查控提供了更多的法律便利。

(三)涉恐资金跨境流动监管查控的国际合作

鉴于涉恐资金流动的跨境特点,单靠一国力量难以有效进行监管查控和封堵,因此,加强国际合作至关重要。目前,打击反恐融资的国际合作主要有两种形式:一是主权国家间的合意性合作,即根据双方或多方的反恐需求,基于协商建立共同的打击治理目标和措施体系;二是基于TATF(金融特别行动工作组)以及联合国安理会的相关决议在国际义务层面开展合作。

由于反恐怖工作本身受到如何界定恐怖主义及认定恐怖组织和恐怖分子方面的重大影响,主权国家间反恐怖工作的合意性达成也并非易事。特别是在中东地区,受地缘政治因素的影响,在涉恐资金跨境流动执法和司法方面的合作较少。以沙特为例,目前,针对涉恐融资及资金的跨境流动等问题,沙特政府寻求国际合作的意愿并不强,也没有推动形成相对明确、完备的国际合作框架体系。根据已有资料,目前沙特在该领域的国际执法合作仅限于涉恐金融情报的交互和共享,尚未深入到刑事执法司法层面。在具体合作的内容上,沙特仅针对两种情形寻求开展国际合作:一是已确定在本国境内实施恐袭后的涉恐资金转移,但涉及境外的人员等因素;二是已经确定犯罪分子将涉恐资金转移到了国外。而对于可能存在的涉恐资金跨境转移的风险性事件或线索,或者对于涉恐资金可能的流动去向涉及境外的情形,都不主动追查也很少寻求国际合作。相对而言,基于自身意愿进行的涉恐资金跨境流动监管查控方面的国际合作表现出松散性、临时性的特点。

而相反,基于TATF(金融特别行动工作组)以及联合国安理会的相关决议而开展的涉恐资金查控国际合作则具有义务性和强制性。TATF以及联合国作为世界范围内具有权威性的反洗钱和反恐怖融资组织,要求所有国家必须在合适的情况下,毫不拖延地执行联合国安理会关于"冻结和阻断"恐怖主义资产的决定,其中当然包含了对涉恐资金跨境流动的监管查控。根据联合国安理会第1267号决议的规定,"任何会员国必须在不事先通知恐怖组织及其个人以及为他们行事或听从他们指示的人的情况下,毫不拖延地立即冻结他们所拥有或实际控制的涉恐资产。与此同时,会员国应确保其本国公民及在本国领土内的任何人不为这些人提供任何资金或物质支持。会员国必须对违反上述措施的任何人或组织提起诉讼,并施加适当的惩罚。"根据联合国安理会第1373号决议的规定,成员国必须采取以下措施:一是将资助恐怖主义的行为定义为犯罪;二是毫不迟延地冻结实施或企图实施恐怖行为、参与或协助实施恐怖行为的人员的资金和其他金融资产或经济资源;三是扣押或冻结上述人员直接或间接拥有或控制的经济实体;四是扣押代表恐怖组织或恐怖人员以及接受其指示行事的关联人士或实体直接或间接拥有或控制的财产及其派生出的资金或其他资产;五是禁止本国国民或其他个人和实体在其领土内进行任何涉恐融资的相关服务,以此形成或促进参与恐怖活动的个人或组织拥有或实际控制涉恐资金和金融实体。

为了有效执行安理会的决议,埃及成立了"国际反恐合作委员会"(National Committee for International Cooperation in the Field of Combating Terrorism),专门负责执行与打击恐怖主义有关的各项活动。该机构是根据1998年第847号总理令设立的,它由司法部长或其他总理授权的任何人来领导。其成员组织包括司法部、内政部、国家安全局和反洗钱机构等。

根据法令,该委员会的职责是根据国际法和国际法律援助的规定,采取追捕国际恐怖主义分子所必须的措施,并协调这方面的工作机制。具体内容包括:准备引渡已经确定与特定恐怖案件相关联的或已实施恐怖行为的埃及人到国外所要求的法律文件;提出国际引渡,与有关国家共同致力于打击恐怖主义领域的国际合作,并提出克服困难的方案,研究打击恐怖活动的可能性法律机制。此外,该委员会要求定期开会,围绕该国与执行联合国安理会反恐问题的决议作出符合本国国情的相关决定。为了配合反恐委员会的工作,埃及政府还制定了《国际反恐委员会执行条例》,赋予该委员会承担与安理会下设的专门委员会就国际反恐领域开展合作的联络职责。

如前文所述,目前,反恐怖融资国际合作的法律基础主要处于联合国决议等国际法规定的成员国义务层面。联合国制定了《制止向恐怖主义提供资助国际公约》《消除国际恐怖主义的措施宣言》等纲领性文件,要求各国加强合作,采取积极的措施防范打击恐怖融资行为。[1] 同时,据不完全统计,自 1999 年联合国安全理事会作出关于冻结塔利班资金的 1267 号决议至 2017 年底,联合国共有近 20 项针对涉恐融资的决议。此外,联合国还专门成立了 1267 委员会、反恐怖主义委员会、反恐怖主义委员会执行局等机构,来监督各项决议的执行。[2] 中东地区的国家普遍受到上述决议和机构的约束,并以此为基础开展涉恐资金跨境流动监管的国际合作。

除联合国外,国际货币基金组织在其指导各国反洗钱活动的基础上,也不断加强了在反恐融资方面的政策性引导。它通过对成员国进行金融稳定评估等方式来协助成员国增强反洗钱反恐怖融资能力,并通过

---

〔1〕 梁立峥、李志鹏:《反恐融资法治实践的国际经验与启示》,《江南社会学院学报》2018 年第 1 期。

〔2〕 刘磊:《经济全球化背景下恐怖融资与反恐怖融资研究》,中共中央党校 2019 年博士学位论文,第 104 页。

定期发布报告，提出金融政策要求和改革方案，指导各国更好地在确保金融系统安全的基础上打击跨境涉恐融资。

此外，成立于1995年的非正式国际组织——埃格蒙特集团在这一方面也正在发挥越来越大的作用。埃格蒙特集团主要立足从国际金融情报共享的层面对各国防范和打击涉恐融资活动进行指导和支持。依托这一集团，国际社会构建起了一个辐射全球的庞大金融信息网络，还确立金融情报信息共享的基本原则。截至目前，该集团有160个成员，其制定的《关于金融情报中心的说明》也成为各成员进行反洗钱、反恐怖融资合作的基本准则。在现有的金融情报机构中，埃格蒙特集团具有较高的权威性，其发布的报告以及学术研究也直接被反腐败、反洗钱、反恐怖融资等国际法律条例援引。实践中，埃格蒙特成员国的数目在不断增加，但由于金融情报信息对各国及地区而言都较为敏感，出于各成员国之间大范围共享可能影响本国或本区域金融安全的考量，较多成员国的共享金融情报并合作打击洗钱和恐怖融资犯罪意愿还不强烈，更多成员国愿意在特定两国（地区）或多国（地区）间根据合意开展相关合作。

涉恐资金跨境监管和查控的国际合作存在的问题较多。一是各国基于对恐怖主义的认知差异和法律界定的不同而缺乏合作的法律基础。对涉恐资金跨境流转的监管和查控都必须基于资金本身的来源或去向涉及恐怖主义主体这一前提，实践中，各国往往会对“恐怖主义主体”以法律形式予以界定，或以列明恐怖组织清单的形式指导具体反恐行动。一旦涉恐资金所关联的恐怖主义主体不在两个或两个以上的国家的恐怖组织清单的交集中，那么对于该“涉恐资金”就无法展开国家间的合作处置。当然，鉴于涉恐资金还可能涉及洗钱或其他国际犯罪，相关国家可以在协商合意基础上开展其他专业类型的合作。二是涉恐资金跨境流动的查控合作会遇到法律冲突的问题。依法开展反恐怖融资及涉恐资金的跨境流动，各国主要依据国内法基于涉恐资金在国内的状况采取相关行动，而跨境行为本身必然会涉及两个或两个以上的法域，即便是基于合意开展相关的联合执法或司法，也会因法域间的矛盾或机制上的不协调而影响行动效果。三是涉恐资金跨境查控中的技术对接问题。正如前文所述,恐怖组织跨境进行资金流转既运用传统的方式,如某特殊金融组织、货币走私等,也运用先进的现代金融信息技术,甚至利用虚拟货币、数字货币等在内的新兴金融形态方式。无论是对于最原始的方法还是对于最前沿尖端的新兴金融方式,一国对非法和异常资金进行监管和查控的常规技术手段都会存在技术盲区或漏洞。此外,不同国家运用相关查控技术还会出现技术规格不匹配等问题,致使涉恐资金的发现和查控、处置可能因技术不匹配出现合作漏洞。

四、上述国家的实践对我国开展涉恐资金跨境查控的启示

资金是恐怖主义的生命线,在某种程度上,涉恐资金的跨境流动对恐怖组织来说,正如血液在体内流动一样重要。涉恐资金跨境流动的查控是一项需要在法治轨道上推进的执法司法工作,必须立足国内法治框架构建内外协调的法律资源体系。涉恐资金跨境查控要以良好的国际合作平台为必要依托,形成反恐的国际合力。同时,基于反恐本身所具有的特殊的政治和意识形态性,必须合理平衡借助外力与掌握主导之间的关系,坚持以我为主的实践原则。此外,应切实跟踪和关注新的技术条件下涉恐资金跨境流动的动态和规律,有效发挥大数据和信息技术在可疑资金监测和查控方面的支撑作用。

(一)利用现有的国际化合作平台

正如前文所述,国际社会为了应对恐怖主义融资共同制定了一些国际公约作为各国打击恐怖主义和反恐融资的共同遵循和指引,同时,也从反洗钱出发,建立起了覆盖面广、权威性强、合作度深的反恐融资国际合作平台。这些国际法律文件和合作平台应当成为包括中国在内的各国进行涉恐资金跨境查控工作的有益资源。

1. 联合国《国际金融反恐公约》及第 1373、1390 号决议

1999 年联合国常任理事会通过《国际金融反恐公约》,共有 132 个成员国签字。作为“9·11”事件之前国际范围内最权威的恐怖金融国际立

法，该公约的核心内容是要求各签字国均要将各种直接或间接的资助恐怖活动的行为定为犯罪。此外，公约还要求各国立法对自己的金融体系进行适当的监控，监控包括：客户识别、禁止匿名账户、强制性可疑交易报告及合理的记录保存，同时要求各国在恐怖资金的定位、冻结上对他国提供最大的援助，还要求在恐怖主义融资的范畴内排除银行保密规定的适用。

2001 年 9 月 28 日，联合国安理会通过第 1373 号决议，该决议是安理会依照《联合国宪章》第 7 章的授权所颁布的，对所有成员国直接生效。第 1373 号决议要求各国对故意或明知为恐怖组织提供、收集资金的行为予以定罪；冻结恐怖分子的财产以及实际为恐怖组织所控制的机构的财产；禁止对恐怖组织提供金融资源以及任何形式的金融服务；金融机构要积极和刑事侦查部门合作，协助收集涉恐资金的证据等。

联合国安理会 1390 号决议的主要内容是禁止各成员国对“基地”组织等恐怖给予经济、军事、政治或其他任何形式的援助。

上述公约和两项决议对包括中国在内的所有成员国有着直接的效力，这样就意味着，在涉及反恐融资（包括跨境打击恐怖融资）方面，各国有义务开展紧密合作。

同时，联合国有针对违反义务的成员国的完整的制裁措施体系。这些措施包括经济和贸易制裁、武器禁运、旅行禁令以及金融或商品限制等。联合国制裁监测委员会通过其调查工作处理资助恐怖主义的相关问题，该委员会的专门监察小组会报告发生在各国的资助恐怖活动的情况，特别是与“伊斯兰国”“基地”组织以及其他非正规武装团体的情况，对制裁工作给予有力支持。这也使得联合国作出的与反恐融资和涉恐资金跨境流动方面的决议更有执行力和约束力。

2. 金融行动特别工作组

1989 年，金融行动特别工作组（FATF）在巴黎的 G7 峰会上成立。其成立之初的目的是反洗钱，具体工作内容包括调查洗钱技巧和趋势、在国家和国际层面分析反洗钱措施、研究将来的对策。随着恐怖主义融资犯罪逐渐受到关注，凭借着反洗钱和金融反恐的密切联系，这个行动特别工作组开始把打击恐怖组织融资犯罪纳入自己的工作内容，并逐渐成为国际打击洗钱和恐怖组织融资犯罪最主要的力量。

2007 年 6 月 28 日，金融行动特别工作组在巴黎召开第 18 届 3 次全体会议一致决定接收中国为该组织正式成员。目前，金融行动特别工作组在关于洗钱问题的 40 项建议的基础上又提出针对打击恐怖融资的 8 项特别建议。这 8 项特别建议主要包括：要求各国应尽快落实联合国有关公约、决议的规定；对恐怖组织融资犯罪直接定罪；冻结、没收涉及恐怖组织的财产；加强银行等金融机构的参与力度，做好尽职调查等。

两份文件统称“40 + 8”建议，是国际反洗钱和金融反恐领域中最著名的指导性文件，目前已经得到 130 多个国家和地区以及国际组织的认可，是反洗钱和金融反恐领域受到国际普遍认可的国际标准。一方面，金融特别行动组定期检查其成员国的金融监管体系，旨在协助成员国发现该国金融系统中反洗钱和金融反恐的漏洞；另一方面，特别行动组开始建立不合作国家和地区名单（NCCT），将那些金融监管不利且不愿改进的国家和地区列入名单，联合所有成员国对它们进行制裁。因此，从打击涉恐资金跨境流动的角度看，这些对各国具有普遍约束力的文件和要求也构成了处置涉恐资金国际合作的驱动力。为此，未来中国在推进打击涉恐融资领域的国际合作时，应充分利用“40 + 8”建议所带给各国的制度性动力和压力，在既有机制框架内开展涉恐资金跨境流动处置的国际合作。

FATF 的反恐工具箱中最有力度的是其“黑名单”和“灰名单”制度。FATF 的“黑名单”来自其一份公开声明。[1] 在该份声明中，FATF 列出了在反洗钱和打击资助恐怖主义制度中存在“战略缺陷”的成员国，这些“战略缺陷”对“国际金融体系构成了风险”，因此 FATF 呼吁其成员和其

---

〔1〕 Financial Action Task Force (FATF), High-Risk and other monitored jurisdictions, http://www.fatf-gafi.org/publications/high-riskandnoncooperativejurisdictions/? hf = 10&b = 0&s = desc(fatf_releasedate).

他管辖区采取应对措施,保护国际金融体系免受这些管辖区带来的风险。FATF“灰名单”源自 FATF 的另一份声明,即“改善全球反洗钱合规:正在进行的过程”。该份声明确定了需要实施行动计划的具有战略缺陷的国家。

“黑名单”“灰名单”是通过特殊的金融政策对相关国家产生效力或约束力的,FATF 会在金融包容性、代理银行关系和国际货币基金组织(IMF)贷款等方面对相关国家进行政策限制,进而督促或鼓励这些国家采用 FATF 的建议。[1]

FATF 还有一些分布于全球的区域机构,例如,总部设在澳大利亚悉尼的亚太洗钱问题小组(APG)、设在特立尼达和多巴哥西班牙港的加勒比金融行动工作队、总部设在俄罗斯莫斯科的欧亚集团(EAG)、总部设在坦桑尼亚达累斯萨拉姆的东部和南部非洲反洗钱小组(ESAAMLG)、总部设在加蓬利伯维尔的中部非洲反洗钱工作组、总部设在阿根廷布宜诺斯艾利斯的拉丁美洲反洗钱小组、总部设在塞内加尔达喀尔的西非政府间反洗钱行动小组、总部设在巴林麦纳麦的中东和北非金融行动特别工作组、总部设在法国斯特拉斯堡的欧洲委员会反洗钱工作组等。

3. 国际货币基金组织和世界银行

国际货币基金组织是有 190 个左右成员国的国际组织,主要负责促进国际货币合作、稳定交易,保证经济增长。世界银行有 189 个成员国,其主要目标是对抗贫困,提高发展中国家的生活水平和建立共享繁荣的可持续之道。虽然两个组织的目标根本不同,但是这两个组织都要通过维护和促进国际金融的稳定和发展来实现他们的目标,而打击洗钱和恐怖主义金融犯罪是维护金融市场稳定的重要部分。1999 年世界货币基金组织和世界银行共同启动了金融部门评估项目(Financial Sector Assessment Program,FSAP),旨在组织专家对各国的金融系统进行评估,

---

〔1〕 Keatinge, Tom, The Financial Action Task Force Should Embrace the Opportunity to Reform,London: RUSI, 25 June 2019, https://rusi.org/commentary/financial-action-task-force-should-embrace-opportunity-reform.

以发现各国金融系统的薄弱环节,对如何防范主要金融风险提出建议及技术性支持。此外,国际货币基金组织还加强了对离岸金融中心(Offshore Financial Centers)的监管,这些都给国际反恐融资合作提供了有益的机制。中国是上述这两个国际组织的成员国,且随着中国经济实力的不断增强及国际经济地位的不断攀升,中国在这两个组织中的话语权也显著提升。鉴于反恐是国际社会的共同事业,依托国际货币基金组织和世界银行开展打击涉恐融资的国际合作符合各成员国的普遍利益。至少在联合国所认定的恐怖组织清单框架下,针对特定恐怖组织开展跨境恐怖融资和资金查控方面的国际合作,一方面容易避免恐怖主义认识层面的分歧,另一方面也能借助两大机构成熟的运作机制。

4. 埃格蒙特集团

成立于 1995 年的埃格蒙特集团是一个由 160 个金融情报机构组成的非正式阻织,中国是其成员国之一。它为“打击洗钱和资助恐怖主义的专业知识和金融情报的安全交流”提供了平台。埃格蒙特集团是“国际反洗钱机构的业务部门”,其主要职能是促进业务调查和金融情报的交流。从功能上讲,埃格蒙特集团提供了进入埃格蒙特安全网的途径,进而能确保金融情报传输“安全、可靠和有效”。[1] 埃格蒙特集团成员国根据每个金融情报单位的授权收集并共享其国内立法允许分享的内容,这与其他相关组织有重要区别,因为每个国家和地区通过 Egmont Secure Web(埃格蒙特安全网址)共享洗钱和恐怖融资相关信息的门槛各不相同。埃格蒙特集团还促进技术援助,如指导和辅导、专门培训课程、分析和研究产品以及工作人员交流,并向其成员发布与恐怖主义活动相关的主题报告。比如,它曾提供与“伊斯兰国”“基地”组织及其分支机构有关联的可疑外国恐怖主义战斗人员的财务概况、指标和类型,这对指导各成员国从上游、中游和下游全链条打击洗钱和资助恐怖主义

---

〔1〕 Egmont Group, Egmont Group of Financial Intelligence Units Principles for Information Exchange between Financial Intelligence Units, July 2013, https://egmontgroup.org/en/filedepot_download/1658/37.

等发挥了重要的情报信息支撑作用。

(二)坚持区域合作中的主导地位

当前,我国在反恐和反洗钱领域参与和主导区域性合作平台和机制的深度和广度日益强化。反洗钱和反恐融资既有交叉性又有差异性,反洗钱的诸多技术性内容都可以应用于反恐融资,并可能成为涉恐资金跨境流动监控处置的有力支撑。但由于反恐合作本身具有较强的政治立场和带有意识形态性,除基于前述立足于全球性的国际合作框架外,在一些区域性的组织框架内开展反恐合作往往更多地受到“一致认同”性和个体话语权的显在影响。前述关于部分国家在合作开展涉恐资金跨境流动监控处置的实践中,所遭遇的最大的困难并非来自涉恐资金识别、查控等技术层面,而是在于潜在的合作双方或多方对特定组织或主体是否为恐怖组织或恐怖主义的认识上。因此,着眼于有效开展跨境国际合作,中国未来必须确立在一些涉及反恐合作内容和议题的区域性合作组织中的主导话语权。

以上海合作组织为例,反恐是上海合作组织的主要功能之一,中国作为上海合作组织创始国之一,与其他创始国达成了广泛的合作共识,也建立了良好的合作关系。在上海合作组织内,中国处于相对主导的位置。因此,在上海合作组织框架内开展由中国主导或倡议的,包括反恐融资在内的协调行动相对较为容易。从近年来的情况看,随着上海合作组织成员国数量的逐步增加,尤其是如印度等在地缘政治方面与中国存在战略竞争关系的国家的加入,在反恐等议题上,主导权呈现出分散化的倾向。一些由中国倡导或主导的反恐文件或行动会遭遇越来越多的阻力。具体到涉恐资金跨境流动的合作查控上,也必然会受到“恐怖组织”认定问题的影响。

基于此,笔者认为,在包括涉恐资金跨境流动监控处置在内的区域性反恐合作上,中国应积极谋求主导权和话语权,应根据涉恐反恐及安全的区域性合作的发展态势主动塑造有利于我国的机制环境,为开展具体的国际合作打下良好基础。

此外,随着“一带一路”国际合作的不断落地,我国海外利益布局的深度和广度提档提速,安全和反恐领域合作也必将随之往更远的区域延伸。同样,在反恐合作方面,我们应根据“一带一路”沿线国家和地区的形势、双边或多边反恐合作的基础和意愿等因素,提前谋划反恐合作机制的建立,尽量在局部地区的合作上达成有利于促进共同安全的法律机制和合作意向,以此推动区域性合作走深走实,使涉恐资金跨境流动的监控处置工作有良好的国际合作基础。

(三)切实把握涉恐资金跨境流动的规律性

从一般意义上讲,资金的跨境流动会留下相应的资金流及伴随的信息流痕迹,在现代金融支付和清算体系下,资金流和信息流共同构成了对资金属性及其流动过程的监控基础。因此,正如前文所述,现代恐怖组织为了规避常规的金融监管和监控,往往选择两个方向进行突破:一是采用原始的货币物理跨境流动方式(现金走私)或类似某特殊金融机构的原始信用体系支撑的资金跨境方式;二是采用各国现有金融监管机制和技术尚难以有效发挥监测作用的新型渠道,比如利用虚拟货币、数字货币等进行融资或作为资金跨境流动的虚拟载体。因此,如何透过纷繁复杂的资金流、信息流以及与之有一定对应关系的人员流表象,揭示涉恐资金跨境流动的内在规律,对于有效监控和处置涉恐资金具有重要意义。

涉恐资金的流动,无论是否跨境,其本质都是资金由一端(转出人)转移到另一端(接收人)的过程。为此,在对其规律的认识上,除关注形式手段多样化的资金流转技术环节外,我们还可以将视角转向资金流的两端,即人的身上。而从涉恐资金流转的方向看,我们当前所面临的主要是由境内向境外转出资金资助在境外的恐怖组织和恐怖分子的问题。为此,一方面,我们需掌握境内资金来源及转出人的情况,进而从源头上有效管控遏制;另一方面,我们需明确涉恐资金流转的对端情况,并根据特定的地域、重点的组织和人物采取有针对性的措施。

从现实情况看,我国目前的涉恐资金跨境流动在境内源头一端主要以境外涉恐人员的境内关系人筹资资助为主要形式。因此,在资金源头端上,主要体现为来自某些特定地区或者特定省区籍人员往可疑账户的"化零为整"式的汇总,进而通过一定渠道跨境流动到境外。这是规律性表现之一,也是涉恐资金跨境流动的管控中可以重点着眼于境内开展相关工作的抓手之一。在涉恐资金的流向端,应重点关注"三股势力"在境外的组织和人员分布,从资金跨境流入的目的地走向作反向研判。例如,"三股势力"目前在德国、土耳其、美国等国家都有多种形式的力量存在,鉴于其与境内一些潜在涉恐势力的勾连关系,涉恐资金则会重点流向上述国家的特定地区。这就从境内外两侧的资金流向上为我们进行有效监控和处置提供了带有规律性的指引。

(四)构建高效协调的法律体系

基于防范和打击经济金融违法犯罪、反洗钱及反恐怖融资的需要,我国近年来不断强化具有反恐怖融资效应的法律法规的体系建设。早在2006年,我国就制定并施行了《反洗钱法》。该法使我国的反洗钱工作逐步与国际接轨,融入了较多FATF有关反洗钱反恐怖融资的"40+8"项核心建议的内容。《反洗钱法》明确规定了反洗钱监督管理、金融机构反洗钱义务、反洗钱调查、反洗钱国际合作、法律责任等方面的内容,确立了中国反洗钱的预防制度基本框架。当然,该法也在反恐怖融资方面起到了基础性作用。

2007年,根据《反洗钱法》《中国人民银行法》等法律规定,中国人民银行制定了《金融机构报告涉嫌恐怖融资的可疑交易管理办法》,用于监测涉恐融资行为,防止利用金融机构进行涉恐融资,规范金融机构报告涉嫌恐怖融资可疑交易的行为。[1]

该办法对涉恐融资作出了界定,规定了中国人民银行及其分支机构对金融机构报告涉嫌恐怖融资的可疑交易的情况进行监督、检查的法定职责。中国人民银行设立中国反洗钱监测分析中心,负责接收、分析涉

〔1〕 参见《金融机构报告涉嫌恐怖融资的可疑交易管理办法》第1条。

嫌恐怖融资的可疑交易报告。另外,该办法对提交可疑交易报告的具体情形、适用金融机构等作出了规定。总之,该法对于反恐怖融资具有更强的现实操作性。

同年,由中国人民银行、原中国证监会、原中国银监会和中国保监会制定的《金融机构客户身份识别和客户身份资料及交易记录保存管理办法》生效施行。该办法规定了金融机构的客户身份识别制度;客户身份识别、客户身份资料和交易记录保存等方面的内部操作规程;金融机构收集有关境外金融机构业务、声誉、内部控制、接受监管等方面的信息,评估境外金融机构接受反洗钱监管的情况和反洗钱、反恐怖融资措施的健全性和有效性的义务;金融机构按照客户的特点或者账户的属性结合地域、业务、行业、客户是否为外国政要等因素,制定风险等级预警制度;金融机构的重新识别客户义务等。

2012 年,为预防洗钱和涉恐融资活动,加强对支付机构反洗钱和反恐怖融资工作的监督管理,中国人民银行制定了《支付机构反洗钱和反恐怖融资管理办法》。该办法对支付机构总部建立健全统一的反洗钱、反恐怖融资内部控制制度以及设立专门机构和岗位负责反洗钱、反恐怖融资工作,收集有关境外机构各方面的信息,评估境外机构反洗钱、反恐怖融资措施的健全性和有效性等给予了明确具体的规定。该办法为新形势下,特别是网络支付环境下开展反洗钱、反恐怖融资监管提供了法律依据和操作指引。

2014 年中国人民银行会同公安部、国家安全部根据《全国人大常委会关于加强反恐怖工作有关问题的决定》制定了《涉及恐怖活动资产冻结管理办法》。该办法主要从涉恐资金冻结的角度明确了相关程序和要求。特别值得注意的是,该办法对涉恐资金冻结的跨境合作明确了程序,即当境外有关部门以涉及恐怖活动为由,要求境内金融机构、特定非金融机构冻结相关资产、提供客户身份信息及交易信息的,金融机构、特定非金融机构应当告知对方通过外交途径或者司法协助途径提出请求。

2017 年,国务院办公厅印发了《关于完善反洗钱、反恐怖融资、反逃税监管体制机制的意见》(以下简称《三反意见》),目的在于深入持久推进"三反"监管体制机制建设,完善"三反"监管措施。《三反意见》对反洗钱、反恐怖融资工作的基本原则、工作机制、法律制度和防御措施等作出了规定,为解决存在于反洗钱、反恐怖融资及反逃税监管相关领域的监管制度、协调合作机制、数据信息共享、反洗钱义务机构履职等方面的问题提供了法律对策。

同年,为贯彻落实中共中央办公厅、国务院办公厅《关于改革社会组织管理制度促进社会组织健康有序发展的意见》要求,预防洗钱、恐怖融资及有关违法犯罪活动,规范社会组织反洗钱、反恐怖融资工作,中国人民银行、民政部制定了《社会组织反洗钱和反恐怖融资管理办法》。该办法要求社会组织依法建立健全反洗钱、反恐怖融资内部控制制度,对其分支机构(代表机构)反洗钱、反恐怖融资内部控制制度的执行情况进行监督管理,明确责任主体,特别是在社会组织与境外组织建立合作关系或者发生资金交易时,要求有关责任主体充分收集有关境外组织业务、声誉、内部控制制度、合法经营情况等方面的信息,评估境外组织洗钱和恐怖融资风险并及时举报。可以说,该办法将反洗钱、反恐怖融资工作进一步向社会层面作了有效拓展,使金融监管体系更加严密。

2018 年,中国人民银行办公厅发布了《关于进一步加强反洗钱和反恐怖融资工作的通知》。该通知从加强客户身份识别管理、加强对洗钱或涉恐融资高风险领域的管理、加强跨境汇款业务的风险防控和管理、加强预付卡代理销售机构的风险管理、加强交易记录保存并及时报送可疑交易报告五个方面提出了明确的要求。可以说,这是根据当前洗钱和恐怖融资以及犯罪资金跨境流动的新特点,进行了极具针对性的立法完善。

从上述相关立法的情况看,我国近年来的反洗钱和反恐怖融资立法的频次加快,立法涵盖的社会面不断扩展,法律措施涉及的监控深度不断强化,特别是针对金融支付手段多元化和对外经济活动主体多样化的特点,对其中隐含的跨境洗钱和恐怖融资风险也设计了较为科学严密的预警预防和监管控制措施体系。

但也应当看到,目前的相关法律尽管具有一定的应对涉恐资金跨境流动的效果,但立法的针对性不足。一方面,立法中所规定的相关举措主要着眼于发挥其境内效力,对如何发挥立法的域外效力或者构建境内外协同的反恐怖融资体系涉及较少;另一方面,现有立法主要以金融监管领域和金融手段为主,措施的综合性不足。

为此,针对涉恐资金跨境流动的特点及其监控处置的现实需要,应从两个方面出发加以完善。一是要根据我国所面临的恐怖主义威胁,特别是"三股势力"在境外的分布情况等,着力推动与相关国家的协同式立法。要明确与相关国家在恐怖主义、恐怖组织等认知上的最大公约数,以此为基础建立双边或多边合作的具体机制,更好地将我国国内律法的意旨和内容延伸到境外执法司法合作场景中。二是要探索以综合性执法司法为主要内容的国际合作机制。涉恐资金跨境流动尽管主要涉及金融领域,但跨境合作本身关乎更广泛的背景和更深入的法律效果,比如资金冻结没收,物品查封扣押等可能带来的后续法律程序和处置;涉案人员法律责任的追究及相应证据和程序的流转等。为此,除金融监管和金融手段为主的技术性合作外,还要探索建立行政刑事一体化的综合性协作或合作法律机制,构建起针对涉恐资金跨境流动和恐怖主义治理的"利益共同体"。

(五)强化金融情报体系建设

诚如前文所指出的,恐怖主义的全球化治理需要国际合力,但国际框架真正发挥作用的部分只是各国制度和价值考量的"公约数",因此,国内反恐融资的措施体系至关重要。金融情报机构通常被视为国内反洗钱和反恐融资举措的"支柱"。事实上,在反恐领域中,各国的金融情报机构有不同程度的预警识别、分析调查权,一些国家甚至有独立的追诉权。在另外一些国家,金融情报机构的作用却非常有限,很大程度上仅仅作为可疑报告的提供者。根据国际社会的经验,我们要立足国情和反恐的现实需要,强化金融情报机构建设,发挥多种运行模式的金融情报体系的作用。当前,在全球范围内,金融情报机构的体系有不同的定位和运行模式。

第一,金融情报机构的司法模式。这是指司法机关设立专门机构接受、分析和处理来自金融部门的涉恐金融信息。司法机关可以根据金融情报信息,依照有关程序采取扣押资金、冻结账户、审讯嫌疑人、拘留人员、搜查等相关措施。目前,塞浦路斯和卢森堡都有这种司法(或检察)金融情报机构。[1]

第二,金融情报机构的执法模式,即将金融情报机构确立为一个执法机构,赋予其一定的金融领域执法权。在这种模式下,金融情报机构与现有的执法系统一起具有并行使国家的反洗钱、反恐融资等方面的职权。目前,拥有实行金融情报机构执法模式的国家有澳大利亚、德国、英国等。[2]

第三,金融情报机构的行政模式。这是世界范围内非常普遍的做法,即它将金融情报机构界定为一个集中、独立的行政机构,负责接收和处理信息,然后向司法或执法机构提供相应的信息或证据,进而与执法司法机关形成业务衔接关系。这种类型的金融情报机构通常是现有行政机构的一部分,而不是执法或司法机构。[3] 金融情报机构是金融和执法司法机构之间的缓冲机构。[4] 显然,中国目前的金融情报机构运行情况与这种模式较为接近,但也有区别,因为中国的金融情报与金融服务业务在机构层面尚未有独立区分。

行政模式的金融情报机构的作用是其作为特定嫌疑主体或行为的独立验证者,作为情报信息或证据的提供者,从而减轻了金融机构(专门业务部门)的负担。这种模式既可以确保金融情报的来源和专业性,又

---

〔1〕 Egmont Group, Financial Intelligence Units (FIUs), https://egmontgroup.org/en/content/financial-intelligence-units-fius.

〔2〕 International Monetary Fund (IMF), Financial Intelligence Units: An Overview, 23 July 2004, p. 1-2.

〔3〕 International Monetary Fund (IMF), Financial Intelligence Units: An Overview, 23 July 2004, p. 10.

〔4〕 Egmont Group, Financial Intelligence Units, https://egmontgroup.org/en/content/financial-intelligence-units-fius.

能使之与金融服务功能相对独立，确保其只传递"确定"与金融违法犯罪，包括涉恐违法犯罪有关的信息。[1]

当然，也有一些国家或地区采取的是混合模式，即结合了至少两种类型金融情报机构的要素，更大限度地发挥金融情报机构的作用。混合金融情报机构的国家或地区包括丹麦、根西岛（英属）、挪威等。[2]

虽然每种金融情报体系的运行模式都有明显的优劣，其选择也必须立足本国实际，尤其是诸如金融隐私、银行保密等相关领域的立法和观念。但总体上看，中国的金融情报体系在情报效能方面仍有较大的提升空间，立足支撑预防打击金融违法犯罪，尤其是打击涉恐融资等严重刑事犯罪，其机制或运行模式的改革势在必行。

（六）有效发挥数据信息技术的监测查控作用

现代恐怖组织在将新技术手段运用到恐怖活动中的动力和能力有时超乎我们的想象，恐怖活动的隐秘化、小型化、技术化、网络化将是未来的趋势。同样[3]，在利用新的技术手法实现涉恐资金跨境流动方面，恐怖组织也已进行了新的大胆尝试：暗网技术、虚拟货币、区块链技术、密码技术等都有被恐怖组织运用的实例。2020 年 9 月 13 日，半岛电视台在其节目"不仅仅是眼见"中播放了一份调查报告。该报告内容涉及某些恐怖组织利用数字货币技术在全球范围内发出了募捐呼吁，包括接受比特币捐赠及利用互联网进行加密的匿名金融交易等。

诚如前文所述，跨境资金流动往往涉及人、资金、网络信息等多方面的综合流动，因此，应建立起一套以"可疑人员流""可疑资金流""可疑信息流""可疑网络流"为依据和技术支撑的监测查控体系。

以特定人员及其社会关系网络为重点，监测监控与其相关的资金在

---

〔1〕 International Monetary Fund (IMF), Financial Intelligence Units: An Overview, 23 July 2004, p. 10.

〔2〕 International Monetary Fund (IMF), Financial Intelligence Units: An Overview, 23 July 2004, p. 10.

〔3〕《哈马斯恐怖组织正在通过比特币筹集资金》，载 21IC 电子网，https://www.21ic.com/article/774684.html。

境内的流动转移情况,结合对重点人员的监控,明确人与资金异动的关联关系,通过特定群体范围的通信信息流监测,对人员流与资金流进行关联分析,建立相对稳定的监测模型。

以特定地区为观察点,重点注意以下情况:没有正当理由即通过企业账号给海外一些人汇款;特定国家、特定地区的企业或个人的支付异常或不可解释;企业账户存在异常大额的资金进出;特定国家、特定地区的企业账户发生突然的、不可解释的资金变化。[1]

根据特定行业、职业、组织为视点,重点对特定行业的交易规模、交易频率、交易时间和结算方式等进行统计分析,确定该行业、职业的经营范围、规模、转账支付单位特征,并建立起可行的数据关联分析模型,以帮助提高识别和预警的效率。

从资金跨境流动本身的特点出发,将资金源、资金流、资金流动的节点账户及异动情况出发,构建分析的类型模型。比如交易序列异常,交易量突然增大、交易频率突然变快;交易主体身份异常,比如交易主体年龄很小或很大,但是交易金额却较大或者交易频繁;交易方向、金额和频率异常,比如交易金额超乎寻常的巨大或者交易超乎寻常的频繁。[2]

通过对上述"四位一体"的信息进行综合研判,构建可疑信息的综合预警识别体系,充分发挥人员监控技术、资金监测技术、网络及通信跟踪技术在涉恐资金跨境流动分析监控中的作用,在法律框架下更好提升人技结合的实际效能。

---

〔1〕 温海燕:《恐怖融资与涉恐资金监测分析路径及方法》,载《武警学院学报》2017 年第 3 期。

〔2〕 温海燕:《恐怖融资与涉恐资金监测分析路径及方法》,载《武警学院学报》2017 年第 3 期。

第七章　制度与技术融合下的网络恐怖主义防控

恐怖主义借助互联网已经形成了多种具体表现形态。网络的虚拟性、跨域性、联动性给恐怖主义带来了许多变体的可能,也给防控网络恐怖主义带来了更多的困难。本章以基于法律文本的实证研究为基础,立足分析网络环境下恐怖主义的新形态、新方式、新特点,梳理发现防控的制度缺陷和技术应用的缺漏,从制度与技术相互融合的视角提出应对网络恐怖主义的一体化的对策。

恐怖组织是一个动态系统,其组织结构会随着时间的推移而演变。传统上,恐怖组织被认为有一个集中的、等级森严的结构,在这个结构中,最高的领导人控制着整个组织的运作,具有良好的命令传递和控制链条。这使得等级森严的恐怖组织能够有效地保持其信息传播的一致性。但它的链条和等级结构也增加了因中间环节受阻而被中断的风险。

近年来,社交媒体和互联网被加速应用于涉恐活动,这不仅增加了信息传播和管控的复杂性,而且降低了恐怖组织信息共享的成本。许多恐怖组织组建成网络式结构,并增强了小团体或个人独立运作的能力,这在传播恐怖信息方面显得尤其突出。这次重组使恐怖组织具有更大的灵活性、反应能力、适应力和外联能力。因此,即使一个或多个恐怖组织被严重破坏或摧毁,更广泛的恐怖主义网络仍可继续运作。以"基地"组织为例,"9·11"事件之后,"基地"组织承受了更大的压力,失去了在阿富汗的训练营,许多"9·11"之前的高级领导人被杀或被捕。而后,"基地"组织利用互联网改变了原有的金字塔形结构,进而构建其去中心化的网络结构。这种改变产生了重大的全球影响,在巴厘岛、伦敦和马德里发生的恐怖袭击都是"基地"组织的地方附属分支干的,且上述恐怖袭击的发生并未直接受"基地"组织最高层等指令,这些都说明网络结构形成并产生了恐袭的实效。

当前,恐怖分子利用社交媒体和互联网进行品牌管理和宣传,目的是影响公众舆论,吸引新成员。以往,恐怖组织只依靠电视、广播、传单、印刷品和面对面谈话等传统方式进行上述活动。现在,互联网和社交媒体为恐怖组织提供了多样性的机会。

覆盖全球的网络平台使恐怖组织得以实现跨越国界、文化和语言的融合和传播,以前各独立的恐怖组织越来越多地结成全球联盟。连一些地方的恐怖组织或恐怖组织领导人宣誓效忠的仪式,都越来越多的通过网络视频方式进行。

一、网络恐怖主义及其特征

(一)网络恐怖主义的概念界定

网络恐怖主义是恐怖主义活动依托网络空间进行犯罪的一种新犯罪模式。最早是由美国加州情报与安全研究所的巴里·科林在20世纪80年代提出的,他认为,"网络恐怖主义是一种动态的恐怖主义,是一种网络与恐怖主义相结合的产物"[1]。恐怖主义问题通常与一国的宗教、民族、社会等有紧密联系,且存在一定的区域性特征,而不同国家的宗

〔1〕 高铭暄、李梅容:《论网络恐怖主义行为》,载《法学杂志》2015年第12期。

教、民族问题完全不相同,历史发展和现实状况也不可同日而语,凡此种种原因使得全世界范围内对于恐怖主义的定义莫衷一是。从根本上来说,网络恐怖主义的形成并没有脱离恐怖主义的发展,全世界对于网络恐怖主义的定义也尚未达成一致的意见。但对学术研究来说,概念的界定往往是一个逻辑起点,因而明确相关概念是非常必要的。所以只有界定了网络恐怖主义的概念,才有进一步深入研究的可能。

虽然对于网络恐怖主义在国际上没有统一的认定,但目前国内外对于网络恐怖主义的界定都有一定的认识。首先是联合国在2009年将网络恐怖主义归纳为四种类型,"其一是利用互联网远程改变计算机系统上的信息,或者干扰计算机系统之间的数据通信以实施恐怖袭击活动;其二是为恐怖活动目的将互联网作为其信息资源进行使用;其三是将使用互联网作为扩散恐怖活动相关信息的手段;其四是为支持用于追求恐怖活动,或者支持恐怖活动的联络而使用互联网"〔1〕。很多西方国家也对网络恐怖主义进行了界定,美国国防部将其定义为:达成一定的政治、宗教等目的,以计算机或者电信能力为工具进行违法犯罪行为。〔2〕英国在2006年颁布了《反恐怖主义法》,该法将利用互联网传播恐怖主义思想内容的行为视为网络恐怖主义。〔3〕而中国国内对于网络恐怖主义的概念内涵也进行了认真的探讨。高铭暄、李梅容提出:"网络恐怖主义是以计算机为工具攻击'真实世界',是恐怖主义的另一种形式。"〔4〕学者朱永彪、任彦将网络恐怖主义定义为:"由国家或非国家主使的、针对信息、计算机程序和网络数据系统带有明确目的的攻击行为。"〔5〕通过以上分析,可以发现目前在全世界范围内对于"网络恐怖主义"概念的界定

〔1〕皮勇:《全球化信息化背景下我国网络恐怖活动及其犯罪立法研究——兼评我国〈刑法修正案(九)〉(草案)和〈反恐怖主义法(草案)〉相关反恐条款》,载《政法论丛》2015年第1期。

〔2〕朱永彪、任彦:《国际网络恐怖主义研究》,中国社会科学出版社2014年版,第8页。

〔3〕赵秉志等编译:《外国最新反恐法选编》,中国法制出版社2008年版,第199页。

〔4〕高铭暄、李梅容:论网络恐怖主义行为,载《法学杂志》2015年第12期。

〔5〕朱永彪、任彦:《国际网络恐怖主义研究》,中国社会科学出版社2014年版,第6—9页。

的分歧点之一是关于在网络恐怖主义中网络的作用。对网络恐怖主义界定,从狭义的观点来说,网络恐怖主义只包括对公共的网络信息系统进行攻击的恐怖主义犯罪;从广义的观点来说,侵害公共网络信息系统和利用网络、暗网进行的涉恐活动都属于网络恐怖主义犯罪。从目前网络技术与恐怖主义结合的情况来看,网络在恐怖主义犯罪中的作用已经不是媒介工具那么简单了,它涵盖了恐怖主义犯罪的招募、筹划、组织等各种过程。从利于打击恐怖主义的角度来说,很有必要将其划为网络恐怖主义范畴。从我国出台的《反恐怖主义法》第3条的规定来看[1],我国将宣扬、实施恐怖主义的思想主张和行为都纳入了恐怖主义的范畴。综上所述,网络恐怖主义可以定义为是由以一定的政治、意识形态目的为目标的个人、组织,对公共网络信息系统进行的损害或利用以网络为媒介进行的危害公共安全的恐怖主义活动的主张和行为。

(二)网络恐怖主义的特征

1. 行为过程的隐蔽性

"9·11"事件之后,世界各国对恐怖主义进行了强有力的打击,无论是在法律设置还是国际合作方面都有了显著的成效。而恐怖组织在这种情况下,不得不转变活动方式以避免覆灭。同时,因为网络空间具有天然的屏障功能,能将犯罪活动隐藏在网络空间之中,隐秘犯罪踪迹,庇护恐怖分子自身安全。因此,恐怖主义活动向互联网转移就成为必然。一方面,网络作为媒介既可以为恐怖分子提供自由交流的空间,又可以

---

[1] 《反恐怖主义法》第3条规定,本法所称恐怖主义,是指通过暴力、破坏、恐吓等手段,制造社会恐慌、危害公共安全、侵犯人身财产,或者胁迫国家机关、国际组织,以实现其政治、意识形态等目的的主张和行为。本法所称恐怖活动,是指恐怖主义性质的下列行为:(1)组织、策划、准备实施、实施造成或者意图造成人员伤亡、重大财产损失、公共设施损坏、社会秩序混乱等严重社会危害的活动的;(2)宣扬恐怖主义,煽动实施恐怖活动,或者非法持有宣扬恐怖主义的物品,强制他人在公共场所穿戴宣扬恐怖主义的服饰、标志的;(3)组织、领导、参加恐怖活动组织的;(4)为恐怖活动组织、恐怖活动人员、实施恐怖活动或者恐怖活动培训提供信息、资金、物资、劳务、技术、场所等支持、协助、便利的;(5)其他恐怖活动。本法所称恐怖活动组织,是指三人以上为实施恐怖活动而组成的犯罪组织。本法所称恐怖活动人员,是指实施恐怖活动的人和恐怖活动组织的成员。本法所称恐怖事件,是指正在发生或者已经发生的造成或者可能造成重大社会危害的恐怖活动。

隐藏犯罪过程、及时销毁证据。另一方面,从实施网络攻击的角度来说,随着大数据时代的来临,网络空间的复杂化与网络信息的繁冗化进一步加剧,在这种情况下,一次发生的网络袭击通常没有任何征兆,而且很难溯源。

此外,近年来网络恐怖主义出现向暗网转移的趋势。如果网络能为恐怖主义犯罪活动增加一层屏障的话,那么暗网无疑是将这个屏障又加厚了一层。通常来说,暗网指的是无法被 Google 等常规搜索引擎检索到的、需要严格注册才能浏览的结构化数据集合。[1] 暗网技术允许用户匿名浏览网站而不会泄露隐私,并且允许任何人创建无法跟踪的服务器以进行匿名活动[2],暗网的存在导致恐怖组织犯罪活动和犯罪人员身份的隐蔽性进一步加深。

2. 行为手段的多样性

(1)利用网络进行宣传

恐怖分子通过互联网传输自己的所谓教旨宗义。他们利用 Twitter、Google、Facebook 等社交软件作为直接宣传工具,旨在网络上达成多种传播战略目的。[3] 首先,他们利用这些社交软件传播暴力、恐怖的相关内容,拓展自身影响力,同时引起民众恐慌,造成社会局势动荡。其次,他们通过发布一些消息用来招募成员。在社会大众对于社交软件的使用频率越来越高的条件下,他们采用这种方式很容易吸引一些对恐怖主义警惕性不强的青年和具有反国家、民族的极端主义者加入。

社交媒体和互联网使恐怖组织能够在全球范围内运作和传播受控制的宣传,与此同时,高清摄像机和编辑软件等数字设备的广泛多样性和可用性,使恐怖组织能够制作质量上乘的宣传品。使用有吸引力的数字媒体和新颖的方法有助于扩大恐怖组织的影响力,这已经成为许多恐

---

〔1〕 赵兵、郭才正:《深网和搜索引擎》,载《情报搜索》2016 年第 1 期。

〔2〕 张伟伟、王万:《暗网恐怖主义犯罪研究》,载《中国人民公安大学学报(社会科学版)》2016 年第 4 期。

〔3〕 王秀梅:《全球恐怖主义犯罪:形势、应对与执法合作》,载《法学》2020 年第 11 期。

怖组织采取的方法。

恐怖组织通过数字媒体技术制作具有强烈叙事性的高质量宣传资料,就更有可能影响弱势个体的激进化进程。例如 ISIS 的中央媒体中心 al-Hayat 用法语和英语等欧洲一些国家的语言制作了许多高清视频。这些视频针对潜在的招募者和同情者,内容一方面描绘 ISIS 领土内的美好生活和充实的精神满足,同时抨击并宣扬欧洲国家的不道德和非法性。这种精心设计的影像资料能激发部分欧洲青年(散居海外)的不满情绪,并在促使相关人员激进化过程中发挥了重要作用。

另一个被使用的高质量手段是网络电子游戏。这些游戏又由如 ISIS 等具有雄厚实力的组织制作,他们会在多个网站和平台上发布预告片。比如 ISIS 开发的一款“第一人称射击”游戏在 2014 年发布时,相关网站游戏频道每月的浏览量达到 35 亿次。电影制作和社交媒体的使用以及基于视频游戏的吸引力的构建,表明了恐怖分子利用流行文化作为一种手段来增强其宣传的病毒式传播,同时也表明,他们对受众的针对性日益增强。现代网络技术等有助于把暴力恐怖转化为一种普通年轻人都能理解的语言,从而增加了对目标群体的心理影响。

除游戏、视频和图片外,一些恐怖组织还出版了网络杂志,而这些出版物似乎在网络激进化中发挥了重要作用。如 ISIS 通过他们的杂志 *Dabiq* 和 *Rumiyah*、“基地”组织通过《启发》、索马里青年党通过 *Gaidi-mtaani* 等时髦的在线杂志来实现影响力和成员的扩张。这些杂志通过使用集体故事、个人故事和事件故事,试图构建一个更广泛的叙事体系,与读者产生共鸣。在内容上,这些杂志或通过图片等宣扬暴力,或使用宗教名言等,将恐怖分子描述为英雄,宣称恐怖分子们的死是一种牺牲。诸如此类,都可能吸引潜在人员加入恐怖组织。

除激励读者使他们激进化或达到招募成员的效果外,电子杂志的另一个用途是提供技术指导,告诉潜在的恐怖分子或“独狼”式恐怖分子如何独自实施暴力恐怖行为。比如,2013 年的波士顿马拉松爆炸案中的 2 名犯罪嫌疑人在网上阅读了“基地”组织的《启发》杂志,从该杂志第 1 期的一篇题为《如何在你母亲的厨房里制造炸弹》的文章中学会了如何制造炸弹。

(2)利用网络进行交流

在互联网中恐怖分子之间能隐蔽地进行通信,还能交流、分享犯罪经验。比如,已被击毙的恐怖组织头目本·拉登就利用网络,为他手下的恐怖分子建立沟通的渠道——阿富汗建立通信网络。它只供恐怖组织内使用,以此实现恐怖组织内部的及时指挥和通信。此外,恐怖分子还利用网络开展相关教学,为恐怖分子传授制造炸药、进行袭击的方法。据相关情报显示:在“基地”组织发展时期,“基地”组织成员就在网上建立了虚拟的恐怖主义“大学”,向伊斯兰极端分子传授恐怖主义犯罪技术手段。在这个所谓的“大学”里分设多项专业,包括并不限于“圣战者心理学”“组装与设置炸弹”“圣战者电子学”等。这给极端分子获取恐怖主义犯罪技巧,从事恐怖主义犯罪提供了温床。

社交网站的兴起使个人和恐怖组织能够与大量受众即时分享信息,而不受地理距离的影响。相关材料又通过网络传播到他们自己的社交圈之外,形成波浪式不断扩散的宣传传递效应。

为了使网络宣传有尽可能广泛的受众,恐怖分子会使用社交网站来扩大其范围。他们会创建自己的博客、社交媒体页面和网络视频频道等,使其宣传方式更具多元化。由于其即时性,而且恐怖分子也往往会巧妙地把相关涉恐信息融合到正常的网络视频内容体系中,一些图片、视频、言论等都打擦边球,使得审查过滤控制等难度较大。比如他们可能会通过讲述有趣的个人故事,促进病毒式模仿,使其发挥招募人员的作用。

还有的利用社交媒体宣传恐怖组织统治下的积极生活形象,并经常发布宣传出版物、诗歌、宗教诗句、知名极端分子的语录以及如何参加恐怖组织的建议等。[1]

通过社交网站进行的激进化和招募尤其受到个人叙事、故事和第一手报道的支持，这些叙事、故事和第一手报道显示了其在生动性方面的优势，进而引起模仿的连锁反应。

除利用这些平台向广大受众进行宣传、鼓动外，这些平台对恐怖组织还有特殊价值。通过平台，恐怖组织可以查明和联系他们认为可能被招募的特定个人。但是，鉴于在社交网站上进行更明确的对话容易受到警方的监控。因此，恐怖组织一旦确认某对象具有招募的可能性，他们通常会转移到一个更安全的平台继续交流。在功能上，社交网站主要被用于传播、宣传和激进化的目的，更加私人的信息传播渠道或者“一对一”的信息应用程序会被用于实质性的招募等环节。这也凸显了在反恐过程中特别是网络恐怖主义的防控中，不受监管移动信息应用程序隐含的重大风险。

(3)利用网络进行攻击

网络攻击是网络恐怖主义常见的表现形式之一，一般是指以计算机信息技术为支撑而进行的“黑客”攻击。主要是通过传播电脑病毒、攻击政府及其他公众的计算机，获得机密情报并在网络上制造恐慌。具体实施的手段多种多样，包括电脑病毒的制造与传播、瘫痪网络服务、发送大量垃圾邮件等方式。网络攻击具有极高的智能性和极高的破坏性，但同时要求恐怖分子必须精通相关的技术知识，具有极强的专业性。加上很多公众对于计算机防护等方面的知识并不了解，容易使犯罪分子获得可乘之机。网络攻击虽不像传统恐怖主义犯罪一样暴力，但在制造社会恐慌情绪、破坏社会秩序方面具有非常大的负面作用。

3. 行为方式的科技性

网络恐怖主义与传统恐怖主义的区别之一是传统恐怖主义犯罪活

---

〔1〕 https://www.counterextremism.com/extremists/aqsa-mahmood，2022 年 5 月 14 日访问。

动方式主要是制造暴力恐怖事件,而网络恐怖主义犯罪活动方式主要是制造间接的网络暴力型事件。这种间接的、非接触性的网络暴力犯罪,尤其是网络攻击型犯罪具有很强的专业化和科技性。简单来讲,需要操作人员通晓计算机程序并熟练使用操作系统,掌握计算机语言和各种算法,有很高的技术水平要求。此外,如果在暗网中进行网络恐怖主义犯罪活动的话,匿名性服务又进一步提高了技术要求,需要下载路由器且要熟悉各种辅助软件的使用,这些要求都进一步提高了网络恐怖主义犯罪方式的科技性,加大了犯罪活动的破坏性,打击难度也急剧增加。而现在新一代网络恐怖分子中很大一部分受过专业的培训,此外由黑客转化而成的网络恐怖分子也逐渐成为恐怖组织的重要组成部分。这些具有专业知识的网络恐怖分子的加入,必将推进网络恐怖主义犯罪活动科技性进一步迭代更新。

(1)加密和匿名技术的使用

加密技术已经被一些恐怖组织使用了几十年,例如"基地"组织的《启发》杂志将分享它的公钥,这样任何人都可以向杂志的出版商发送加密信息。之前,大多数形式的加密主要只适用于一个组织中的高级恐怖分子;现在,几乎所有的恐怖分子和招募他们的人都使用加密技术。事实上,恐怖分子在加密技术支撑方面已经有了越来越多的选择。比如,在国际上,Skype 是当今最大的在线通信工具之一,它是加密的,允许恐怖分子实时通话,而不会有任何人发现他们谈话内容的重大风险。又如,Bitmessage 具有加密邮件功能,而 Telegram 作为一款免费的短信应用程序,已经成为现代恐怖组织的首选应用程序。Telegram 提供端到端"军事级别加密"的"秘密聊天",这种加密只能存储在用户的手机上,甚至平台提供商也无法访问。

加密技术为恐怖分子提供了网络交流中的内容安全保障,但并不一定能让他们保持匿名。为此,暗网服务提供商和匿名操作系统与加密通信技术相结合,进一步提升了恐怖活动的保密性。比如,目前最流行且通常免费的"虚拟专用网络"(VPN)技术,可以隐藏用户的 IP 地址,从而阻止或至少减缓了来自反恐部门的技术追踪。洋葱路由[1](TOR,最初是为美国海军创建)是利用这种技术的匿名浏览器之一。这些简单且通常易得的加密和在线匿名方式,使得恐怖组织在网络上的信息传播能同时保持隐蔽性和安全性。

(2)人工智能和新兴的在线技术

正如其他科技手段一样,人工智能技术(AI)在恐怖活动中的应用也已有了先例。恐怖组织开始探索在利用网络进行激进化的宣传鼓动及人员招募中使用人工智能。比如,印度尼西亚人 Bahrun Naim 开发了一种在线"机器人"应用程序,通过与系统和用户互动来自主完成与潜在招募对象交流的任务。[2] 该机器人会用印尼语自动向用户发送信息,并随后分享宣传信息和视频,还能完成对相关人员的网络采访,发布自制炸药的指南等。在 2019 年的一项研究中,有人发现恐怖组织可能已经开始利用更复杂的语言工具来产生新的内容。研究人员判断,开源人工智能工具,如 GPT－2[3],可能被包括恐怖组织在内的恶意行为者用来发布自动生成的时事评论,用以淹没社交媒体上的其他内容,使得看上去一定的时事评论更加符合特定主体预设的意识形态观点和主张。[4] 现有的自动检测技术还难以准确区分是人类生成的还是 GPT－2 等人工智能技术生成的涉恐怖主义内容。

---

〔1〕 洋葱路由根据 Chaum 的混合瀑布原理完成。这个信息从源地出发经过一个代理序列(洋葱路由)到达目的地,当中路由信息在一个不可预知的路径时,为了保护敌手偷听信息内容,信息在路由器之间被加密。洋葱路由的优点(一般是混合串联)是不必要去相信每个合作路由器;即使一个或多个路由器是不安全的、匿名通信仍然可以被完成。https://baike.so.com/doc/7720101－7994196.html.

〔2〕 Ahmed, Mubaraz and Fred Lloyd-George, A War of Keywords: How Extremists are Exploiting the Internet and what to do about it, The Tony Blair Institute for Global Change, 2017, https://institute.global/sites/default/files/inlinefiles/IGC_War%20of%20Keywords_23.08.17_0.pdf.

〔3〕 GPT－2 是一个开源的无监管语言模型,由开源人工智能软件开发而成,它可以在没有特定训练的情况下生成连贯的文本段落,进行阅读理解,完成机器翻译。

〔4〕 https://www.middlebury.edu/institute/sites/www.middlebury.edu.institute/files/2019－11/The%20Industrialization%20of%20Terrorist%20Propaganda%20－%20CTEC.pdf?fv=TzdJnlDw.

互联网结构的变化和新兴技术的运用使得网络监管和反恐部门检测和删除在线的涉及恐怖主义的内容更加复杂和困难。比如,分散式网络模型的使用而不是集中使用的服务器,使得恐怖组织可以将各种形态的资料存储在多个用户和多个服务器上,而这种服务器的托管和拆除不能由单一来源控制。恐怖组织如果使用这种分散式网络模型,就意味着相关内容几乎不可能从互联网上消除。

随着新的在线技术的出现,恐怖组织对这些技术的使用会进一步增加预防和打击网络恐怖主义的难度。总体而言,社交媒体和互联网为恐怖组织提供了在全球和地区层面有效宣传、招募等的手段。

4. 行为表现的表演性

互联网的普及也进一步激发了恐怖主义犯罪活动的表演性,将恐怖主义活动推向了新的高潮。而网络恐怖主义之所以成为目前全世界范围内最急需解决的非传统安全问题,与互联网媒体传播的及时性和全球性密不可分。因为恐怖分子希望以较小的损失制造大的动乱,所以他们自然会借用新媒体快速传播的优势制造恐慌。1988 年美国将 Internet 对外开放之后,在短短几十年,互联网在全世界范围内迅速普及且迅猛发展。同时,移动通信技术的进一步发展,使得社会的发展与互联网的联系愈加紧密。2020 年 We Are Social 发布的新报告"2020 年全球网络概览"中公布,全球目前有超过 45 亿人使用互联网,近 60% 的世界人口已经上网,社交媒体用户已超过 38 亿人,占世界总人口的一半以上。同时,自媒体的进一步发展,使网络恐怖主义传播方式出现了"去中心化"的特点。[1] 在我们平时生活能利用互联网随时交流时,恐怖分子也可以利用互联网进行交流。在我们通过社交媒体发布动态时,恐怖分子也可以在社交媒体发布招募信息和恐怖威胁视频。在我们利用互联网获取信息、便利日常工作生活时,恐怖分子也可把互联网当作获取信息、对外联络的窗口。恐怖分子的实力实际上并不可能与一个国家进行抗争,所

---

〔1〕 李涛:《网络恐怖主义的传播机制及应对策略研究》,载《学海》2019 年第 2 期。

以他们希望通过社会动荡达到目的。而具有表演性质的网络恐怖主义传播机制通过制造社会恐慌,引发社会矛盾,进一步引发公众对政府的信任危机,再借机宣传自己的教义宗旨,进一步达到扩大影响力的目的。

综上所述,从客观上来说,互联网的发展和普及改变了我们的生活,但当互联网被恐怖分子利用时,也必然给恐怖主义国际化、网络化发展带来了便利。

5. 行为成本的低廉性

"高回报,低成本"一直以来都是实施恐怖犯罪活动的必然条件。首先,传统恐怖主义策划化暴力袭击事件,需要长时间的组织谋划和布置,需要准备充足的武器装备、人力物力,投入成本极高且被逮捕的风险大。美国科技顾问理查德·克拉克根据"9·11"事件调查委员会的报告分析,"基地"组织发动"9·11"事件的成本为四五十万美元,还不包括该组织在阿富汗训练恐袭人员的费用。[1] 而网络恐怖主义犯罪只需要计算机和相应的软件设备就可以进行犯罪活动,大大减少了恐怖犯罪的人力、物力使用。其次,网络恐怖主义组织成员被逮捕的风险低。随着各国反恐政策的强化,大规模的恐怖组织犯罪活动更容易留下痕迹,所以恐怖分子减少外出从事恐怖主义活动也会使他们被逮捕的可能性大大降低,减少恐怖组织的内部损耗,从另一方面节约恐怖犯罪的成本。再次,网络恐怖主义管理成本低。网络恐怖主义犯罪的模式极大地降低了恐怖犯罪的人力资源,组织灵活性大大提升,单人或小组织作战也可以实现恐怖犯罪的目的。最后,这种低廉的犯罪模式大大促进了"独狼"式恐怖主义[2]的发展。"独狼"式恐怖主义分子可以不用依托恐怖主义组织,仅仅利用网络就可以收集到所需的资源,还可以通过网络直接对公共信息系统进行直接攻击,对社会和人民群众的生命、财产安全造成了更大的隐患。

---

〔1〕 王丹娜:《网络恐怖主义与网络反恐》,清华大学出版社 2020 年版。

〔2〕 "独狼"式恐怖主义,是指不受任何实际外部指示,没有任何团体和外部的协助,依靠个人力量发起恐怖袭击的恐怖主义。

6. 攻击目标的广泛性

(1)范围的广泛性

网络恐怖主义以网络作为依托,相较于传统的恐怖主义犯罪活动来说进一步拓展了攻击目标的广泛,国际化趋势显著。传统的恐怖主义犯罪活动主要集中在本土地区,攻击目标的范围有限。而网络恐怖主义以网络作为媒介,作为目标型网络恐怖主义来说,犯罪目标不再受区域的限制,恐怖组织可以对任何地区的计算机和公共网络进行攻击。对工具型网络恐怖主义来说,网络为其提供交流的渠道,使其可以跨地区吸收成员。而这些成员通过网络与恐怖组织联系,听从恐怖组织指挥,如此一来就可以在当地进行恐怖主义犯罪活动。例如,“9·11”事件就是由本·拉登及其他“基地”组织成员在德国、西班牙境内策划,并由潜伏在美国的“基地”组织成员成功实施的。

(2)种类的广泛性

借助于网络的连通性,网络恐怖主义的攻击范围涉及国家、公民个人的各个层面。总体来说,网络恐怖犯罪针对的主要对象是官方网站、基础设施与政府运营系统,是为了达到威胁政府和制造民众恐慌的目的。各领域的官方网站受到袭击后不能正常使用,甚至会在页面显示恐怖主义的宣传信息。而针对国家基础设施进行的网络攻击行为,会导致难以预料的、广泛性的严重后果。例如,在1998年,美国一名黑客分子宣称将对美国的罗斯福水坝水闸的监控系统、电力系统进行攻击,而罗斯福水坝的水闸一旦被全部放开,下游城市菲尼克斯就将被洪水吞没,后果不堪设想。

二、当前网络恐怖主义的发展态势

(一)网络恐怖组织灵活化发展

与网络结合的犯罪形式使犯罪分子个人的犯罪能力得到大幅度提升,同时为了降低风险,犯罪组织构成更加灵活。网络恐怖主义组织的发展亦遵循这样的规律。有鉴于世界各国对反恐工作的重视和反恐力度的加大,网络恐怖主义已进行了适应性裂变,其组织形态较 20 世纪 90 年代的成熟稳定性发展为分散小规模型,组织人数多为几人或几十人。这种小规模的网络恐怖主义组织一般不会超过 50 人,并且只有少数这类恐怖组织的存续时间超过 3—4 年。但网络恐怖主义的组织形式并不能简单地以规模组织大小进行划分,要从网络恐怖组织内部结构方面进行探索。传统的恐怖主义的组织形态一般表现为具有严密组织层级、严格管理制度、明确组织领导者的金字塔式结构。但是,网络的兴起尤其是小规模化的网络恐怖主义的出现改变了恐怖主义的结构样态。简而言之,传统型的金字塔式结构因为网络的"加持"进而异化为网络节点式结构。所谓网络节点式结构,"是指恐怖主义组织中的成员类似于网状结构中的每一个连接点,是一个分散的、无中心的平面结构模式"[1]。这种网络节点式结构致使网络恐怖主义犯罪组织朝着其他两个方向进行发展。第一个是化整为零的模式,以"基地"组织为典型代表。"基地"组织没有地理上明确的总部,也没有明确的、具体的上下级结构,而是平面式的新型恐怖主义组织。"基地"组织成员分散潜伏,形成各种小规模的网络恐怖主义组织,通过网络共同策划后实施恐怖袭击。第二个是聚沙成塔模式。原本独立的小规模网络恐怖主义组织,由于力量薄弱、资金匮乏的现实需求通过网络联络形成整合力量,为下一步的集团化网络袭击奠定基础。此种类型的网络恐怖主义组织平时结构松散,甚至鲜有联系。但是他们一旦进行网络攻击就会借助于网络迅速形成合力,对涉及国家安全的目标进行网络攻击,且攻击后迅速隐匿于网络之中。

由此可见,较强的组织灵活性赋予了网络恐怖主义以去中心化的特质。在这种特质之下,一部分成员的暴露并不会摧毁整个网络恐怖主义组织,这大大增强了恐怖团伙的安全性和隐蔽性,同时也加大了公安机

---

〔1〕 舒洪水、王刚:《对我国网络恐怖主义犯罪的探讨》,载《山东警察学院学报》2016 年第 1 期。

关的防范和打击难度。

(二)行为方式综合化发展

传统的恐怖主义行为方式主要以自杀式袭击、挟持人质、邮寄爆炸物等为主。而网络恐怖主义的行为方式在继承传统恐怖主义行为方式的基础上进行了新的拓展,主要表现为“工具型网络恐怖主义”和“目标型网络恐怖主义”。工具型网络恐怖主义并没有打破传统恐怖主义的犯罪方式,只是利用网络作为媒介,在网络上进行策划、干扰、募集资金等辅助性犯罪活动。而网络这一新型媒介作为工具,主要有两个优势。一是便捷性。时至今日,网络即时通信工具的出现,使得恐怖主义信息的传播超越了物理阻隔,既对恐怖分子的恐怖信息传播提供了便利,又方便了对终端的恐怖信息接收者。工具型网络恐怖主义的便捷性早已超越传统恐怖主义。二是且有低廉性。在信息时代,恐怖信息的网络传播几乎是“零成本”,但起到的效果则和传统恐怖主义相类似。相较而言,网络恐怖犯罪的经济成本大为降低。目标型网络恐怖主义主要是通过使用网络技术对互联网信息系统或者是基础设施进行袭击进行恐怖活动。这种网络恐怖主义活动会造成公众对政府进行的网络系统管理能力失去信心,会破坏社会秩序,也会给国家安全造成危害。

因此,目前网络恐怖主义形成以工具型恐怖主义和目标型恐怖主义综合发展的局面。此外,就目前而言,高科技的目标型网络恐怖主义的门槛较高,因此这种方式多被资产雄厚的恐怖主义组织使用,在整体的网络恐怖主义犯罪方式中仍然以工具型网络恐怖主义为主导。

(三)传播模式多元化发展

网络信息技术是一把“双刃剑”,人们日常生活中网络所带来的很多有益之处,被运用到恐怖主义犯罪活动中后都促进了恐怖活动的网络化发展。比如,互联网带来了传播机制的深刻变革,而这种传播机制的变革,也使网络恐怖主义出现了全新的传播模式并成为网络恐怖主义又一重要发展趋势。

1. 大众传播模式

从传播学的角度来讲,大众传播是随着人类社会技术的进步而出现的。在大众传播模式下,传播者假借各种大众传播媒介,对社会大众有目的地传播各类信息。在互联网技术尚未发展的时期,恐怖组织实际上很难以大众传播的方式进行传播活动。而随着互联网的发展,互联网媒体为大众传播提供了新的传播形式。而恐怖组织也利用这种全新的传播形式,充分发挥其优势,并由此拓展了恐怖主义活动方式。恐怖分子通过互联网传输自己的所谓教旨宗义。他们利用 Twitter、Google、Facebook 等社交软件作为直接宣传工具,旨在网络上形成多种传播战略目的。[1] 首先,他们利用这些社交软件传播暴力、恐怖的相关内容,拓展自身的影响力,同时引起民众恐慌,造成社会局势动荡。其次,他们通过发布一些消息来招募恐怖主义成员。在社会大众对于社交软件的使用频率越来越高这一条件下,这种招募方式很容易吸引一些对恐怖主义警惕性不强的青年和具有反国家、民族的极端主义者加入恐怖组织。同时,大众传播还激发"独狼"式恐怖主义进一步发展。互联网带来的最深刻的革命性改变,即社会传播的主体从过去的以机构为主体,转变为以个人为社会传播的主体。恐怖主义在网络上发布的各种信息,使"独狼"式恐怖主义分子可以不用依托恐怖主义组织,仅仅利用网络就可以搜集到所需的资源,还可以通过网络直接对公共信息系统进行直接攻击,这种"低成本,高收益"的犯罪方式,无疑助长了"独狼"式恐怖主义的发展,给社会和人民群众的生命、财产安全造成了更大的隐患。

2. 组织传播模式

"组织传播就是组织成员之间、组织内部机构之间、各组织之间、组织与更大的社会环境之间的信息交流和沟通。具体地说,组织传播是由各种相互依赖的关系结成的网络,为应付外部环境的不确定性,也是为

---

〔1〕 王秀梅:《全球恐怖主义犯罪:形势、应对与执法合作》,载《法学》2020 年第 11 期。

了完成组织目标而创造和交流信息的过程。”[1]网络空间使恐怖组织的组织传播方式发生了变化。在互联网上,恐怖分子之间能及时隐蔽的进行通信,还能交流、分享犯罪经验。比如,已被击毙的恐怖头目本·拉登就利用网络,为他手下的恐怖分子建立了沟通的渠道——阿富汗通信网络。它只供恐怖组织内使用,以此实现恐怖组织内部的及时指挥和通信。此外,恐怖分子还利用这种全新的组织传播模式,开展相关教学,为恐怖分子传授制造炸药、进行袭击的方法。[2]

三、网络恐怖主义的传播机制

机制,主要是指各要素之间的结构关系和运行方式。“在社会化信息传播过程中,传播机制实质就是信息传播系统本身渗透在各个相关子系统中,并使之按一定轨迹和规律运行的制度性、系统性功能。网络信息传播机制的重要作用是使网络信息传播符合特定的规律并实现信息传播过程的整体性协调,增强信息传播能力,即一个信息传播体系所应具有的动态适应环境变化而自我协调、整合发展并扩大影响力的方式和过程。”[3]简而言之,网络恐怖主义的传播机制主要是指网络恐怖主义在传播过程中呈现出一定规律性、系统性的结构关系和运行模式。本部分将在分析网络恐怖主义传播特征的基础上,分别讨论网络恐怖主义的传播结构及传播模式。

(一)网络恐怖主义的传播特征

1. 网络恐怖主义传播的去中心化

随着互联网的发展以及自媒体的出现,恐怖主义活动(比如宣扬恐

---

〔1〕 刘军主编:《公共关系学》,机械工业出版社2006年版。

〔2〕 在“基地”组织发展时期,就有情报显示他们在网上建立了虚拟的恐怖主义大学,向伊斯兰极端分子传授进行恐怖主义活动的技术,任何一名穆斯林都可以入学学习制造炸药和设计汽车炸弹的方法,而且这所大学还分设多项专业,包括“圣战者心理学”“组装与设置炸弹”以及“圣战者电子学”等。

〔3〕 顾金喜:《“微时代”网络谣言的传播机制研究——一种基于典型案例的分析》,载《浙江大学学报(人文社会科学版)》2017年第3期。

怖主义的影音频),不断利用网络进行传播。“去中心化”是新媒体时代网络恐怖主义传播的主要特征之一。网络传播的去中心化,即所谓的分布式网络。在分布式网络中,每一个节点都是平等的,就像人脑的细胞那样,任何一个神经元都不能自称是大脑的“中心”,即便是某些节点或者网络局部受损,整个系统也不会崩溃。[1] 网络恐怖主义传播的“去中心化”表现为以下几个方面。第一,传播主体的一般性,即互联网中的每一个节点都可能成为被网络恐怖主义利用的对象,也都可能成为网络恐怖主义的传播主体。比如“独狼”式恐怖袭击主要就是基于互联网的招募、学习而产生的,“独狼”式恐怖袭击借助“去中心化”的网络传播方式,将恐怖主义化整为零,大大增大了防控难度。第二,传播手段的多样性。因每个网络节点都可能成为网络恐怖主义的传播主体,而每个传播主体在自媒体网络时代又可能涉及不同的传播工具与形式,故网络传播手段具有多样性。“以 ISIS 组织为例,有记录的该恐怖组织使用过和正在使用的网络工具多达 33 种,完全覆盖了世界范围内的主流社交媒体网络,如 Twitter、Facebook、Instagram、PalTalk、Tumblr、WhatsApp、Kik、Viper、Telegram、JustPaste. it、TOR 等。”[2] 第三,传播信息碎片化。在网络自媒体时代,互联网上充斥着来自各种途径的各类信息,这种海量信息并未呈现清晰的体系化特征,而是碎片式、分散式的信息。碎片化的网络恐怖主义信息虽然难以构成体系,但是这些信息分散在互联网的各个角落,互联网终端的每一个人都有可能接触到。

2. 网络恐怖主义传播的即时性及精准性

网络传播是一种数字化传播,其传播介质为比特(bit),故这种传播具备便捷和“高保真”等特点。网络恐怖主义分子充分利用了网络传播的速度快、时效性强的优势,迅速扩散恐怖主义思想,在短时间内形成恐怖主义思想的“集聚效应”。

---

〔1〕 参见苏宏元:《网络传播学导论》,中国社会科学出版社 2010 年版,第 4—5 页。

〔2〕 佘硕、刘旭:《网络恐怖主义新动向及其治理分析》,载《情报杂志》2018 年第 2 期。

从传播学的沿革来看,传播类型从20世纪90年代末到如今已经历了大众性宣传—分众性宣传—精准性宣传几个阶段。"2013年至今,网络恐怖主义新动向已成'白热化'发展态势,以'伊斯兰国'为代表的恐怖组织的社交媒体运用已进入Web3.0的万物互联和个性化内容定制高度。"[1]"Web3.0是指通过更简洁的方式为用户提供个性化的互联网信息定制的一种技术。"[2]恐怖组织利用上述网络新特性,针对不同受众群体为他们量身订制、推送更加精细化和有针对性的恐怖信息。例如,"2016年8月,法国逮捕一名涉嫌策划恐怖袭击活动的16岁女孩,有证据显示她主要使用社交媒体软件Telegram进行私密网络沟通。其中,Telegram是叙利亚地区极端分子常用的私密通信软件,其出色的私密聊天和'阅后即焚'功能使得其成为当下最流行的通信软件之一。除了Tele-gram之类的私密通信移动终端应用,恐怖组织也自行开发私密聊天室(Chat-room)和网络私密论坛"[3]。

3. 网络恐怖主义传播的互动性

从传播学角度看,互动性是网络传播的根本性特征。[4] 网络传播是一种开放式的传播,在开放式的背景下传播方式(或模式)既可以是单向的,也可以是双向的,甚至可以是多向的。在这种情况下,网络传播主体、传播受众可以利用通信软件、聊天室、电子邮件等进行实时沟通,实现互动。网络恐怖主义通过互动式传播,可以使恐怖主义的扩散更加广泛且深入。"特别是推特(Twitter)、脸谱(Facebook)、优兔(YouTube)、微博、微信的兴起,使网络空间活动的参与主体日益多元化,普通公民的角色开始从'被动的'信息接受者转变为'主动'的信息发布者。"[5]

---

[1] 万婧:《"伊斯兰国"的宣传》,载《新闻与传播研究》2015年第10期。

[2] Shane S, Hubbard B. ISIS displaying a deft command of varied media, http://www.nytimes.com/2014/08/31/world/middleeast/isis-displaying a deft command of varied media html.

[3] 余硕、刘旭:《网络恐怖主义新动向及其治理分析》,载《情报杂志》2018年第2期。

[4] 匡文波:《网络传播理论与技术》,中国人民大学出版社2007年版,第10页。

[5] 吴永辉:《网络恐怖主义的演变、发展与治理》,载《重庆邮电大学学报(社会科学版)》2018年第2期。

4. 网络恐怖主义传播的全球性

网络传播打破了物理上的空间概念,使信息的传播实现了无阻碍化。在互联网空间,“国界”的概念被模糊,无论我们身处何处,都可以通过互联网、手机移动网络随时访问域外网站、接受域外信息,网络传播体现了真正的全球性。恐怖分子利用网络传播恐怖主义音频视频、招募潜在恐怖分子等,正是利用了网络传播的全球性特性。“根据英国政府方面的估计,过去三年间可能有至少 1500 名英国极端分子被招募到伊拉克和叙利亚作战。此外,法国、德国、加拿大、澳大利亚、日本、比利时、印度尼西亚等国都有本国公民参与‘伊斯兰国’组织的现象。根据相关情报,在‘伊斯兰国’组织中作战的外国人总数达到 2 万人。”[1] 正是网络恐怖主义传播突破了物理的“国界”,使得分散于全球各地的潜在极端分子在网络恐怖音、视频的影响下涌入中东,参加“圣战”。

(二)网络恐怖主义的传播结构

根据拉斯韦尔的经典传播理论,传播活动包含五大结构要素,即“5W”要素:Who(传播主体)、to Whom(传播客体)、in Which channel(传播渠道)、What(传播内容)、with What Effect(传播效果)。网络恐怖主义的传播同样遵循上述理论。

1. 一般化的传播主体

由于网络恐怖主义呈现“去中心化”特征,故其传播主体具有一般化的特征,即理论上每一个处于网络中的人都可能成为传播主体。目前网络恐怖主义的传播主体主要分为三类。第一类是恐怖组织的领导者。以 IS 为例,其领袖一方面通过传播极端宗教势力思想将自己化身为穆斯林的“精神领袖”,另一方面通过散播谣言将自己塑造成西方世界迫害的“无辜对象”,获取特定群体的同情,加剧某些国家与其他国家的对立与仇恨。第二类是对恐怖活动保持关注的部分媒体。部分媒体在传播恐

---

〔1〕 马国春、石拓:《国际涉恐音视频的网络传播及其治理》,载《阿拉伯世界研究》2016 年第 1 期。

怖主义的同时，既是媒介也是主体。“关注恐怖主义的媒体作为传播者，在全世界营造了两种话语空间，一种是‘恐怖活动的传声筒’，一种是‘反恐战场的舆论前沿’。”[1]例如，一直以来关注恐怖主义的某电视台被以色列等国家视为“恐怖主义的喉舌”，并由于其报道的“不客观性”“煽动性”而被数个阿拉伯国家联合封杀。[2] 第三类是恐怖组织的支持者。由于互联网传播的互动性，这部分群体兼具传播主体与客体的双重身份。尤其是活跃在互联网上的青年人，很容易被网络极端思想“涤化”，他们中部分人越过重洋深入中东参加“圣战”，部分人则在网上进行恐怖思想、技术传播，进行网络“圣战”。

2. 精准化的传播客体

如上文所述，网络恐怖主义的传播具有精准性，故传播的客体也较为容易固定。一般来说，它的传播客体分为两类。第一类是潜在的恐怖主义支持者。以 IS 组织为例，它对传播客体没有极端与否的区分，只有“唤醒”与否的区分。换言之，在他们眼中，所有宗教信仰者都是潜在的可被“唤醒的”支持者。恐怖组织可以根据网络后台记录的网页浏览信息轨迹，分析哪些人是潜在的可被“唤醒的”支持者。并通过大众传媒、新媒体等形式，在情感上以“民族认同感”为纽带，在策略上以“我们”与“他们”的二元对立为依托，吸引、拉拢、转化善良的信教民众加入恐怖组织。第二类是“反对的外人”，即所有不相信极端恐怖主义者，包括美国为首的西方社会。对这些“异教徒”恐怖分子采取污蔑、诋毁、歪曲事实等宣传手段，对他们进行政治上的敌对、宗教上的批判，以此激起广大“圣战者”和待转化“圣战者”对他们的愤慨。[3]

---

〔1〕 韩娜：《基于传播学视角的恐怖组织宣传特点研究》，载《中国人民公安大学学报（社会科学版）》2015 年第 6 期。

〔2〕 陈婧：《半岛电视台在以色列被禁》，载未来网，http://news.k618.cn/society/201708/t20170807_12209249.html。

〔3〕 参见韩娜：《基于传播学视角的恐怖组织宣传特点研究》，载《中国人民公安大学学报（社会科学版）》2015 年第 6 期。

3. 媒体导向的传播渠道

恐怖主义最初的宣传手段为行动宣传,即通过暴力恐怖行为本身所内涵的心理震慑来形成口口相传的效果,但此种传播范围较窄。随着大众媒体的发展,特别是网络的普及,"媒介导向型"恐怖主义成为新型恐怖主义形态,网络媒体、自媒体成为传播网络恐怖主义的主要渠道。恐怖分子除建立自己的网站之外,还在 Facebook、Twitter、YouTube 等社交媒体上注册多个账号宣传恐怖主义思想、传播涉恐影音频,同时还通过一些新型通讯软件如 Kakao、DiDi、Talkbox 等进行交流。"2016 年 8 月,推特宣布封停了 36 万个涉嫌与恐怖组织勾结的账号。但据统计,在 2016 年 9 月到 12 月之间,新注册的与伊斯兰国相关的推特账号就高达 4.6 万个。"[1]由此可见,恐怖组织已经深知网络传播媒介的重要性,且已达到了一定的专业化、规模化程度,故网络媒介监管是网络反恐的重中之重。

4. 极端宗教化的传播内容

恐怖组织以极端化的宗教思想为恐怖活动赋予合法化外衣,鼓吹"非对称政治地位"劣势,利用虚拟宗教、政治"蓝图",招募、鼓动恐怖分子在世界范围内进行恐怖活动。其传播内容主要包括以下几类。第一类,为极端宗教活动"合法化"辩护。极端宗教欲披上合法化外衣必须与政治进行联姻。如极端宗教势力恐怖组织,一方面宣扬为保持宗教信仰的纯洁性,必须对某宗教经典"重新解读",即通过"圣战"消灭异教徒;另一方面,宣扬自身政治上的被压迫地位是由于西方社会的迫害而形成的,在此政治叙事中,恐怖组织被塑造成为一个"被压迫""被残害"的弱势群体。[2] 第二类,编造恐怖组织内的"乌托邦式"生活蓝图。根据

---

〔1〕 JM Berger. The ISIS Twitter census: Defining and describing the population of ISIS supporters on Twitter. The booking Project on US. Relations with the Islamic World Analysis Paper. NO. 20 march, 2015, p. 1.

〔2〕 例如,"基地"组织头目本·拉登曾宣扬,"美国尝到的滋味和我们比算不了什么,因为我们已经尝 80 多年,我们的乌玛被羞辱和藐视了 80 多年,我们的儿子被杀,圣地被攻占并被那些没有得到安拉准许的人所统治"。

2015 年由智库 Quilliam 发布的 IS 宣传报告，大约一半以上的报道都是描绘乌托邦式的生活，描述 IS 控制区域内的自由的宗教、富足的经济、幸福的平民、公正的法律以及宜人的自然风光。[1] 通过此种虚假内容的传播，吸引全球各地潜在恐怖分子加入恐怖组织。第三类，传授恐怖袭击犯罪技能。例如，“2010 年基地组织在其《灵感》刊物中以《如何在妈妈的厨房中制造炸弹》为题，详细说明了如何利用日常材料，制造土制铁管炸弹，如何炸毁建筑物”[2]。

5. 辐射式社会恐慌的传播效果

恐怖主义犯罪的目的一直都是通过制造社会恐慌达到相应的政治诉求，网络恐怖主义借助网络的迅捷性、无地域性，无疑会放大这种社会恐慌。这种辐射式的社会恐慌效果反馈到恐怖主义信息的传播者，又会强化传播主体的传播意志，形成“互动式的恶性传播”效果。2015 年 11 月 13 日巴黎发生爆恐袭击事件，共造成至少 197 名无辜群众死亡，随后 IS 宣传机构——组织生活媒体中心（Al-Hayat Media Center）通过网络宣布对此次事件负责。此次爆恐袭击在法国乃至全球造成极大恐慌。此后不久，伊斯兰王国在网络上再次叫嚣“伦敦将是下一个目标，罗马与华盛顿也在劫难逃”[3]。恐慌心理再次引爆全球。需要强调的是，包括网络媒体在内的部分媒体为追求传播效果，在报道爆恐犯罪时使用的不当词汇，可能成为恐怖主义宣传的“片面共犯”[4]。因此，对新闻报道内容用词的斟酌、审核，也是遏制恐怖主义信息辐射造成社会恐慌的途径之一。

---

〔1〕 Charlie Winter, Documenting the Virtual Caliphate, Quilliam, www. Quilliamfoundation. org.

〔2〕 韩娜：《基于传播学视角的恐怖组织宣传特点研究》，载《中国人民公安大学学报（社会科学版）》2015 年第 6 期。

〔3〕 曹鹏程：《打击恐怖主义须标本兼治》，载《人民日报》2015 年 11 月 16 日，第 5 版。

〔4〕 部分媒体人在报道巴黎爆恐袭击案时使用“滴血的塞纳河右岸”“歌剧院大屠杀”等词汇，显然会强化社会恐慌。参见黄昊：《恐怖阴云再次笼罩巴黎》，载《光明日报》2015 年 11 月 15 日。

（三）网络恐怖主义的传播模式

在传播学历史上，有关传播模式的理论不胜枚举，在此不赘述。根据互联网的发展，网络恐怖主义的传播模式经历了以下三种模式。

1. 单向传播模式

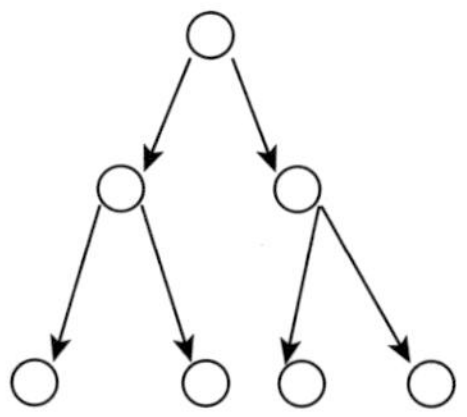

图 7－1　单向传播模式

作为传播学早期的传播模式理论，网络恐怖主义的单向传播模式也出现在计算机网络产生之初。根据香农和韦弗的观点，信源通过发射器、接收器达到信宿是一种线性的、单向的传播路径。相应地，在 20 世纪八九十年代，即 Web1.0 时代，门户网站、官方网站是主要的传播媒介，这个时期恐怖组织传播恐怖信息主要是通过自己建立的门户网站进行的。"典型的例子包括基地组织最早的'官方网站' al-Neda（阿拉伯语，意即'召唤'），以及在曾刊载本·拉登'宣战书'的伦敦阿扎姆出版社网站。"[1]作为网络恐怖主义早期的传播模式，单向式传播结构简单，传播中心较为明确，因此此类网站很快受到了世界各国的打击，其传播效果得到极大遏制。

〔1〕　陈海强：《社交网络与恐怖主义》，载《中国信息安全》2014 年第 7 期。

2."公开式"互动传播模式

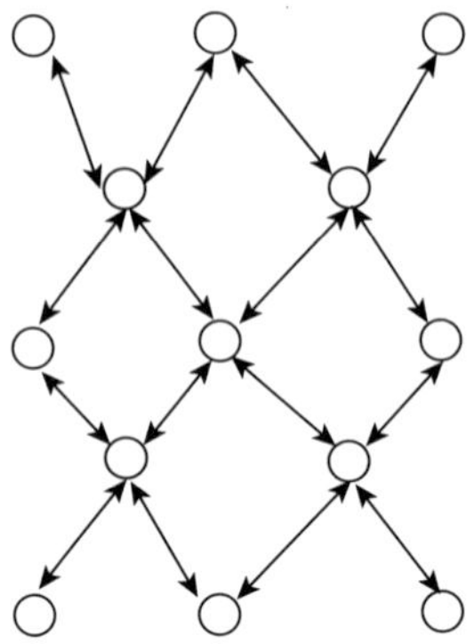

图 7-2 "公开式"互动传播模式

20 世纪 90 年代末到 2008 年前后,计算机网络发展进入到 Web2.0 时代。此时,公开式、交互式的网络聊天室、论坛、社区成为网络传播的主要场域。在"公开式"互动传播模式之下,每一个网络聊天室、论坛、社区就是一个传播中心。在每个独立的传播中心中,处于传播链条上的每一个人既是传播主体又是传播客体,并且在互联网场域下可进行公开的、充分的交流、互动。此种传播模式可以有效弥补单向传播模式缺少反馈机制的不足,并且因其沟通、交流的充分性,可以使潜在的恐怖分子迅速聚集,谋划恐怖活动、传播恐怖主义思想,隐患极大。当然,因此种传播模式属于"公开式",故网络聊天室、论坛、社区的管理员对网络传播内容中涉及恐怖主义的可进行明确监管。然而,"这一阶段的另一个主要特征是这类论坛的拥有者/管理者通常都是一些表面上与恐怖组织完全没有正式联系的媒体机构,其中的典型就是全球伊斯兰媒体阵线(Global Islamic Media Front)"。[1]

---

[1] 陈海强:《社交网络与恐怖主义》,载《中国信息安全》2014 年第 7 期。

3."私密式"互动传播模式

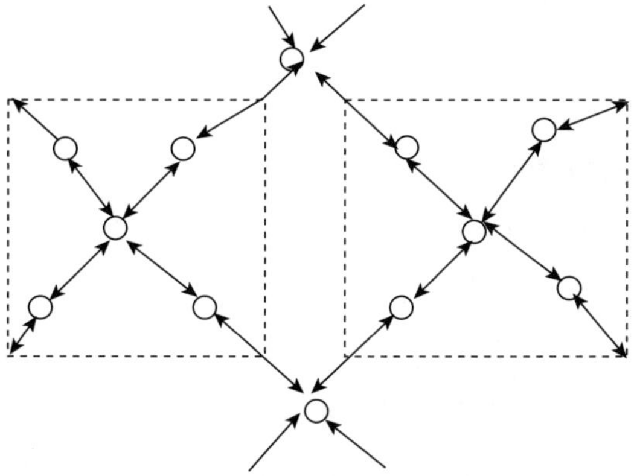

图 7-3 "私密式"互动传播模式

2008 年以后,Facebook、Twitter、YouTube、WeChat 等自媒体的大量出现,极大地改变了网络恐怖主义的传播模式。"私密式"互动传播模式逐渐成为主流。此种传播模式的显著特点是,每一个传播主体既是传播客体也是传播中心,而且由于自媒体的"私密性",使得其传播的内容也具有"私密性"。恐怖组织和恐怖分子利用自媒体手段,使暴恐影音、恐怖主义极端思想言论大肆传播。因此,网络传播的主流既不再是等级结构的单向传播模式,也不是均匀分布结构的"公开式"互动传播模式,而是复杂网络结构的"私密式"互动传播模式。在此传播模式之下,"去中心化"趋势进一步强化,"多对多"的网络恐怖主义传播逐渐成型。"新媒介增大了恐怖主义通过线上空间对抗传统审查的可能性、提升了恐怖主义通过线上动员扩大组织行动的能力、强化了恐怖主义通过线上扩散实现恐怖传播的效果。"[1]

需要说明的是,虽然"私密式"互动传播模式是目前网络恐怖主义的主流传播模式,但不意味着单向传播模式和"公开式"的互动传播模式已

---

〔1〕 邵培仁:《媒介恐慌论与媒介恐怖论的兴起、演变及理性抉择》,载《现代传播》(中国传媒大学学报)2007 年第 4 期。

经不再是我们关注的重点。根据现实情况来看,目前这三种模式在网络恐怖主义的传播过程中同时并存。因此,在打击恐怖主义的过程中,绝不能对任何一种传播模式的网络恐怖主义丧失警惕和降低打击力度。

四、网络恐怖主义防控存在的问题

网络恐怖主义的政治性、复杂性等因素使得打击网络恐怖主义的任务绝非一朝一夕可以完成。打击网络恐怖主义的任务即使难以一蹴而就,但是对于打击网络恐怖主义中存在的痛点还是有必要予以“外科手术式”的分析。网络恐怖主义是恐怖主义的网络时代演绎,具有一系列新的特点,亟须针对性的法律予以回应;然而我国现行反恐怖主义法律法规尚不健全,法律的滞后性在网络恐怖主义治理问题上表现得尤为明显。对恐怖主义的侦查工作从来都不是易事,对网络恐怖主义的侦查工作更为复杂,网络恐怖主义犯罪中,主体身份隐蔽、手段智能、犯罪活动产业化,这些侦查难点不仅使得网络恐怖主义犯罪难以被侦破,而且难以根除。网络犯罪往往涉及跨国犯罪。国际社会的意识形态以及利益冲突给网络恐怖主义犯罪治理的国际合作增添了许多难题。网络恐怖主义的产生与发展涉及信息的传播问题,那么切断网络恐怖主义传播途径是网络恐怖主义管控的题中应有之义。但是网络恐怖主义信息传播具有去中心化、及时性、全球性的特点,并产生辐射式的社会恐慌效果,不得不说这是打击网络恐怖主义中需要面对并加以解决的难题。

(一)有利于打击网络恐怖主义的法律资源不足

随着反网络恐怖主义法律法规的增加,打击网络恐怖主义的法网愈加严密,但是我国现行反网络恐怖主义法律法规体系仍然存在一些法律漏洞。中央与地方法规的衔接不到位的问题、部分法律法律概念不明确、相关主体法律义务与责任不明确、网络恐怖主义的监管尚待完善,我国反网络恐怖主义法律法规体系的这些“软肋”成为反恐工作务必重视起来的问题。

1. 中央立法与地方立法衔接不到位

法律术语的具体明确是其得以贯彻的前提条件之一,但是现存的关于反网络恐怖主义的法律法规存在中央与地方行政法规的法律术语不协调、专门概念不明确的问题,处于对极端主义定义不明确,而对网络恐怖主义没有定义的尴尬局面。《反恐怖主义法》对"恐怖主义""恐怖活动""恐怖事件"等专门术语有明确的界定,但是对"网络恐怖主义"这一术语则没有法律、立法或司法解释对其概念和内涵进行界定,并且相关规范性文件没有明确"极端主义"与"恐怖主义"。比如《新疆维吾尔自治区去极端化条例》中对"极端主义"作出了如下解释:"极端主义,是指以歪曲宗教教义或者其他方法煽动仇恨、煽动歧视、鼓吹暴力等的主张和行为"。由于在《反恐怖主义法》中没有对"极端主义"概念进行解释,新疆维吾尔自治区的去极端化条例当然在自治区范围内有效。在《反恐怖主义法》中恐怖主义有时与极端主义并列,有时单独使用,极端主义与恐怖主义的关系模糊不清。在《新疆维吾尔自治区实施〈中华人民共和国反恐怖主义法〉办法》第 6 条中规定了恐怖活动的范围,将极端主义包含在恐怖活动范围内,又将极端主义与恐怖主义并列,认定两者均属于恐怖活动。由此可见极端主义是恐怖主义的思想基础,两者并非并列关系。由于缺少对极端主义的准确定义,使得实践操作时出现认定困难。诸多网络恐怖主义问题突如其来,而现有的法律条文依然比较粗疏,难以规制网络恐怖主义犯罪。

2. 恐怖活动组织和人员认定"双轨制"

根据我国现行法律,恐怖主义认定有司法认定和行政认定两种基本模式,但是在实践过程中,行政认定与司法认定的衔接并没有具体的操作规范和统一的认定标准,未明确两者的内部分工、结果转换,会出现相互交叉、重叠或者矛盾等情况。此外,行政认定证据资格要求较低与司法认定具有滞后性的特点也给反网络恐怖主义实践带来诸多挑战。

3. 网络恐怖主义监管制度不健全

首先,现有法律对网络恐怖主义监管的规定尚不全面。《反恐怖主义法》对于网络恐怖主义信息的传播是持坚决反对态度的,但是立法时并没有将禁止访问境外涉恐网站行为划入监管范围。

其次,对网络服务提供者的监管责任不明晰。虽然在《反恐怖主义法》《网络安全法》《关于加强网络信息保护的决定》《互联网信息服务管理办法》《信息网络传播权保护条例》中均提及网络服务提供者的义务和责任,总体上是明确和扩张网络服务提供者的责任和义务,但实际上不同效力层级的规范在内容上并不统一。[1]

(二)网络恐怖主义犯罪侦查难度大

网络恐怖主义犯罪是特殊的网络犯罪。世界各国都把网络恐怖主义犯罪作为严厉打击的对象,恐怖组织和恐怖分子为了逃避打击,在网络空间竭力隐藏自己的真实身份信息,这使得网络恐怖主义犯罪主体身份信息隐蔽,难以被发现;恐怖组织和恐怖分子为了逃避打击,在实施网络恐怖主义犯罪时,采用技术手段积极开展网络恐怖主义犯罪并进行反侦查,网络技术手段的运用使得网络恐怖主义犯罪手段难以识别;如同别的网络犯罪,网络恐怖主义犯罪并不是一座孤岛,侵犯公民个人信息、洗钱等犯罪与网络恐怖主义犯罪具有千丝万缕的勾连,这使得网络恐怖主义犯罪难以根除。

具体困境主要体现在以下三个方面。

第一,犯罪主体隐蔽,难以发现。网络恐怖主义分子实施网络恐怖主义活动没有时间、地域的限制。行为人可能隐藏在屏幕背后的天涯海角,从遥远的国度利用虚假身份、数字操纵计算机网络发起网络恐怖主义活动,并且采用多种手段隐藏自身身份:①使用虚假信息,用虚假身份信息注册账号,网络账号名和个人资料部分均为不实填写;②进行信息加密,犯罪分子会通过开发的秘密交流软件进行恐怖活动,有的团伙使用加密语言传递恐怖活动信息;③位置多重代理,租用服务器,使用虚拟IP、VPN 加密技术进行多重遮蔽以隐藏真实 IP 地址。

---

〔1〕 王华伟:《避风港原则的刑法教义学理论建构》,载《中外法学》2019 年第 6 期。

从理论上来讲，网络恐怖主义分子可以在世界上任何一个地方、网络上任何一个节点进入网络，也可以对其他任何一个节点的网络实施犯罪活动。[1] 网络恐怖分子的身份是虚拟隐蔽的，他们可能和普通民众共同生活，在日常生活中难以辨别谁是网络恐怖分子。网络的特性使得网络恐怖主义增添了一层神秘面纱，同时也进一步扩大了民众对网络恐怖主义的恐惧心理。

第二，犯罪手段智能，难以识别。“高度隐匿性、智能性”是网络犯罪相较于其他类型犯罪的重要特征。[2] 也有论者指出，技术色彩浓厚成为网络空间中犯罪行为与传统犯罪行为最显著的区别。在网络恐怖主义犯罪案件侦查取证活动中，电子数据取证是重要的内容。从事网络恐怖主义活动者，往往具有相当的反取证能力，迅速实施犯罪，并在实施犯罪后篡改数据、销毁犯罪工具，这些都增加了恐怖犯罪行为的隐蔽性，降低了恐怖犯罪行为的可识别性。网络恐怖主义犯罪分子在借助互联网技术缩短犯罪时耗的同时，通过加密手段或者僵尸网站等途径隐藏个人信息、作案手段。

现有研究表明恐怖组织已经开始借助暗网进行恐怖主义活动。暗网与普通网络的网页不同，其主要指存储于网络数据库中、不能通过超链接方式访问，需要运用动态网页技术访问的信息资源集合。[3] 暗网又被称为深层网络，比一般网络具有更强的隐蔽性，人们通过加密的隐身软件才能进入这个搜索引擎不能发现的空间，执法人员监控不到暗网中的交易和信息发布。恐怖分子通过暗网开展恐怖活动，甚至能够逃避国际执法机构的监管，给反恐侦查工作带来极大的困难。

在人工智能技术飞速发展的时期，网络恐怖分子同样将犯罪黑手伸向人工智能领域，利用 AI 系统漏洞进行网络攻击，导致 AI 智能设备系

---

〔1〕 刘浩阳编著：《网络犯罪侦查》，清华大学出版社 2016 年版，第 8 页。

〔2〕 崔仕绣、崔文广：《智慧社会语境下的网络犯罪情势及治理对策》，载《辽宁大学学报（哲学社会科学版）》2019 年第 5 期。

〔3〕 李恒：《网络恐怖主义犯罪的现实表现、风险挑战与政策治理》，载《宁夏社会科学》2020 年第 2 期。

统崩坏、信息泄露、设备损坏。通过 AI 技术开发复杂攻击,以自动躲避计算机程序监测。[1] 开发 AI 技术恶意软件,以使用算法针对用户信息进行性别、年龄、职业的区分,从而高效进行网络恐怖主义犯罪。[2]

第三,犯罪活动产业化,难以根除。从后“伊斯兰国”时期秘密网络恐怖活动模式看,其组织成员分为核心领导层、骨干成员层、普通人员层、全球范围内受其影响的极端人员四个层级,四个层级的人员分别负责破坏稳定和基础设施重建工作的目标制订;为恐怖活动筹集资金和设备;发动袭击;作为潜在后备力量,其恐怖活动的运作模式都为组织化伪造证件、进行非法贸易、贩卖武器、非法跨境转移等。在侦查过程中,很难及时、充分地了解恐怖犯罪集团组织结构、集团所处犯罪链条上各环节的其他黑灰产组织分工,导致仅对部分恐怖犯罪嫌疑人作出控制便惊动整个恐怖组织上层,使得恐怖犯罪资金在极短时间内转移,恐怖组织上层犯罪成员和其余环节以恐怖犯罪从犯、帮助犯尽数逃匿。

(三)反网络恐怖主义国际合作不容乐观

网络恐怖主义犯罪往往是跨国犯罪;网络恐怖主义犯罪侦查往往需要多个国家的协调配合。然而国家不同,意识形态也不同,利益存在冲突;各个国家法律制度千差万别,这也阻碍了网络恐怖主义犯罪的司法协作。这主要源于三个方面的具体原因。一是各国在反恐层面的利益冲突。由于各个国家对于恐怖主义的认识分野,在《网络犯罪公约》中未能对“网络恐怖主义”概念达成一致意见。因此,各个国家对于网络恐怖主义的认识可能出现分歧,继而阻碍国际合作的达成。网络恐怖主义犯罪是一种国际犯罪,各个国家在引渡网络恐怖主义案件犯罪嫌疑人时,

---

〔1〕 2019 年 6 月,以色列本 · 古里安大学(Ben-Gurion University of the Negev)的网络安全研究人员开发了名为 Malboard 的复杂攻击。使用 AI 的 Malboard 攻击会自动生成具备用户风格的命令,将键盘命令形成恶意代码注入计算机并避开检测,躲过检测的概率在 83%—100%。

〔2〕 由 IBM 研究人员发现的一种新的恶意软件 DeepLocker,利用神经网络特性针对特定用户隐藏恶意负载,有针对性地攻击拥有大量情报资源的国家和组织。网络恐怖主义主体可能使用 DeepLocker 等恶意软件根据性别和种族,用深度学习算法定位特定用户或群体,当然不排除各国政要等目标,进而实施网络恐怖主义行径。

需要达到双重犯罪的标准，由于各个国家对于网络恐怖主义定义不同，则可能出现在某一个国家发生的网络恐怖主义犯罪案件难以构成双重犯罪标准。二是反恐国际司法协作的程序烦琐。通过国际条约的形式开展反网络恐怖主义国际警务合作是国际社会打击网络恐怖主义的一个重要途径。通过双边条约或者国际条约可以在多个国家和地区之间形成反网络恐怖主义的共同体，但是鉴于各国司法环境有差异，反网络恐怖主义合作依然存在落实难的问题。更令人担忧的是，大部分国家选择以保留的方式加入反恐条约，仍然是以本国利益为本位，缺乏合作的积极性，导致了国际条约框架下的国际警务合作在开展过程中存在诸多障碍。[1] 传统国际司法协作模式流程较为烦琐，使得整个侦查耗时不断拉长，短则几个月，而在通常情况下甚至达数年之久。而在合作前期沟通上，由于语言沟通问题和各国侦查措施的不同，在实际操作时受托的他国侦查部门无法达到提出委托者的要求，导致错失最佳侦查时机，并且获得的证据可用率低，也难以被认定为庭上证据。总体上来讲，反网络恐怖主义国际警务协作的整个流程烦琐且低效，与新时期打击网络恐怖主义活动要求不相匹配。[2] 三是境外取证司法认定困难，影响法律效果。在反网络恐怖主义境外调查取证方面，另一个重要问题是对公民权利的保障，首要考虑的就是是否侵犯隐私权的界定问题。不同国家对隐私权保护的相关规定不同，使得电子数据、物证文书的调取范围存在冲突，在没有明确的调查取证协议作为程序规范的情况下，跨境取证过程必会因经常需要临时决策和产生混乱局面。比如，我国跨境取证的审查程序相较于英美国家更加宽松，后者通常需要司法令状授权调取收集活动，而在证据规则上各大法系也不尽相同，如在非法证据排除上，英美法系采取强制排除主义，而我国需要考虑违法程度和排除违法证据对国家

---

〔1〕 汪小林、陈合权：《多层面国际警务合作方式的框架构筑》，载《四川警察学院学报》2013 年第 5 期。

〔2〕 张豫辰、李春林：《电子取证跨境性问题研究——以网络恐怖主义案件办理为视角》，载《云南警官学院学报》2020 年第 3 期。

利益的损害程度,可予以补正或作出合理解释;在关联性规则和证据补强规则上也有部分差异。还有包括逮捕、强制性侦查措施的运用、证据可采性等方面的差异,都导致反恐防控打击行为无法获得跨国的法律效果认定。

（四）网络恐怖主义传播阻断难度大

网络恐怖主义信息的产生是网络恐怖主义得以产生社会影响的前提,网络恐怖主义信息的传播是网络恐怖主义得以产生社会影响的重要途径。网络恐怖主义一旦传播,阻断难度就会增大,理由在于网络本身的发展使得网络恐怖主义传播呈现去中心化并具有即时互动的特点,网络恐怖主义迅猛传播会产生恐怖主义信息的裂变效果,造成辐射式的社会恐慌。所以网络恐怖主义传播的阻断成为网络恐怖主义治理不容忽视的问题。

1. 网络恐怖主义传播途径多样性导致阻断困难

随着电视网、互联网、电信网的融合,人们使用网络的渠道和机会增多,人们可以随时、随地、随身获取信息。当代社会,信息传输方式更加开放多样,手机短信、电子邮件、即时通信软件、网络电话等多种工具互联互通,使得广大网民信息发布能力更加强大。恐怖组织成员可能基于共同的身份基础、兴趣爱好而在社交群组中进行信息的传播,这种情况下的群组内信息交流以点对组的形式进行。[1] 恐怖主义组织之间、恐怖分子之间使用特定的加密社交软件进行信息传播,多个组织和个体几乎可以同时接到信息。尤其是对等联网可以绕过网上站点实现网民之间“点对点”信息传输,实现信息的私密互动传播。互联网在恐怖主义信息传播者和恐怖主义信息受众者之间架起了沟通的桥梁。就恐怖组织与恐怖分子而言,网络的价值毋庸置疑。网络恐怖主义信息的传播并不限于私密传播,利用博客、即时通信软件甚至是暗网也可以实现网络恐怖

---

〔1〕 袁华:《信息网络中基于群组传播的病毒扩散与管理控制研究》,清华大学 2009 年博士学位论文,第 6 页。

主义信息的大众传播。

网络促进了单向传播与多向传播的融合。[1] 网络恐怖主义信息传播者与网络恐怖主义信息受众之间存在双向传播和多向传播。有研究认为,传播者在传播活动中起着主导作用,传播者对传播内容、传播对象的影响是直接的。[2] 信息传播者与受众的角色、地位在网络时代发生了显著变化。在网络环境中,权力被解构,受众是广泛意义上的信息生产者,而不再是被动的信息接受者。[3] 恐怖主义信息传播者本身也是恐怖主义信息的受众者,恐怖主义受众者往往也充当着恐怖主义信息的传播者角色。网络受众在浏览、评论、转发资讯的过程中,也参与到网络恐怖主义信息的编辑、评论过程中。这些受众是庞大的群体,以至于网络恐怖主义信息的传播途径、传播范围超出可以预计的范围。

美国学者马克・波斯特把互联网主导的"双向的去中心化的交流"称为"第二媒介时代",以此来区分由电视主导的"播放型传播模式"。[4] 这一划分标准的提出,是对新媒体互动性传播特征的强调。新媒体信息传播具有聚合性[5],信息的接受者可以在一段时间内找到具有共同兴趣爱好的网络用户。这些群体之间通过评论、留言进行互动,在互动的过程中使得某一信息、观点广为人知并成为主流观点。恐怖主义组织和恐怖分子在新媒体上发布恐怖主义言论,而新媒体弹幕评论、点赞、留言互动的功能更是丰富了网络恐怖主义传播途径的多样性,渲染了网络恐怖主义的社会影响效果。网络恐怖主义传播途径是多样的,这增加了网络恐怖主义阻断的难度。

---

〔1〕 张东:《中国互联网信息治理模式研究》,中国人民大学 2010 年博士学位论文,第 120 页。

〔2〕 李明德、朱妍:《社会思潮的传播特征及引领——以互联网视听平台为对象》,载《北京工业大学学报(社会科学版)》2019 年第 3 期。

〔3〕 彭兰:《网络传播学概论》,人民大学出版社 2017 年版,第 349 页。

〔4〕 [美]马克・波斯特:《第二媒介时代》,范静哗译,南京大学出版社 2005 年版,第 16 页。

〔5〕 吴玉飞:《新媒体的传播效应研究》,载《新媒体研究》2015 年第 7 期。

2. 网络恐怖主义传播方式的技术性导致阻断困难

恐怖主义犯罪的特点要求恐怖主义组织以及恐怖分子要穷尽手段来隐蔽其行踪。恐怖主义组织和恐怖分子在通信工具和通信手段的选择上异常谨慎。这表现在:其一,恐怖分子会频繁更换网址、社交通信账号;其二,使用 VPN、VPS、远程登录服务器、使得上网传输数据多次跳转,防止被追根溯源。如此一来,网络恐怖主义的传播在技术支持下具有相当的技术性、隐蔽性,这是阻断网络恐怖主义传播必须攻克的堡垒。

网络自媒体的出现与普及使得互联网上传播的内容不再为特定的机构和个人,信息可以源自任何组织和个人。网民发布网络信息的比重明显增加;网络信息的内容多元化。有学者研究指出,在美国,常见的诸如 FaceBook、聚友网、第二人生等社交网站有可能成为获取个人数据的平台。[1] 搜索引擎成为人们获取信息的重要渠道,大量人群通过搜索引擎来获取信息,大量位于天涯海角的信息经由搜索引擎而被人们知晓。大数据时代的到来使得个人信息获取便利程度空前增加,海量被泄露的个人信息流向黑市。恐怖组织和恐怖分子利用技术手段获取个人信息、发布网络恐怖主义信息的渠道增多而且隐蔽。

网络新媒体平台具有显著的交互性特征。网民不仅被动地接受网络恐怖主义信息,他们在浏览、评论、转发的过程中无形中也成为信息传播的中转站。恐怖主义组织在网络空间的角色也发生了些许变化,他们不再是单纯的信息发布者,也成为信息的共享者。互联网诞生之前,信息的传播主要依赖报纸、电视、广播等有限的渠道,并且信息的传播几乎是单向道的。互联网的出现打破了信息传播的瓶颈,每个人都是互联网信息的接受者,也可以成为互联网信息的传播者。受制于生理极限,个人对于信息的吸收能力是有限的,信息接受者的注意力成为一种稀缺资

[1] 董媛媛、张明言:《论网络恐怖信息的传播及其应对策略——从美国费城网络恐怖威胁事件谈起》,载《新闻大学》2017 年第 1 期。

源。[1] 在互联网广告推送领域,可以利用网络长期积累的用户上网日志数据,绘制用户特征异同点,运用聚类算法和分类算法混合模型将其进行分类;根据用户数据特征建立数据管理平台,可以实现精准的信息推送。[2] 同样的技术手段也适用在网络上进行恐怖主义信息推送。在新媒体环境下,恐怖组织和恐怖分子不再泛泛而谈地表达其观点和思想主张,恐怖组织和恐怖分子利用网络爬虫等技术手段,识别网络用户的关注热点,有针对性地发布恐怖主义信息。[3] 这比恐怖主义信息的"地毯式"轰炸方式更容易鼓动人心、扩大社会影响。技术手段的运用使得网络监管部门难以对网络恐怖主义信息追根溯源,也难以采取有针对性的网络恐怖主义信息阻断措施。

3. 网络恐怖主义传播的法律规范欠缺导致阻断困难

管控网络恐怖主义信息,所涉及的主体包括信息的初始传播者、媒介经营者、信息接受者。若根据非法有害信息治理的一般规律,作为源头的传播者本应该是治理的重点,但是这在网络恐怖主义信息治理中却难以适用。因为网络用户是恐怖组织希望影响的对象,也是恐怖主义信息传播的节点,而互联网中的每一个节点都可能成为网络恐怖主义利用的对象和暴恐信息网络传播的主体。[4] 并且应当意识到网络恐怖主义信息的源头大多位于国外,因而从源头进行传播规制的可操作性不大。

实际上,我国现行反恐怖主义相关法律法规已经把网络服务提供者作为网络恐怖主义传播规制的重点。法律具有指引功能,而法律发挥指引功能的关键在于提供明确的行为模式,并规定相应的法律后果。问题在于,现行法律法规对于网络服务提供者法律责任设定的是义务性规

---

〔1〕 转引自赵鹏:《搜索引擎对信息传播的影响及其法律规制》,载《比较法研究》2018 年第 4 期。

〔2〕 邢林森:《基于 Spark 广告推送系统的设计与实现》,北京交通大学 2019 年硕士学位论文,第 1 页。

〔3〕 陈翼凡:《论新媒体视角下网络恐怖主义的传播与防范》,载《江苏警官学院学报》2018 年第 3 期。

〔4〕 李涛:《网络恐怖主义的传播机制及应对策略研究》,载《学海》2019 年第 2 期。

范,并没有明确告诉相关责任主体其应该做什么。如《反恐怖主义法》第19 条[1]的规定,虽然要求网络服务提供者落实网络安全、信息内容监督制度和安全技术防范措施,但是现行法律中对于网络安全、信息内容监督有哪些具体实施细则以及哪些措施属于安全技术防范措施,却语焉不详。更为棘手的是,目前涉网络恐怖主义信息的监管部门涉及公安部门、网信办等不同职能部门,这就导致易对网络恐怖主义的监管形成监管真空。

对于互联网的信息传播,国家互联网信息办公室于 2017 年、2021 年先后出台了《互联网群组信息服务管理规定》《互联网论坛社区服务管理规定》《互联网用户公众账号信息服务管理规定》。然而这些规定不仅存在法律位阶低,而且缺乏可操作性,所以这些规定对规制网络恐怖主义信息传播而言依然是不够的。综合来看,无论是《反恐怖主义法》《国家安全法》还是国家互联网信息办公室出台的规定,对于网络服务提供者阻断网络恐怖主义传播的法律规定,实则更像是一种宣示性规定,缺乏具体操作规范。现行反网络恐怖主义传播相关法律法规的粗疏,导致阻断网络恐怖主义很困难。

五、网络恐怖主义的防控对策

网络恐怖主义可以分为产生、传播和影响几个阶段,那么网络恐怖主义的管控则不妨从网络恐怖主义产生、传播和影响这几个阶段出发。法律乃治国之重器,良法乃善治之前提。在众多的网络恐怖主义治理工具中,首先,可以利用法律这个治国重器,通过制定完备的反网络恐怖主义的法律法规体系,威慑相关责任主体,降低网络恐怖主义的发生数量;其次,侦查机关可以通过提高网络恐怖主义犯罪侦查工作主动性,积极运用先进的大数据、人工智能等手段打击涉网络恐怖主义犯罪行为,并

---

[1] 《反恐怖主义法》第 19 条中规定,"电信业务经营者、互联网服务提供者应当依照法律、行政法规规定,落实网络安全、信息内容监督制度和安全技术防范措施"。

做好网络恐怖主义犯罪侦查工作中的舆论引导；再次，可以通过国际合作打击网络恐怖主义；最后，可以技术与宣传两手抓，过滤恐怖主义言论，阻断网络恐怖主义信息的传播。

（一）网络恐怖主义防控的总体思路

打击网络恐怖主义是一个系统工程，需要在相关法律原则、法律政策的指引下展开。现阶段我国打击网络恐怖主义需要遵循一定的思路，这不仅需要坚持包括"打防并举，重在治本"、专门工作与群众路线相结合、法治反恐在内的三大反恐原则，还需要坚持严而不厉的刑事政策。

1. 坚持打防并举，重在治本的原则

打击和防范并举，治标和治本并行，重在治本，是我国犯罪预防的一项重要原则。这项原则着重解决了打击与防范、治标与治本之间的关系。根据这一原则，从手段上讲，打击（治标）与防范（治本）是犯罪预防不可偏废的两个方面。这一原则同样适用于打击网络恐怖主义犯罪。

网络恐怖主义犯罪会造成极其严重的后果，对其必须进行严厉的制裁已经成为学界和理论界的共识，但制裁仅仅靠严打显然是无法预防和根治网络恐怖主义的。如果仅靠严厉的惩治手段，而忽略了教育、预警机制等综合性预防作用，必然会影响犯罪防控的效果，甚至会造成不利后果。

鉴于此，在法律制度层面：首先，刑法中预防性反恐立法还存在不足。网络恐怖主义犯罪的危害大，提前预防相比于事后打击所获得的效益更高。因此，要主动转变立法模式，多采用预防性的反恐立法模式。其次，综合性反恐法治覆盖面不全。要更加注重对网络恐怖主义犯罪的综合治理，包括对犯罪全过程以及各环节的预防。最后，要及时建立反恐情报预警机制。近年来，依据大量实践经验可以得出以下结论——最好的刑事政策是以预防为本，最佳的反恐手段是预警，二者的目的都是将恐怖主义犯罪行为阻抑在严重危害结果发生之前。[1] 预防恐怖主义犯罪的发生,必须提前掌握恐怖主义的动向,这就要求必须建立反恐情报预警机制,有效掌握恐怖主义活动的情报资料。从国外的例子来看,英国开通了“网络恐怖资料举报平台”,通过这一平台接受网民匿名举报的恐怖主义相关信息;自“9・11”事件发生以来,美国民众每年向政府提供接近数万条涉恐信息,其中的大部分信息为预防和打击恐怖袭击活动以及恐怖分子争取了先机;俄罗斯通过物质奖励鼓励民众举报涉嫌恐怖主义犯罪线索,在车臣共和国总统卡德罗夫任内,90%的恐怖分子都是依靠民众举报抓获的。[2] 在恐怖主义犯罪实施前,通常需要经过恐怖分子的组织、策划等周密布局,其中就会涉及与外界的密切联系,如恐怖分子需从社会购买作案工具、侦查作案地点,社会民众就会接触到恐怖分子。如果能够积极动员民众提高反恐意识,通过奖励政策鼓励民众积极举报涉嫌恐怖主义犯罪的情报信息,将对预防恐怖主义犯罪的发生具有重大意义。

2. 坚持专门工作与群众路线相结合的原则

在反网络恐怖主义的问题上如果单纯依靠公安等专门机关,而没有广大人民群众的参与、支持和进行自我管理和自我防卫,是难以走深、走实的。因此,在反恐工作中要坚定专门工作与人民群众相结合的原则。这一原则至少包含三个方面的内容。

其一,吸纳多方主体参与到打击网络恐怖主义工作中。将专门工作与人民群众结合起来之要义在于获得人民群众对反网络恐怖主义工作的支持。在恐怖主义宣传的语言运用上,其至少采用阿拉伯语和英语,其所谓的官方网站上至少配有英、法、俄三种语言。[3] “伊斯兰国”恐怖主义分子使用多种语言进行宣传,扩大了传播范围与社会影响力。可见

---

〔1〕 刘春花、王燕玲:《网络时代恐怖活动犯罪的量刑政策与民意引导》,载赵秉志、张军、朗胜主编:《现代刑法学的使命》,中国人民公安大学出版社 2014 年版,第 493 页。

〔2〕 张建华等:《看别国如何开展“全民反恐”》,载《共产党员(河北)》2014 年第 18 期。

〔3〕 李梦琦:《网络恐怖主义言论治理的现状、阻碍与完善》,载《公安学研究》2021 年第 1 期。

反网络恐怖主义工作要做到"对症下药"还需要相关语言方面的专家的帮助。从这个角度也可以有力地说明反网络恐怖主义工作需要多方面的人才,专门机关应当与多方面、多领域的人才建立良好的合作关系,共同应对网络恐怖主义。在网络恐怖主义管控技术层面,我们认为可以形成以反恐怖主义专门机关为主体,网络技术公司、科研机构等主体多方参与的反网络恐怖主义队伍,进而形成"多主体参与、多层面协同"的治理体系。[1] 从实践来看,2016 年,腾讯公司和公安部实施了"守护者计划",从内外两个维度科学、合理地提升了对网络恐怖主义的打击力度。同时,应设立"反恐基金",以鼓励网络反恐有奖举报。[2]

其二,政府及相关部门应进一步加大宣传力度,使反恐怖主义观念深入人心,提升社会公众尤其是 10 亿左右网民网络反恐的基本常识。专门机关可以利用自媒体、微信公众号等人民群众喜闻乐见、广为接受的手段,综合运用图片、文字、视频等多种形式,就网络恐怖主义犯罪概念、危害等进行深度宣传,进一步增强全民对网络恐怖主义活动的预警意识,提高全社会对网络恐怖主义活动预警能力。

其三,文化教育等部门要将反网络恐怖主义教育纳入日常的基础教育之中,通过开展相应的课程与讲座,切实提升全社会网络反恐预警意识。恐怖活动是一种违反人类文明的现象,但这种现象本身也需要用文化来解读。[3] 不同的国家、不同的民族和地区具有多样的文明,不同文明之间的冲突是网络恐怖主义产生的原因之一,网络恐怖主义反过来又阻碍着人类文明的正常发展。常晓东认为恐怖主义归属于思想文化范畴,传统的暴力打击只能治标,不能从根源铲除恐怖主义,因此,反恐斗争不能脱离区域特殊的文化背景。[4] 文化宣传不仅可以铲除网络恐怖

---

〔1〕 江溯:《论网络犯罪治理的公私合作模式》,载《政治与法律》2020 年第 8 期。

〔2〕 舒洪水、王刚:《对我国网络恐怖主义犯罪的探讨》,载《山东警察学院学报》2016 年第 1 期。

〔3〕 冯卫国:《论文化反恐与去极端化》,载《法治研究》2016 年第 1 期。

〔4〕 常晓东:《关于边境地区文化反恐的思考》,载《中国公共安全(学术版)》2013 年第 3 期。

主义滋生的土壤,而且较之于传统的暴力管控手段更具有长效性。

3. 坚持依法治理原则

自从恐怖主义产生后,涉恐怖主义犯罪一直都是国际社会打击的重点,尤其是美国“9·11”事件发生后,世界各国普遍加强了反恐的力度。就如何打击恐怖主义,一些国家采取所谓的“战争反恐”模式,但从实效来看,这种模式可能不能尽如人意,甚至是出现了越反越恐的局面。当前虽然以战争方式反恐具有一定的不得已性,但对法治社会来说并非吉祥之兆。[1] 随着世界各国法治进程的逐步推进,反网络恐怖主义斗争已经成为一种法律行动。如果没有法律,反网络恐怖主义斗争就会失去根据。在全面推进依法治国的大背景下,反恐斗争必须在法治既定的框架内有序推进,在反恐工作中要善于运用法治思维和法治方式。《反恐怖主义法》第6条第1款规定:“反恐怖主义工作应当依法进行,尊重和保障人权,维护公民和组织的合法权益。”由此可见,法治化反恐已经上升为立法原则。[2]

2018年修正的《刑事诉讼法》第54条第1款[3]与第137条[4]规定了侦查机关的取证权与相关单位、个人的配合义务。2015年出台的《反恐怖主义法》第18条[5]规定了电信业务经营者和互联网服务提供者的技术支持以及技术协助义务。2016年“两高一部”出台的《关于办理刑事案件收集提取和审查判断电子数据若干问题的规定》第3条[6]对有

---

[1] 何荣功:《“预防性”反恐刑事立法思考》,载《中国法学》2016年第3期。

[2] 冯卫国:《总体国家安全观与反恐对策思考》,载《理论探索》2017年第5期。

[3] 《刑事诉讼法》(2018年修正)第54条第1款规定,人民法院、人民检察院和公安机关有权向有关单位和个人收集、调取证据。有关单位和个人应当如实提供证据。

[4] 《刑事诉讼法》(2018年修正)第137条第1款规定,任何单位和个人,有义务按照人民检察院和公安机关的要求,交出可以证明犯罪嫌疑人有罪或者无罪的物证、书证、视听资料等证据。

[5] 《反恐怖主义法》第18条规定,电信业务经营者、互联网服务提供者应当为公安机关、国家安全机关依法进行防范、调查恐怖活动提供技术接口和解密等技术支持和协助。

[6] 《关于办理刑事案件收集提取和审查判断电子数据若干问题的规定》第3条规定,人民法院、人民检察院和公安机关有权依法向有关单位和个人收集、调取电子数据。有关单位和个人应如实提供。

关单位和个人对相关电子数据的提供义务作出了明确规定。2016 年出台的《网络安全法》第 21 条[1]规定了网络运营者有数据留存、数据分类和重要数据备份的义务；结合第 28 条[2]，现行的法律法规至少规定了网络服务提供者信息收集、信息披露、技术支持与协助的三方面的法律义务。实务中，网络运营者可以依据这些法律规定为反恐机关提供数据备份、数据镜像复制、技术接口等有力的支持。《国家安全法》第 53 条[3]为反网络恐怖主义工作机构利用先进的技术手段武装自身、维护国家安全提供了法律依据。

我们要在总体国家安全观指导下，通过法律制度的不断完善促进反网络恐怖主义斗争行稳致远，并取得长效化的成果。我们认为立法工作要积极回应网络恐怖主义发展态势的现实需求，加快反网络恐怖主义相关法律法规立改废释的频率，充分激活法律的工具价值与治理功能，充分彰显对网络恐怖主义积极预防的意图。我国反恐怖主义立法要遵循犯罪控制与科学治理的理念，实现反网络恐怖主义立法的科学化。

4. 坚持“严而不厉”的网络恐怖主义治理刑事政策

恐怖活动犯罪是严重危害国家安全、公共安全的刑事犯罪，打击恐怖主义犯罪在贯彻执行宽严相济的刑事政策的同时也应当与普通的刑事犯罪有所区别。作为反恐的重要一环，打击网络恐怖主义的过程也同样适用反恐的刑事政策。

恐怖主义是全人类的公敌，恐怖活动已成为影响世界各国稳定的安

---

[1] 《网络安全法》第 21 条规定，国家实行网络安全等级保护制度。网络运营者应当按照网络安全等级保护制度的要求，履行下列安全保护义务，保障网络免受干扰、破坏或者未经授权的访问，防止网络数据泄露或者被窃取、篡改：(1)制定内部安全管理制度和操作规程，确定网络安全负责人，落实网络安全保护责任；(2)采取防范计算机病毒和网络攻击、网络侵入等危害网络安全行为的技术措施；(3)采取监测、记录网络运行状态、网络安全事件的技术措施，并按照规定留存相关的网络日志不少于 6 个月；(4)采取数据分类、重要数据备份和加密等措施；(5)法律、行政法规规定的其他义务。

[2] 《网络安全法》第 28 条规定，网络运营者应当为公安机关、国家安全机关依法维护国家安全和侦查犯罪的活动提供技术支持和协助。

[3] 《国家安全法》第 53 条规定，开展情报信息工作，应当充分运用现代科学技术手段，加强对情报信息的鉴别、筛选、综合和研判分析。

全隐患。对网络恐怖主义行为如果按照普通的网络犯罪处置,难免会抹杀网络恐怖主义犯罪与普通的网络犯罪之间的界限,无法使社会公众对网络恐怖主义有更为深刻的理解。笼罩在国家和人民上空的恐怖主义乌云还在不断蔓延,网络恐怖主义犯罪日益猖獗,采用以严密防范和严厉惩治为主要内容的刑事政策是应对网络恐怖主义的必然要求。

打击网络恐怖主义犯罪既能够发挥较大的威慑效果,挤压恐怖主义分子的生存空间,遏制网络恐怖主义的蔓延;也可以使人民群众对网络恐怖主义犯罪的不满与义愤得以宣泄;还可以克服人民群众对网络恐怖犯罪的恐惧心理。然而,处罚有限性与犯罪无限性之间的矛盾使得这种严厉打击的方式对国家有限的司法资源存在较大消耗,遏制网络恐怖主义的效益呈现“边际递减”。[1] 因此即使是出于应对恐怖主义犯罪的目的而实施全面从严的刑事政策,也理应符合宽严相济的刑事政策,综合性的惩治措施才是治理恐怖主义犯罪刑事政策的治本之道。[2] 面对猖獗的网络恐怖主义犯罪,我国刑事立法存在扩大犯罪圈的趋势,这虽然是迫于态势严峻的网络反恐,但是从目前来看,仍急需在总体国家安全观的指导下,贯彻均衡的网络恐怖主义犯罪治理之策,调和“规制不能”与“反应过度”之间的矛盾。

笔者认为,我们国家要把“严而不厉”作为惩治恐怖主义犯罪刑事立法政策的具体模式。[3] 只有通过这一模式,打击网络恐怖主义犯罪才能够达到预防与惩罚并重的目的。其一,“严”。我国对于刑事犯罪有“宽严相济”的刑事政策,这对于我国刑事司法工作具有重要的指导作用,也可以贯彻到网络恐怖主义犯罪案件的刑事司法工作中,但是网络恐怖主义犯罪案件的特殊性决定了刑事政策适用的问题上应当突出“严”的特

---

〔1〕 刘春花:《网络时代恐怖活动犯罪的量刑政策与民意引导》,载《南昌大学学报(人文社会科学版)》2015 年第 5 期。

〔2〕 张磊:《我国恐怖主义犯罪刑事立法政策的反思与展望》,载《暨南学报(哲学社会科学版)》2018 年第 10 期。

〔3〕 张磊:《我国恐怖主义犯罪刑事立法政策的反思与展望》,载《暨南学报(哲学社会科学版)》2018 年第 10 期。

点。这在我国《刑法修正案(九)》《反恐怖主义法》等法律的颁布过程中在立法精神上已有所体现。网络恐怖主义犯罪的预防与惩治涉及庞杂的法律,仅凭《刑法》根本无法完成恐怖主义犯罪的管控工作。因此,针对网络恐怖主义的各项法律不仅要注重法条本身规定的严厉性,而且要注重不同法律法规以及不同法律条文之间的协调性和衔接性,在各项法律功能的弥合性衔接性上做好协调,充分发挥法律预防与惩罚功能。其二,“不厉”。受到世界恐怖主义形势和我国反恐工作的影响,我国反网络恐怖主义工作应当以真实的社会需求为基石,既要对一切网络恐怖主义行为严厉打击,又要贯彻人道主义精神,实施刚柔并济的刑事政策。我们认为不仅需要强调风险社会背景下的反网络恐怖主义需求,而且有必要平衡好打击网络恐怖主义与巩固法治建设成果之间的关系。那么我们有必要在打击网络恐怖主义过程中坚持“严而不厉”的刑事政策,保持刑事政策的稳健性。客观而论,惩罚并非法律的最终目的,保护无辜、救赎罪犯才是法律的至上追求。所以反恐怖主义的刑事政策要在“严”的基础上做到“不厉”,需要国家立法机关从合理设置刑罚梯度、幅度,增设资格刑和违法阻却性事由等角度下功夫,发挥刑法人性化的功能作用。

(二)落实网络恐怖主义的综合防治

网络恐怖主义犯罪的综合治理作用是潜移默化的,是一项带有长期性和根本性的工作,也是整个社会的共同责任,动员全社会力量是对网络恐怖主义综合治理的基本内容和要求。因此,无论是作为社会组织管理者的国家(包括作为执政党的中国共产党),还是作为社会组成部分的社会团体、组织以及公民个人,都应当是预防网络恐怖主义犯罪的行动主体。国家、团体组织、公民个人共同构成了综合治理的力量体系,在网络恐怖主义犯罪综合治理活动中各处于不同的地位和担负着不同的责任。

1. 多元联动的专项治理防控

首先,要进一步提升广大民众特别是广大网民反网络恐怖主义的预警意识。一方面,在思想引领方面,要加大宣传教育力度,指出网络恐怖主义、恐怖音视频的危害,提升社会公众特别是广大网民网络反恐的基本常识,帮助人们形成自觉抵制网络恐怖主义的意识。利用新媒体等手段,通过图片、文字、视频等多种形式,就网络恐怖主义犯罪的危害和反网络恐怖主义的重要性等进行深度宣传,进一步增强全民反恐的预警意识,提高全社会的反网络恐怖主义预警能力。另一方面,文化教育部门要将反恐及反网络恐怖主义纳入日常的基础教育之中,从而切实提升全社会的网络反恐预警意识。在坚持日常官方宣传、媒体宣传和文化教育的同时,还要通过反网络恐怖主义宣传进企业、进社区和进家庭,实现反网络恐怖主义宣传的全覆盖。

其次,需要加强对民生性、基础性网络工程的技术防护工作,严防网络黑客的袭击。网络恐怖主义发生于网络社会中,其发生建立在数据流通的基础上,因此,政府要加大对大数据平台和人工智能技术的投入力度,统合各行业、各平台、各地区的信息资源,实现资源的互联互通,及时发现网络恐怖主义袭击者的极端思想传播、袭击谋划和实施准备等行为,力求做到"先发制人"。

最后,要加强对涉嫌恐怖主义人员的职业技能培训教育。通过对涉嫌恐怖主义人员的职业技能培训和宣传教育,引导此类危险分子改正危险行为,认识到参与恐怖主义行为的危险性、违法性和危害性,帮助他们摆脱网络恐怖主义的控制,防止他们步入犯罪的深渊。总之,在总体国家安全观指导下,要加强文化宣传教育和宗教文化建设,加强对涉嫌恐怖主义人员的职业技能培训,发挥文化的教育引导作用。

政法机关在网络恐怖主义犯罪综合治理中承担的主要任务是打击、威慑和改造犯罪。具体而言,应开展如下专项行动。

第一,开展打击网上传播暴恐音、视频的专项行动。一方面,加大对境外网站信息的封堵力度,封住网络恐怖主义境外来源渠道。搜集和掌握境外恐怖音、视频发布传播平台和账号,及时发现发布恐怖音、视频的动向,判明上传渠道,在固定证据的同时,第一时间予以封堵。对境外发布传播恐怖音、视频的平台、链接地址及张贴、传播恐怖音视频的网站，一经发现立即封堵。坚决打击暴恐音视频制作、发布、传播源头，开展清理网上暴恐音、视频专项行动，全面清理境内主要商业网站、微博、移动即时通信工具等网络应用软件中的涉暴恐信息，严厉打击和封堵网上宗教极端主义思想与暴恐音、视频等内容的传播，整治打击暴恐音、视频网下传播渠道，依法查处违法犯罪分子，坚决切断利用网络煽动策划暴力恐怖活动的渠道和通道。另一方面，打击暴恐音视频的制作与传播人员，深挖细查境内暴恐信息传播源头，明确刑事打击重点，严厉打击网络恐怖主义犯罪活动。重点打击参与制作发布、从境外网站下载并在境内网站上传播、提供网址煽动观看下载、下载后利用移动存储介质进行传播、组织聚众观看暴恐音视频、受恐怖音视频煽动刺激实行暴恐等犯罪活动〔1〕。

第二，防止涉恐信息在网上传播。防止和禁止恐怖主义内容在网络空间的传播不仅需要利用数字机制和工具，也涉及网络空间相关立法的完善，比如网络运营商及有关的社交媒体平台商在反恐防控中的法律义务和责任等，都需要基于实践不断完善，主要做法如下。其一，封锁网络渠道，禁止访问。封锁恐怖组织的互联网和社交媒体，从而使外界无法访问和获取与网络恐怖主义相关的信息，是防止网络恐怖主义达到其宣传、教唆、鼓动等目的的重要方式之一。这包括封锁个别网站和社交媒体页面，或者封锁整个社交媒体平台等不同程度的措施。现实案例中，如在 2019 年斯里兰卡复活节连环爆炸案后，斯里兰卡政府暂时封锁了对包括 Facebook、Instagram、WhatsApp、YouTube 等在内的访问权限。屏蔽网站、社交媒体页面和整个社交媒体平台的做法对一国来说一般都不会存在技术上的难题，但会对通过网络进行正常交流带来影响。因此，从实践角度看，网络封锁的策略对于短时的危机处理比较有效，但若是

---

〔1〕 王秀梅、魏星星：《打击网络恐怖主义犯罪的法律应对》，载赵秉志主编：《刑法论丛》（第 3 卷），法律出版社 2018 年版，第 24—55 页。

长期屏蔽则一方面会引发网络言论自由等权利方面的问题,另一方面鉴于恐怖组织也必然会寻求替代的网络通信方式,因此这种做法也就失去了反恐的意义。其二,过滤或清除涉恐怖主义内容。相较于封锁网站或社交媒体平台,采取这种方法的实质是对网络上涉恐怖主义的内容进行相对精准的处理,从而可以平衡反恐和保障网络言论自由的权利。在具体操作上,过滤或清除涉恐怖主义内容既可以是执法机关依据相关法律作出的法律行为,也可以是相关技术公司等基于行业采取的自我监管措施。比如我国《反恐怖主义法》第 19 条规定,电信业务经营者、互联网服务提供者应当依照法律、行政法规规定,落实网络安全、信息内容监督制度和安全技术防范措施,防止含有恐怖主义、极端主义内容的信息传播;发现含有恐怖主义、极端主义内容的信息的,应当立即停止传输,保存相关记录,删除相关信息,并向公安机关或者有关部门报告。网信、电信、公安、国家安全等主管部门对含有恐怖主义、极端主义内容的信息,应当按照职责分工,及时责令有关单位停止传输、删除相关信息,或者关闭相关网站、关停相关服务。有关单位应当立即执行,并保存相关记录,协助进行调查。对互联网上跨境传输的含有恐怖主义、极端主义内容的信息,电信主管部门应当采取技术措施,阻断其传播。这几乎是国际社会较为通行的做法。例如,欧洲刑警组织专门设立因特网查询小组的任务之一就是支持欧盟各成员国在网上标记涉恐怖主义内容,并进行依法处置。[1] 其三,强化网络服务提供者的技术优势。网络服务提供者,即社交媒体或平台的服务商有反恐的法律义务,同时也具备实施过滤和清除的技术优势。技术公司往往会在其服务政策中明确特定的使用条款,要求用户遵守反恐等方面的特定的行为规则。一旦网络传播中出现恐怖主义内容,网络服务提供商就会对特定内容进行标记,进而由专家团队进行审查。比如美国的 YouTube 还实施了一个“可信标记者”项目。该

---

〔1〕 https://www.europol.europa.eu/about-europol/eu-internet-referal-unit-eu-iru? page = 0,1.

项目由组织了全球范围内的相关个人、政府机构和非政府组织积极监控在 YouTube 上的内容，对违反 YouTube 有关反恐条款的内容进行标记。其四，发挥人工智能等技术的作用。正如人工智能技术可以被恐怖组织用于网络恐怖活动一样，我们也可以利用人工智能技术进行反恐，帮助社交媒体平台删除涉恐怖主义的内容，以弥补人力在处理数据信息时的不足。例如，我们可以利用图像匹配技术对网络空间中收集的涉恐怖主义图像进行分类，依托人工智能自主学习和深度学习能力，持续地组织匹配特征相同的新图像或视频上传。同时，对于已经存在于网络上的匹配了特征的图像或视频，系统就可以提供警告，以辅助人力处理。

针对恐怖组织的网站、社交媒体、社交软件平台等，我们利用网络渗透和破坏技术（黑客）进行干扰、破坏、取证等也应当是允许的，这实际上仍然在反恐的正当法律框架内。

第三，利用网络空间进行反叙事的言论澄清与反击。传播、宣扬、煽动、蛊惑型的网络恐怖主义本身不具有破坏性，但其内含的极端主义、恐怖主义意识形态就反恐而言，具有深层次意义。实践中，一些网络言行的性质又具有一定的模糊性，既具有迷惑、煽动、宣扬等的潜在作用，又达不到明确的法律定性的标准。对此，基于防控和应对网络恐怖主义的目的，在网络空间中进行反叙事的澄清或回击，既有必要，也是有效的应对选项之一。

在具体策略上，网络空间的反叙事策略应始终考虑到特定背景和网络恐怖主义的目标受众。反叙事要基于某一些已经在网络上出现的涉嫌恐怖主义的言论，进行巧妙的澄清和反驳，以此抵消恐怖主义宣传的吸引力。因此，在反叙事中，要选择恰当的网络角色和身份，通过网络言论使特定网络社群中的人们接受适当的知识，提高辨识能力，明白认知途径。

确定目标受众后，反叙事信息的传达者要能最有效地影响受众。公众人物或明星的网络言论具有比一般网民更大的影响力，因此，从反恐实效的角度看，可以有策略的发挥为特定群体所广泛认可的公众人物在网络反叙事中的作用。这在一些国家的反恐中有过很好的实践。比如在巴基斯坦,有一位流行歌星名叫哈龙,他创作了一部名为《布卡复仇者》的卡通系列,以一名女子学校的教师为原型,用书籍、笔和武术与邪恶作斗争。哈龙的名人地位吸引了观众和网民,他用作品《布卡复仇者》传递和恐怖主义、极端主义完全相反的价值观,批判狭隘的宗教和民族、种族观念,引导民众抛弃仇恨等。虽然这些信息不一定能直接打击恐怖主义,但这种与宣传恐怖主义、极端主义截然相反的叙事和价值宣扬,对防控网络恐怖主义有深层次的效果。

第四,全面加强情报信息的搜集甄别能力。首先,要强化情报信息引领,公安、安全、军事机关在其职责范围内,应加强反恐怖主义情报信息搜集工作,对搜集的有关线索、人员、行动类情报信息,因工作需要,根据国家有关规定,经过严格的批准手续,可以采取技术侦查措施。其次,要加强对境外即时通信工具的侦控、对暴恐案件涉案电子设备的勘验、对抓获的暴恐极端分子的审查,及时发现获取恐怖音视频情报信息线索,重视对境外涉暴恐网站与应用的技术渗透,及时发现访问、下载恐怖音视频的境内人员等情报信息线索。再次,可从网吧、二手手机市场、宗教等重点场所阵地以及涉恐关注群体人员中,发现获取网络恐怖主义音视频情报信息线索。科学针对境外即时通信工具的技术封控,组织技术力量开展情报信息线索的侦控攻关,及时发现并有效切断境外恐怖音、视频向境内传播渗透的渠道。最后,网络恐怖音视频的传播具有顽固性和再生性,情报信息搜集应主要关注五类平台:(1)各种境内网盘、文档分享、视频分享、音乐下载、语音聊天室、即时通信工具、手机音视频App应用工具、音视频发布网站;(2)微信、QQ等各种即时通信工具及其群组;(3)各种语音聊天平台、搜索引擎和电子邮箱;(4)各种手机音视频工具、手机App软件和下载链接;(5)境内网站、微博、论坛、贴吧等。

2. 有助于网络恐怖主义防控的法律完善

在打击网络恐怖主义体系中,法律无疑起着核心作用。当下网络恐怖主义治理法律体系应该予以相应的完善。为此,首先应该在统一相关法律概念的基础上，通过完善罪名与处罚体系、出台工作细则严密反网络恐怖主义刑事法网。对于恐怖主义组织和恐怖主义人员的身份认定，可以通过行政认定或者司法认定予以确定，从而便于追究其相应的法律责任。网络恐怖主义的传播与相关主体监管不力不无关系，因而需要明晰相关监管主体的职责与任务范围来强化网络恐怖主义的监管。网络恐怖主义犯罪是跨国犯罪，我国对其进行法律治理需要坚持国际视野，完善司法管辖原则，与相关国家通过国际条约、外交等途径优化司法协助，增强打击网络恐怖主义的力度。具体如下。

第一，加强中央与地方的立法配套衔接。地方反恐行政立法是反恐怖法律体系的重要组成部分，有着国家立法不能替代的功能。[1] 因此，在总体国家安全观指导下，需要不断健全地方法规与国家法律之间的协调配合，完善相应法律法规，促进网络恐怖主义反恐的高效实施。仅有国家层面的立法不足以应对网络恐怖主义，需要中央立法与地方立法有机衔接，形成打击、惩治、管控网络恐怖主义的严密法网。在处理中央行政法规与地方行政法规的关系时，在《反恐怖主义法》已经对相关概念进行界定后，地方立法应注意将维护法律体系的内在一致性与立足本地实际制定反网络恐怖主义工作细则相结合。以新疆维吾尔自治区人大的立法为例，其一，无论是《新疆维吾尔自治区实施〈中华人民共和国反恐怖主义法〉办法》，还是《新疆维吾尔自治区去极端化条例》，在对网络恐怖主义基本概念的界定上均不能超越《反恐怖主义法》；其二，新疆维吾尔自治区可立足于地方实际找准着力点制定具体详细的实施细则，织密反网络恐怖主义法网。

第二，促进行政认定、司法认定的相互衔接。笔者认为，在恐怖主义组织和恐怖主义人员的认定问题上，对于经国家反恐怖主义工作领导机构认定的恐怖组织和人员不能直接作为司法认定的依据，而经过司法认

---

[1] 万红：《论我国反恐怖主义法律体系构建与完善》，载《中国人民公安大学学报（社会科学版）》2019 年第 4 期。

定的恐怖组织和人员不需要重复进行行政认定。

第三,贯彻有利于网络恐怖主义防治的预防性刑事立法。就法治反恐工作而言,务必要完善法律体系,提高反网络恐怖主义法律体系的规范性。从完善刑事法网体系的角度出发,使网络恐怖主义犯罪的定罪和量刑更加科学化,可以发挥刑事法一般预防和特殊预防的功能。

网络恐怖主义作为恐怖主义的一种特殊类型,已经严重威胁到我国国家安全和社会稳定,《刑法修正案(九)》对此作出了积极回应,增设多种恐怖主义、极端主义犯罪的罪名,引起学界对预防性刑法的高度关注,但也有不少学者对预防性刑法提出种种质疑或批评意见。实际上,《刑法修正案(九)》的相关规定并非我国首次通过预防性刑法来规制恐怖主义犯罪,早在 1997 年《刑法》中已经有组织、领导、参加恐怖活动组织犯罪等预防性刑法的相关规定,不过,当时学界对此并未足够重视。在 20 世纪中期,预防性刑法陆续在欧美国家的刑事立法中出现。就如在中国受到质疑和批评一样,预防性刑法在欧美国家也饱受争议,其是否具有合理性以及限度如何,成为理论界争议的焦点。

第一,应明确行政法与刑法的边界。由行政法约束的违法行为达到何种社会危害程度才由刑法规制以及对这种社会危害程度如何定性、定量,是区分行政法与刑法边界的重要切入点。[1] 网络恐怖主义行为之预防性刑事立法在应对罪与非罪的区分时,需要明晰刑法的边界。网络恐怖主义行为的刑法边界主要是为了填补行政法规的空白,需要精准限定网络恐怖主义行为罪与非罪的节点,科学厘定网络恐怖主义行为的刑法边界。

在认定恐怖主义行为是否"情节轻微""情节严重"时,需要从其恐怖主义行为载体数量、恐怖指数以及宣扬的手段、方式、时间、地点、对象等方面来评价其社会危害程度。对于涉及多种因素组合的场合,相应因素量的要求应低于单独因素的量的要求。而在适用具体法律时,应当遵

---

〔1〕 梅传强、李洁:《我国反恐刑法立法的"预防性"面向检视》,载《法学》2018 年第 1 期。

循谦抑性原则，何种情况应适用行政法，何种情况应适用刑法都应严格按照法律规定来进行。在适用法律法规的过程中以行政法的规范有效性来决断众法管控的冲突选择，由于刑法作为社会的最后一道防线，只有在其他法律制度不能有效运行时才得以适用。对于情节极其轻微的网络恐怖主义先行行为尚未发展至侵害全民安全内容之人权的程度，予以行政法管控则是更为合理的规制措施。而限定入刑的情况则需要情节的具体内容进一步明确，避免对情节认定进行主观恣意判断。对此，可以出台统一的司法解释，对于认定情节的内容进行具体解释，同时应考虑具体行为、情节的社会危害程度。

第二，应完善网络恐怖主义犯罪的体系和条款。就网络恐怖主义犯罪而言，其具有明显的政治属性，侵犯的大多是国家安全，而并非传统观点所认为的侵犯的是公共安全、经济秩序。实施网络恐怖主义犯罪要达到的是政治、意识形态上的目的，而非单纯地破坏公共安全、妨害经济管理秩序，网络恐怖主义犯罪具有强烈的政治属性。同时，针对现今没有法律对网络恐怖主义犯罪进行概念界定的情形，应当增设相应的规范网络恐怖主义犯罪的条款。

首先，将纯正的恐怖主义犯罪条款纳入危害国家安全犯罪一章中，明晰恐怖主义犯罪的本质属性，明晰恐怖主义犯罪与其他普通刑事案件的界限。虽然恐怖主义犯罪过程中也会有暴力型犯罪手段，与单纯的刑事案件表面看似乎无差别，实际上恐怖主义犯罪的本质在于要达到政治性目的，不同种类的恐怖主义犯罪手段最终目的都是为了达到他们的政治目的，恐怖主义犯罪侵犯的真正法益、客体是我国的国家安全，因此，应当将纯正的恐怖主义犯罪条款纳入到危害国家安全犯罪一章中。

其次，增设实施网络恐怖活动罪，配置适当的法定刑。从《刑法》立法变迁来看，立法者对于涉恐怖主义犯罪持“零容忍”的态度，立法者积极评估未来可能出现的法益危险或者实害，轻罪行为入刑标准降低。[1]

---

〔1〕 周光权：《积极刑法立法观在中国的确立》，载《法学研究》2016 年第 4 期。

立法者在不断严密刑事法网,将帮助行为、预备行为正犯化,这种将非实行行为纳入犯罪圈,彰显了总体国家安全观下的"安全立法"理念。但是对于网络恐怖主义实行行为尚未有法律条文明确规定"实施网络恐怖主义罪",这就使得反恐刑罚罪名体系的协调性大打折扣[1],不利于对网络恐怖主义全面、准确地评价。通过增设实施网络恐怖活动罪,可以包容"独狼"式等个体型恐怖主义犯罪、非暴力性网络恐怖主义犯罪。尽管传统观点认为,网络恐怖主义犯罪只是恐怖主义犯罪的特殊类型,但是网络恐怖主义犯罪发展迅速,仅用现有法条难以有效规制网络恐怖主义犯罪。增设实施网络恐怖活动罪可以弥补法律漏洞,能够对网络恐怖活动犯罪进行刑法定性上的谴责,也能在刑罚评定上实现罪刑相适应的评价,可以对网络恐怖主义犯罪进行有效规制,使得网络恐怖主义犯罪的一些先行行为受到规制,从而实现对网络恐怖主义的客观全面评价,增强反网络恐怖主义刑罚体系的协调性。

最后,增设走私、贩卖、运输宣扬恐怖主义、极端主义物品罪,配置适当的法定刑。网络恐怖主义的传播离不开各种形式的音、视频宣传资料,为了阻断涉恐资料的传播,笔者认为可以在《反恐怖主义法》第 19 条第 2 款中补充规定:"境内网络用户禁止访问境外宣扬恐怖主义、极端主义的网站,禁止制作、传播、使用避绕、破坏电信、互联网主管部门阻断境外恐怖主义、极端主义内容信息的技术措施和工具或者提供技术帮助"。也应该注意到一些不法分子通过移动硬盘、U 盘等形式将恐怖主义宣传资料走私入境。鉴于此,从严密反网络恐怖主义刑事法律体系的角度出发,我们建议在《刑法》第 151 条增设"走私、贩卖、运输宣扬恐怖主义、极端主义物品罪",从法律上切断恐怖主义音、视频宣传资料的传播途径。

第三,应重视罪名主观判断。预防性刑事立法的目的是通过对先行行为的规制来控制后续网络恐怖活动犯罪的发生,应以规制的有效性为

---

〔1〕 赵秉志、张拓:《晚近 20 年中国反恐刑法修法问题研究》,载《华南师范大学学报(社会科学版)》2018 年第 1 期。

前提。而在主观要素的认定上，首先应以具有明知为前提，其次应仔细认定其犯罪目的。

第一，慎重判断是否具有犯罪故意。在适用预防性刑法时应考虑犯罪者是否存在主观上的明知，这影响罪与非罪的判断。判断明知的认知因素时，应当着重关注相关组织、人员、物品、信息内容等的认定。判断意志因素时，最为关键是认定其究竟是属于希望还是放任，区分行为人是积极追求危害结果的发生还是放任或不排斥危害结果的发生，抑或是持反对的态度，如果是反对危害结果的发生，则不存在故意，不构成恐怖活动犯罪。

第二，慎重判断犯罪目的。根据《反恐怖主义法》的规定，恐怖活动的行为人主观上需要具有实现其政治、意识形态的目的。《刑法》中对于恐怖活动犯罪的主观目的没有作具体详细的规定，除准备实施恐怖活动罪之外，其他罪名均没有规定。两个法律之间对于恐怖活动的主观目的并没有统一的认定标准。因此，在实际认定过程中应当谨慎认定，不能依《反恐怖主义法》中的规定全部采取一样的认定标准，应当根据行为模式区别对待。例如，对典型的预备行为中特定工具的准备行为模式与恐怖活动培训、取得联系行为模式所要求的犯罪目的程度、内容等指向，应区别对待。

第四，合理调整刑罚配置。据前所述，针对刑罚设置不均衡、附加刑规定不完善的情况，需要通过预防性刑法加以解决。通过合理的刑罚配置来实现罪责刑相一致的基本原则，合理配置刑罚的手段有如下两种。

一是，针对上述的刑罚配置不均衡情形，应按照递减原则，将恐怖主义犯罪的预备行为、帮助行为的刑罚设置得比具体实施恐怖主义犯罪刑罚更低。《刑法》第 120 条之六，是第 120 条之三的预备，由此应在第 120 条之三的刑罚配置上递减。预防性刑法目的是防患于未然，对恐怖犯罪所侵犯的重大超个人法益进行超前保护，既要考虑其刑法介入的节点，也要考虑预防性反恐的体系均衡，避免刑罚轻重失当。

二是，适当扩大附加刑适用范围。在应对网络恐怖主义犯罪盛行的社会问题时,需要适当地扩大财产附加刑的适用,加大对帮助、资助恐怖活动犯罪分子的财产剥夺力度,让他们清楚资助、帮助恐怖活动犯罪的法律后果。同时,又应当遵守罪责刑相当的原则,不过分扩大附加刑的适用范围,在合理的限度内扩大附加刑的适用。

3. 提高网络恐怖主义犯罪活动的侦查质效

侦查是打击网络恐怖主义的利器。对网络恐怖主义犯罪的侦查存在一些难点与痛点。但是侦查人员在与犯罪博弈的过程中总是可以不断积累经验,夺取刑事侦查活动主动权。网络恐怖主义侦查工作应提高质量与效率。在新的时代背景下,网络恐怖主义侦查工作中侦查人员务必发挥主动性,提高侦查防控能力。侦查机关需要完善情报体系建设,广泛收集线索。侦查机关在具体的网络恐怖主义犯罪侦查工作中,要坚持专门工作与群众路线相结合,充分调动各方力量。专门的事业呼唤专门的人才。网络恐怖主义侦查工作还需要培养专门人才,提高侦查专业化水平。侦查机关在网络恐怖主义犯罪侦查工作中需要强化社会责任,通过强化宣传消除网络恐怖主义事件的不良影响,做好侦查中的舆论引导工作。

(1)发挥主动性,提高侦查防控能力

网络恐怖主义犯罪的特殊性质使得事后追溯性打击所起到的犯罪威慑效果大打折扣,公安机关如果只是被动回应犯罪,则与人民警察预防、制止和侦查违法犯罪活动的职能不相适应。[1] 德国学者迪特儿·格林经过研究指出预防在任何时候都是公权所需要的一种手段。即使西方国家也会允许警察事前预防,而不是允许警察坐等违法行为出现;同理,也没有哪个国家能够把对不法行为的预防措施精妙地配置到以至于可放弃事后惩戒。[2]

---

[1] 《中国人民警察法》第 6 条第 1 项规定,公安机关的人民警察按照职责分工,依法履行下列职责:预防、制止和侦查违法犯罪活动。

[2] [德]迪特儿·格林:《宪法视野下的预防问题》,载刘刚编译:《风险规制:德国的理论与实践》,法律出版社 2012 年版,第 112 页。

就网络恐怖主义犯罪而言,安全防范是反恐怖主义工作的基础环节,恐怖事件一旦发生,往往会对公共安全与公民人身安全造成不可估量的危害。[1] 事后打击无益于网络恐怖主义犯罪的防控,更不利于反恐目标的实现。具体而言,其一,网络恐怖主义信息的传播具有弥散性,网络恐怖主义一旦发生,就会在网络空间迅速传播,造成社会恐慌;其二,网络恐怖主义犯罪事件社会影响重大,处理不好容易引发更为严重的社会问题和政治问题。情报信息预警与响应体系构建是反恐怖主义工作的第一要务。[2] 因而与其他案件相比,网络恐怖主义犯罪案件对于主动侦查的需求更高,借助技术手段检测和预警潜在的网络恐怖主义行为、防控网络主义犯罪案件就显得至关重要。主动侦查既能最大限度降低网络恐怖主义的社会影响,也有利于涉网络恐怖主义线索的主动发现,更有利于网络恐怖主义侦查活动中警务资源的优化配置。

当下,以大数据为代表的新技术改造了侦查权力的运作方式,新技术很大程度上改变了作为权力之结构的社会形态。侦查权在一定程度上也要被动契合于数据流转、运用的规律而运行。侦查权的范式也受到以大数据为代表的新技术手段所影响。为了保障网络恐怖主义犯罪侦查向可持续发展的科学道路前进,侦查活动必须主动回应犯罪变化,侦查机关不仅需要注重对犯罪行为的事后打击,而且应愈加注重防控工作;打防并重才是网络恐怖主义犯罪侦查的应有样态。预测未来发展趋势和变化是大数据应用的重要价值。[3] 运用大数据对于恐怖犯罪进行分析,强于通常的相关性分析,比如通过恐怖分子在网络空间留下的痕迹信息,侦查机关运用矩阵分析法、联系分析法、流程分析法等分析技术进行涉恐数据挖掘,可以为防控网络恐怖主义提供预警。侦查机关有必要搭乘大数据的时代快车,有效整合公安、军队等部门的数据库资源,运

---

〔1〕 乔晓阳主编:《中华人民共和国国家安全法释义》,法律出版社 2016 年版,第 151 页。

〔2〕 李恒:《中国反恐怖主义情报信息理论与实践研究》,中国人民公安大学出版社 2020 年版,第 234 页。

〔3〕 李恒:《中国反恐怖主义情报信息理论与实践研究》,中国人民公安大学出版社 2020 年版,第 204 页。

用大数据将网络恐怖主义事件的发展趋势、手法演变数据化,以达到预测犯罪的目的,通过主动侦查管控网络恐怖主义犯罪,最大限度地把网络恐怖主义消灭在萌芽状态。

(2)完善情报体系建设,广泛收集线索

情报的重要性不仅体现在网络恐怖主义事件的预防阶段;网络恐怖主义事件发生后,执法机构在追捕恐怖事件的实施者、组织者和恐怖组织的支持者时,情报的作用也非常重要。可以说情报获取在网络恐怖主义犯罪侦查工作中处于首要环节,又贯穿于网络恐怖主义犯罪侦查工作全过程,在整个网络恐怖主义犯罪侦查工作中处于基础性、先导性的地位。因而要加强包括开源情报与秘密情报在内的反网络恐怖主义情报体系建设。

"开源情报一定是指通过公开途径、运用合法手段对公开信息和资料的系统性搜集、处理和分析而得到的情报。"[1]在开源情报的获取与利用过程中,更多地要侧重网络空间信息的利用。恐怖分子在发动网络恐怖主义攻击之前必然会进行极端主义思想的网络搜索与学习,同伴之间的联络交流。恐怖分子在实施网络恐怖主义攻击的事前、事中与事后,必然会在网络空间中留下电子"脚印"或电子"指纹"。[2] "研究表明,目前有90%的网络恐怖活动是通过社交通讯工具完成的,因此,有效打击网络恐怖主义就必须强化对涉恐信息的监测。"[3]大数据时代,数据的质与量都发生了变化。在纵向上,技术运算深入到人类生活的点点滴滴中,在横向上,由特定测量性数据发展为全面记录型数据。[4] 恐怖分子的行为、社会关系,甚至是心理活动,都可以通过数据及其相互关系

---

[1] 杨建英、余至诚:《开源情报在中国国家安全情报中的地位和作用分析》,载《情报杂志》2019年第10期。

[2] [美]埃布尔森、莱丁、刘易斯:《数字迷城:信息爆炸改变你的生活》,李卉、王思敏、张魏译,人民邮电出版社2011年版,第20页。

[3] 赵鑫、陈卓然:《网络恐怖主义的特点、发展趋势及对策》,载《江苏警官学院学报》2020年第4期。

[4] 于志刚、李源粒:《大数据时代数据犯罪的制裁思路》,载《中国社会科学》2014年第10期。

呈现。数据贯穿侦查各个环节,让数据解释犯罪成为大数据侦查的基本特征,也是侦查的基本思维模式。[1] 一言以蔽之,数据化就是当下犯罪的现实生态。[2] 因而网络恐怖主义开源情报工作一定要注重数据的获取与利用。各地侦查机关要依托涉恐数据信息共享机制,建立并完善合成作战体系,形成涉网络恐怖主义研判预警、核查反馈、联合处理的一体化处理格局。应该认识到,网络空间中涉网络恐怖主义的数据存在大量的半结构化、非结构化数据,对于这些开源情报信息数据需要经过包括数据准备、深度挖掘、模式评估和知识表达等在内的数据挖掘,将看似混杂无序的海量涉恐资金流、信息流数据信息转化为可视化信息,形成有价值的情报。侦查人员要利用大数据的深度挖掘,以提升网络恐怖主义案件侦查工作的预见力。

《联合国宪章》和安理会决议明确规定各国可以采取一些合法手段、必要措施预防和打击各种形式的恐怖主义。[3] 网络恐怖主义侦查工作,也要注重秘密情报的获取与利用。“目前,从基于开源情报的网络空间反恐等情报工作来看,开源情报和计算机技术就好比原料和生产工具,两者的合理搭配使得反恐任务的开展更加精准高效。”[4] 开源情报在获取方式上具有便捷性的特点,并且经过处理后可以有效服务于网络恐怖主义犯罪侦查工作。而秘密情报可以扫除开源情报的盲区,并在细节上印证开源情报的真伪,使得反网络恐怖主义的情报拼图更加完整。两者有机融合,可以实现情报价值的增值,更好地为决策者服务。[5] 侦查机

---

〔1〕 钟明曦、王锡章、黄云峰:《大数据侦查的实践问题与对策研究》,载《福建警察学院学报》2018 年第 6 期。

〔2〕 何军:《大数据与侦查模式变革研究》,载《中国人民公安大学学报(社会科学版)》2015 年第 1 期。

〔3〕 李淑华:《网络安全治理:防范和打击网络恐怖主义的路径选择》,载《情报杂志》2017 年第 8 期。

〔4〕 毛欣娟、俞海洋:《当前我国开源情报应用研究现状及其完善》,载《北京警察学院学报》2021 年第 2 期。

〔5〕 俞志山、管翔誉:《从公开与秘密情报工作的辩证关系探析情报工作布局优化问题》,载《南方论刊》2019 年第 2 期。

关也应强化刑侦基础业务建设,运用网络阵地控制、技术侦查等手段提高秘密情报的获取水平。

(3)以群众为基础,充分调动各方力量

我国《反恐怖主义法》明文规定了“专门工作与群众路线相结合”的原则,《国家安全法》第11条也明确了我国公民有维护国家安全的责任与义务。我国《国家安全法》再次强调任何个人和组织都有权向有关部门举报危及网络安全的行为。维护网络安全、国家安全是整个社会,包括政府、社会组织、公民个人在内的共同责任。网络恐怖主义的信息传播、融资都会不同程度地对社会组织、公民个人的合法权利产生影响。因此社会组织、公民个人对反网络恐怖主义的参与、侦查技术的贡献都对反网络恐怖主义具有深层次的意义。过于强调国家在反网络恐怖主义中的作用,忽视社会组织和公众的力量,不利于反网络恐怖主义的常态化、长期性建设。

总体国家安全观下的网络恐怖主义犯罪侦查工作既要强化侦查机关的力量,又要重视企业等社会力量在网络恐怖主义犯罪侦查中的作用。为了有效应对网络恐怖主义,需要建立多方主体互动的反恐合作体系。不仅要发挥侦查机关的反恐侦查职能,还要调动一切社会力量参与到网络恐怖主义侦查工作中去,形成良性反恐参与机制,[1]组建总体国家安全观下的反恐力量全员参与、专群结合的网络恐怖主义犯罪侦查新格局。

总体国家安全观指导下的安全主体呈现多元化。安全主体包含国家、社会组织、企业、公民个人。“人民是历史的创造者,人民群众是我们力量源泉。”[2]除侦查机关外,公民、社会团体、企业尤其是互联网企业也是网络恐怖主义犯罪侦查中不容忽视的力量。根据第46次《中国互联网络发展状况统计报告》统计的数据,中国网民的规模越来越庞大,截

---

〔1〕 杨淼鑫:《信息化时代网络恐怖活动的立法模式及路径选择》,载《广西社会科学》2016年第12期。

〔2〕《习近平谈治国理政》,外文出版社2014年版,第5页。

至 2020 年 6 月，我国网民规模达 9.4 亿人，互联网普及率达 67%[1]，我国数量巨大的网民团体中无疑蕴含着巨大的反恐力量。网络技术精英们具有反恐的技术优势，是侦查机关在打击网络恐怖主义犯罪过程中不可忽视的力量。侦查机关有必要巩固和扩大网络反恐的群众基础。具体来说，可以广泛发动网民、网络技术精英，引导他们参与到网络反恐中去，鼓励普通网民对于发现的网络恐怖主义线索及时举报，吸纳网络技术精英参与到反恐工作中，形成全民反恐、全面反恐的强大态势。

从社会角度来讲，以百度、阿里巴巴、腾讯为代表的互联网巨头在商业运营活动中拥有巨量的数据信息。这些数据可以分为两大类：一类是用户在注册、使用网络过程中所产生的数据，如姓名、年龄、性别、民族、电话、身份证号码、地址以及发布的文字、图片、视频等；另一类是网络平台服务商主动获取的数据，如日志数据、地理位置数据、通信数据、其他元数据。[2] 这些数据涵盖了人们衣食住行的方方面面。有论者指出，网络运营商提供网络社会的生存平台，在信息时代事实上承担着"网络社会"的部分管理职能，必须承担起必要的社会责任尤其是反恐责任。[3] 网络服务提供者拥有的数据与技术优势对于网络恐怖主义犯罪侦查而言，无疑是巨大的能量。

建立网络安全防御机制、增强网络犯罪预防能力，是从源头上减少网络犯罪的根本手段。[4] 无论是国外的谷歌、微软、还是国内的阿里巴巴、腾讯、百度，很多大型的互联网公司往往会投入巨大的成本开发新的网络防御工具，包括防火墙、数字证据保全等。他们拥有显著的技术优势。依靠公权力部门单方面进行网络恐怖主义的防范与侦查，势必会要

---

〔1〕《第 46 次〈中国互联网络发展状况统计报告〉（全文）》，载中共中央网络安全和信息化委员会办公室网，http://www.cac.gov.cn/2020－09/29/c_1602939918747816.htm。

〔2〕王燃：《大数据时代个人信息保护视野下的电子取证——以网络平台为视角》，载《山东警察学院学报》2015 年第 5 期。

〔3〕于志刚、郭旨龙：《网络恐怖活动犯罪与中国法律应对——基于 100 个随机案例的分析和思考》，载《河南大学学报（社会科学版）》2015 年第 1 期。

〔4〕江溯：《论网络犯罪治理的公私合作模式》，载《政治与法律》2020 年第 8 期。

求政府机关加大对反网络恐怖主义的财政支出，从而加大国家财政预算和成本支出。从世界范围内的反恐工作来看，各国普遍注重多主体的合作。国内有研究指出，近年来，美国、英国、日本国等相继出台了“全民反恐”策略，鼓励以社区和家庭为单位组成反恐战线。[1] 因此我们国家也有必要利用好社会中反网络恐怖主义的强大力量。

(4)培育专门人才，提高侦查技术水平

在网络恐怖主义犯罪案件侦查过程中，无论是情报分析还是技术反制，都需要侦查人员多语言、多学科知识的运用。在网络恐怖主义案件侦查工作中，侦查人员永远都是第一位的。网络恐怖主义侦查工作要提高侦查人员的能力，关键是提高侦查人员的网络技术水平。因而在网络反恐斗争中，人才的作用至关重要。我国有必要根据网络恐怖主义特点与发展态势，集中相关领域的专业人才，提高打击网络恐怖主义的专业水平。在对网络恐怖主义案件的侦查中，有经验的侦查人员往往有更好的侦查思路，能够更正确地将侦查需求编入到计算机语言中。从长远来看，专业的事业呼唤专业的人才。国家应当加大政策和资金投入力度，大力培养网络反恐专业人才，在军事院校、政法院校加大培养网络安全相关专业人才的投入力度，为我国的网络恐怖主义侦查治理提供丰厚的人才储备。

科技是第一生产力，是国家强盛之基。[2] 网络恐怖主义犯罪侦查是“技术战”；网络侦查技术是克敌制胜的利器。习近平总书记指出，要积极推广新技术、新设备，高度重视大数据、云计算、物联网、智慧工程等现代信息技术的应用，不断提高公共安全装备水平。[3] 打击网络恐怖主义，毫无疑问应当贯彻习近平总书记的指导思想，利用现代信息技术提高网络安全装备水平。就网络恐怖主义的技术反制而言，侦查机关要注

---

〔1〕 贾宇、李恒：《恐怖犯罪活动组织和人员之情报信息搜集研究》，载《情报杂志》2017年第2期。

〔2〕 乔晓阳：《中华人民共和国国家安全法释义》，法律出版社2016年版，第247页。

〔3〕 《习近平主持中共中央政治局第二十三次集体学习》，载新华网：http://www.xinhuanet.com/politics/2015-05/30/c_1115459659.htm。

重技术手段的应用。从现有的技术手段来看,既可以运用信源追踪技术,利用大数据技术对网上涉恐数据信息进行追踪;也可以运用媒介控制技术监测网络传播媒介,利用信宿阻断技术及时阻断涉恐信息的传播。[1] 对于重点网络扇区,必须插入特定的隐蔽力量进行实时监控。[2] 侦查机关可以充分利用网络阵地控制,对网络信息进行监管,实现对网络恐怖主义犯罪规律、犯罪态势的有效掌握。

打击网络恐怖主义务必争分夺秒;利用先进的技术打击网络恐怖主义离不开人工智能技术。在计算机科学领域,计算机视觉、自然语言处理和智能决策等技术的蓬勃发展为人工智能运用在网络恐怖主义侦查工作中提供了成熟的技术支持。语音语义识别、图像识别在网络恐怖主义犯罪预警工作中对可疑的音视频信息、可疑人员进行预警,就开展预防性反恐工作而言意义重大。有论者指出,运用人工智能技术不仅有利于识别网络恐怖主义信息,还可以代替人类对复杂性、程序性以及缜密性的情报进行搜集、研判、处理与分析。[3] 一方面可以通过研发智能技术手段对网络恐怖主义进行预测和评估,提高网络恐怖主义预警能力,从而制定相应的防控预案;另一方面利用人工智能可实时监测黑客网络攻击,并及时作出回应。在网络恐怖主义侦查工作中,侦查人员可以利用人工智能技术通过对人员流、资金流、信息流的分析掌握网络恐怖主义活动犯罪行为人的踪迹。此外,在暗网逐渐成为恐怖主义分子活动阵地的情况下,我们也要提高暗网侦查能力。

(5)强化宣传,做好侦查中的舆论引导

就恐怖主义管控问题,2016 年联合国提出的“防止暴力极端主义行动计划”(Countering Violent Extremism)中指出,需要采取更全面的方

---

〔1〕 倪春乐、童世均:《国际恐怖主义的变化态势与应对策略》,载《中国刑警学院学报》2020 年第 2 期。

〔2〕 裘树祥、马跃忠:《大数据背景下网络侦查阵地控制》,载《江西警察学院学报》2016 年第 3 期。

〔3〕 马方、王文娟:《构筑“人工智能 + 情报反恐”生态系统》,载《山东警察学院学报》2018 年第 4 期。

法,不仅包括持续的、基于安全的基本反恐举措,也包括针对新出现的或更具杀伤力群体导致的暴力极端主义驱动因素的系统性预防措施,以及通过社交媒体和其他虚拟平台进行积极的反恐宣传。[1] 刑事侦查活动作为治理网络恐怖主义的强硬手段可以有效地管控网络恐怖主义,但全面的反恐工作要求侦查机关需要强化宣传,做好侦查活动中的舆论导向。网络恐怖主义是针对公众的心理战术。恐怖主义犯罪的目的从来都是通过制造社会恐慌从而达到相应的政治诉求,网络恐怖主义借助网络的迅捷性、无地域性,无疑会放大这种社会恐慌。[2] 恐怖组织利用社交软件与"机器人账号"宣扬、传播血腥反动的音、视频资料,具有相当程度的煽动性。侦查机关也有必要充分利用社交软件等精心制作反恐怖主义宣传音、视频资料,加强反恐宣传队伍建设,鼓励、引导企业、社会组织和公民参与到反恐怖主义宣传工作中来。侦查机关利用媒体手段,可以开展防范网络恐怖主义宣传,预防违法犯罪。[3] 鉴于在网络恐怖主义事件中,恐怖分子进行恐怖主义音、视频信息的传播、蛊惑人心并严重破坏社会秩序,因而在侦查办案的过程中有必要强化舆论导向,澄清网络谣言,安抚公众恐慌、焦虑情绪。侦查机关要格外注意网上舆论动向,及时通过警情通报减轻网络恐怖主义带来的不良舆论影响。

侦查机关在打击网络恐怖主义的过程中有必要充分利用网络这把"双刃剑",涉网络恐怖主义犯罪人员在利用网络传播恐怖主义思想的同时,侦查机关也可以利用新媒体手段开展网络反恐宣传,挤压网络恐怖主义的生存空间。

4. 基于传播学机理的网络恐怖主义反制

网络恐怖主义的传播有特定的产生和扩散规律,在总结规律的基础上,既可以从技术的角度规制网络恐怖主义的传播渠道,也可以从传播

---

〔1〕 The United Nations Security Council, Countering Violent Extremism, https://www.un.org/sc/ctc/focus-areas/countering-violent-ex-tremism/, May 1, 2021.

〔2〕 李涛:《网络恐怖主义的传播机制及应对策略研究》,载《学海》2019 年第 2 期。

〔3〕 柴艳茹:《刑事侦查与大众传媒关系研究》,中国人民公安大学出版社 2013 年版,第 158 页。

策略上进行相应布局,遮蔽网络恐怖主义信息;规制网络恐怖主义的传播,必须在相应制度的框架下运行,要通过网络法律制度、运行制度勾勒起规制网络恐怖主义传播的框架。

(1)以传播渠道为对象的技术应对

在以自媒体为导向的传播时代,无论网络恐怖主义基于何种模式传播,基于计算机技术的网络治理仍然是打击网络恐怖主义的主要技术手段。要解决下述问题:"如何快速发现和拦截互联网上大量传播的暴恐音像视频?如何从互联网上的海量信息中提取涉及恐怖组织和恐怖活动的关键信息?如何把不同语言的音频文件自动翻译并转化为其他语言的文本文件?如何从各种异构的大数据中发现恐怖活动的轨迹与规律?如何发现和冻结恐怖活动利用网络进行的经费流转?"[1]而解决这些问题的关键,在于运用计算机技术对抗网络恐怖主义技术。笔者认为,大数据网络分析是一个有效途径,即根据大数据的"5V"特征[2],运用相关技术进行的数据挖掘、推算预测。社会网络分析法是较为常见的用于锁定网络恐怖主义组织者、信息发布者的有效方法,即"以关联数据为基础模拟恐怖组织网络结构,分析恐怖组织的特点和内部信息传达方式,寻找网络中的薄弱点并找到恐怖组织的关键人物"[3]。运用这种方法需要公开信息源与反恐部门情报进行综合,运用数据挖掘技术和计算机分析技术确定恐怖主义网格中的关键人物。另外,通过文字识别技术和爬虫技术,对网络语音、文字进行"关键词"设置,通过识别并提取"关键词",可以准确锁定潜在的网络恐怖主义分子。而这种技术主要针对Facebook、Twitter等"私密式"互动传播媒体。

另外,需要明确的是,尽管时至今日,计算机技术已取得突破性进

〔1〕 程琳:《加强国际合作,共同打击网络恐怖主义》,载乌镇峰会网,http://www.wicnews.cn/system/2014/11/20/020368750.shtml。

〔2〕 "5V",即Volume(体量巨大)、Velocity(快速处理)、Variety(多源异构)、Veracity(真实精确)、Value(蕴含价值)。

〔3〕 张海、孙多勇:《基于社会网络理论的恐怖组织隐蔽网络分析方法》,载《安全与环境学报》2011年第3期。

展,人工智能也逐渐进入人类生活领域。但是期望仅通过技术手段实现网络恐怖主义的根除绝对是技术工作者的一厢情愿,更是工具理性的过分自信。诚然,以技术形式出现的网络恐怖主义需要有相应的“技术对抗”手段,但是,工具理性的膨胀绝不能过分挤占价值理性的空间。我们在考虑运用计算机技术手段寻找并打击潜在恐怖主义分子的同时,必须协调好自由与秩序、安全与人权的价值关系。例如,“我国采取了‘防火长城’(GFW)系统建立对包括恐怖活动相关非法信息进行拦截的防火墙系统,同时要求互联网服务商(ISP)协助管理经由其处理的互联网信息。虽然这些措施能阻止访问较广范围的不法信息,但也可能限制公众对互联网的正常使用,并带来一系列隐私和人权问题”[1]。

(2)以传播内容为对象的策略布局

根据上文所述,打击、防控为极端宗教“合法化”辩护、编造“乌托邦式”生活蓝图、传授犯罪技巧、传播暴力血腥恐怖场景等传播内容,意图实现辐射式社会恐慌效果的网络恐怖主义,应当从传播策略上进行相应布局。

第一,遮蔽恐怖主义关键信息策略。所谓遮蔽,“是指在报道恐怖主义事件中,有意识地不报道恐怖主义事件发生的原因和恐怖分子的诉求,使其得不到呈现和反映”[2]。对于恐怖分子通过网络渠道传播前三种内容的,可根据其传播渠道、工具,进行封堵性“遮蔽”,在技术上使该内容呈现不到公众视野。对于恐怖分子通过发布血腥暴力的恐怖场景,向全社会范围扩散恐慌效应,进而反映其政治诉求的情况(因这种情况的传播主体往往不是恐怖分子,而是部分网络媒体),可以针对主要网络传播媒体进行处理。在主要网络传播媒体传播此类内容时,要对其中的暴力场景进行“遮蔽”,即对主要恐怖行为、诉求轻描淡写,并注意词语表

〔1〕 刘炯:《网络时代暴恐音视频传播防控研究》,载《中国人民公安大学学报(社会科学版)》2015 年第 1 期。

〔2〕 王勇、张瀚中:《恐怖主义传播的方式应对及启示》,载《云南警官学院学报》2017 年第 2 期。

述，在战略上形成一种轻视的态度。一方面可以有效挫败恐怖分子的气焰，另一方面也可避免因不当场面的曝光而造成的公众恐慌。

当下网络恐怖主义信息传播具有极强的弥散性，面对存在于广袤网络空间的大量恐怖主义数据信息，依赖人力筛查已经不具有可行性。人工智能的一大优点就是能够进行自然语言的识别。在大数据、人工智能技术日益普及的当今社会，可以利用人工智能技术通过机器学习识别与恐怖主义相关的关键词、暗语、符号，筛查并干预与网络恐怖主义相关的数据信息，阻断其传播路径，达到抑制甚至是消弭网络恐怖主义不良影响的目的。有研究表明，国外社交媒体 YouTube 和 Facebook 通过算法标识宣扬恐怖主义、极端主义的音、视频准确率超过 98% 。此外，英国 ASI Data Science 公司通过人工智能技术，利用机器学习软件专门分析与极端主义相关的影片，可筛查出 94% 的“伊斯兰国”恐怖主义宣传，标识准确率高达 99.99% 。

第二，教育化内容覆盖策略。在网络媒体如此发达的今天，完全封锁恐怖主义信息几乎是不可能的。针对网络恐怖主义传播内容的封堵性“遮蔽”策略只是权宜之计，必须从本源上进行治理。网络恐怖主义分子经常打着“宗教信仰自由”等幌子，对受众进行意识形态上的蛊惑。打击网络恐怖主义，仅仅通过遮蔽网络上的恐怖主义相关信息是不够的，反网络恐怖主义相关机关有必要主动出击，在网络空间进行反网络恐怖主义宣传，掌握网络空间的意识形态主导权。笔者认为，可以采取“内容对抗内容”“效果对抗效果”的策略，即从宗教本身驳斥其荒谬之处，揭露恐怖主义的真实生存状态，此即为针对网络恐怖主义传播的教育化内容。另外，必须发挥官方媒介的传播职能，即在宣传效果上对抗恐怖主义。官方媒介应该采取长久性、全方位、覆盖式传播，即在形式上、内容上完全覆盖网络恐怖主义的传播，形成正面舆论导向。

在人工智能技术日益发展并不断成熟的今天，可以利用算法进行反恐信息的精准推送。人工智能的机器学习可以检测和辨别网络用户的机器学习检测网络用户的偏好，从而产生个性化的信息推送。当有人浏览宣传恐怖主义的网页时，既可以向其推送反网络恐怖主义的相关信息，以“内容对抗内容”，也可以采取“重定向”的反恐宣传策略，即用人工智能算法改变浏览者原来的网络请求，并转移到新的网页。例如，当网络用户搜索有关恐怖主义内容时，其网络访问请求可以被重新定向，从而转移到宣传反网络恐怖主义的网页。[1]

第三，分层传播策略。此方案是教育化内容覆盖策略的进一步延伸。目前我们的反恐宣传较为单一，反恐宣传主体一般为官方媒介，重复、单一样式的内容传播较为常见。在网络时代，这种传播方式需要进一步改进，向分层传播方向发展。所谓分层传播，就是根据不同媒体属性，进行多样化、多层次化的传播。目前，至少可以分为以下三层。第一层，中央级的官方媒体，即新华社、中央电视台等在宣传反恐方面要体现国家国家意志、权威以及刚性。第二层，市场化传统媒体。目前我国内主要传统媒体基本已实现市场化，这些媒体应该根据自身特点从不同角度、层次、话语体系等方面就反恐问题发出自己的声音。第三层，网络新媒体。毫无疑问，这是当今最为火热且重要的传播媒体。应当充分发挥网络新媒体的优势，在官方媒体的引导下，允许不同声音的博弈。只有不同声音的充分论辩，才能凸显反恐信息传播的信度和效度。

---

〔1〕 李龙、支庭荣：《“算法反恐”：恐怖主义媒介化与人工智能应对》，载《现代传播》（中国传媒大学学报）2018 年第 9 期。